MULHERES NO JAZZ

Sammy Stein

Editora NTN

Publicação da EditoraNTN
Aveiro, Portugal

Copyright © Editora NTN 2023
Primeira edição
Tradução © Fernando Mendes de Sousa

ISBN 9789464857696

Todos os direitos reservados sob as convenções internacionais e pan-americanas de direitos autorais. Nenhuma parte deste livro pode ser reproduzida de qualquer forma ou por qualquer meio electrónico ou mecânico, incluindo armazenamento de informações e sistemas de recuperação, sem permissão por escrito do editor, excepto por um revisor, que pode citar breves passagens numa resenha.

Publicado mundialmente pela 8th House Publishing.
Design da capa frontal por 8th House Publishing

Design por Editora NTN.
www.editoraNTN.com

Em Garamond, Alfa Slab, Raleway e Caslon.

MULHERES no JAZZ
Sammy Stein

Tradução de
Fernando Mendes de Sousa

Introdução da Autora

As mulheres estão agora ao rubro. As pessoas estão a escrever sobre elas; elas são o tema de programas de rádio, documentários de TV; e a sua presença na música está sendo levada a sério. Em muitas áreas (engenharia, exploração espacial, política, serviços financeiros, alimentação, ensino, ciência, combate a incêndios, forças armadas) já passou o dia em que os direitos das mulheres deixaram de ser o maior problema com o qual as pessoas tinham que lidar. O mundo avança, a sociedade muda e nós estamos a desenvolver ideias inclusivas. Questões de igualdade estão a transformar-se em questões de qualidade e lentamente as coisas estão a mudar. De qualquer forma o género não é mais binário; o que importa é o que você traz para o negócio.

Então, há o jazz. O bom velho jazz com a sua música maravilhosa, o seu calor, o seu sentimento de comunidade, a generosidade dos executantes. No entanto, as mulheres têm-me dito que, mesmo nos dias de hoje, ainda há uma sensação de esperar que o jazz alcance o resto do mundo. As coisas estão a mudar, só que incrivelmente devagar. Muitas mulheres sentem que ainda têm de se colocar à prova, mais do que os homens, e que o processo repete-se com elas tendo que se mostrar capazes, não uma vez mas repetidamente.

O jazz permanece teimosamente misógino, preso em alguma auto-imposta urdidura temporal, que nenhuma quantidade de estímulo, coerção ou flagrante brado parece alterar. É como se o jazz se lembrasse de onde veio—um território onde as próprias mulheres e o mundo tinham expectativas diferentes sobre elas—mas ainda não conseguisse ver claramente para onde está indo nestas questões.

A música expressa sentimentos com uma profundidade que as palavras não conseguem, cada género tendo o seu próprio dialecto. Conceda a uma pessoa a dádiva de ser capaz de tocar um instrumento, e os recursos para fazê-lo sem embaraço ou auto-ilusão, e você dispõe de um músico que pode falar com o ouvinte, fazendo com que os vazios de tempo, distância ou ideologia desapareçam num instante. A música jazz é particularmente bem-sucedida em preencher estas lacunas. Ela reflecte a sociedade através de ritmos e nuances de muitas culturas e fala à alma dos ouvintes e músicos.

Por detrás de algumas das maiores composições, apresentações e gravações de jazz, havia imensas lutas; algumas inspiradas por incrível sofrimento e eventos mundiais sísmicos. John Coltrane, por exemplo, escreveu uma das suas grandes composições, *Alabama*, em resposta a terríveis acontecimentos que resultaram na morte de quatro crianças negras. À medida que a sociedade muda, o jazz reflecte esta mudança como um espelho. Há jazz para os deslocados, os zangados, os felizes, os amantes, os frustrados, os desprovidos, os devastados, os enlutados, os criativos, os solitários e para os que celebram a alegria da vida. O jazz abrange um número cada vez maior de minigéneros com características unificadoras; diversas as suas origens mas sólidas as conexões. O jazz tem testemunhado mudanças de longo alcance nas últimas décadas e passos gigantes têm sido dados dentro da própria indústria para lidar com assuntos como racismo, preconceito e injustiça.

De todos os géneros musicais, aqueles que tocam jazz estão provavelmente em melhor posição para compreender o preconceito. Muitos músicos no passado foram vítimas de abuso racial e de segregação, desde o tempo em que 'jass' se tornou conhecido como 'jazz' (porque os homens que vendiam discos e magazines queriam um nome mais atraente). Grandes músicos como Louis Armstrong, Duke Ellington, Miles Davis e John Coltrane foram submetidos a injustiças com base na cor deles, e muitos tiveram que suportar a humilhação de terem que usar entradas, alojamentos, banheiros e refeitórios diferentes dos de seus colegas brancos.

Isto foi lamentável. No entanto, havia um outro grupo de músicos que também enfrentavam os mesmos preconceitos; todos os itens acima e mais um—o de género. Estes foram e são, as mulheres do jazz. Este livro explora as jornadas das mulheres e as suas mudanças de papéis; as suas expectativas e se estas têm mudado. Também dá mais do que uma passageira menção às mulheres que têm trabalhado nos bastidores, que têm estabelecido as bases para mudanças futuras e que têm influenciado profundamente o jazz.

Após a publicação de 'All That's Jazz', em 2017, e um minifestival de sucesso em Londres, eu fui convidada a escrever várias séries de rádio para a Jazz Bites—uma estação de rádio de jazz dos EUA. Uma, que viu as avaliações de audição dispararem, foi intitulada 'Women in Jazz', onde nós celebrámos as mulheres ao longo das décadas até aos dias actuais. O *feedback* foi tão forte que parecia natural descobrir por que razão estes *shows* evocavam tanto interesse.

Com o apoio dos meus editores, 8th House Publishing, bem como de muitas mulheres que concederam o seu tempo, este livro analisa como, nos primeiros anos do jazz, as mulheres foram recebidas e as mudanças que elas precipitaram, ainda que de forma interminavelmente lenta, no início. Investiga como as mudanças sociais, os movimentos de direitos e uma guerra trabalharam juntos para acelerar estas mudanças, e o impacto que isto teve e como as mulheres iniciaram e abraçaram tais mudanças.

O jazz tem sobrevivido a um período da história que abrange algumas das mudanças mais radicais na sociedade, não menos importante, as sensibilidades em torno do género. Até que ponto as atitudes têm mudado, foi parte da curiosidade que inspirou a escrita deste livro. Não há julgamento nem agenda, e nenhum desejo de transmitir uma mensagem política, embora o leitor possa deparar-se com alguns aqui—as mulheres, que levantaram estes assuntos durante as entrevistas, e as suas vozes nunca devem ser silenciadas. As palavras citadas são entregues sem alteração ou edição. As pessoas deram o seu tempo e confiança. Elas entenderam que o objectivo era apresentar os factos e contar as coisas como elas são.

Aqui, as mulheres do jazz têm espaço para falar sobre as suas trajectórias. Elas conscientemente compartilham os seus pensamentos connosco. Esperamos que você considere, o que elas têm a dizer, interessante, perspicaz e ponderado. Esperamos que as palavras delas levem os leitores ao âmago do que é a música jazz; os diferentes tipos de jazz e a beleza da música. Mais do que tudo isto, esperamos que você goste da leitura.

Então, venha para a mesa. Estamos todas reunidas aqui. As mulheres que já fizeram jornadas de luta, as que ainda estão fazendo e as que estão apenas começando. Estamos juntas e conversando. Somos cantoras, músicas, agentes, educadoras, promotoras, apresentadoras de programas de rádio, relações-públicas, compositoras e muito mais. O nosso tópico é: as mulheres no jazz e como as pessoas reunidas ao redor da mesa se sentem acerca disto. Há algum problema em ser mulher no jazz? Como reagem os homens? As mulheres sentem que o jazz tem mudado ou ainda é anacrónico nas suas atitudes em relação às mulheres? Ainda existe misoginia? Alguma das mulheres tem histórias de sucesso para compartilhar ou histórias em que têm sido levadas a sentir que o género é um problema? Como vemos as mulheres do passado? Como aconselhariam elas uma iniciante no jazz?

A discussão é, na sua essência, simplesmente sobre as gloriosas e maravilhosas mulheres do jazz. Celebra-se a presença delas, ouve-se as suas vozes, maravilha-se com as suas proezas e deleita-se com o seu ser. É uma contínua e vivaz discussão.

Eu falei, entrevistei e escrevi a muitas mulheres envolvidas com o jazz de vários modos. Elas responderam, oferecendo as suas ideias, pensamentos e percepções profundas sobre como as mulheres se sentem na indústria do jazz actualmente. Tivemos esta discussão e queremos compartilhar consigo. São histórias, aventuras, sugestões, conselhos para iniciantes e explorações sobre o que o futuro pode reservar. Os artistas estabelecidos compartilham anos de experiência, ao passo que os mais novos no jazz reflectem observações e mudanças que têm visto.

Eu tenho ficado impressionada com a generosidade daquelas que me permitiram fazer perguntas e que depois responderam com profundidade e honestidade. Estou impressionada com a positividade com que as mulheres responderam e com a energia e o pensamento que colocaram nas suas respostas. A cada mulher gostaria de expressar a minha gratidão, não apenas pelas palavras e pelo seu tempo mas também pelo conhecimento e compreensão que me têm dado.

MULHERES NO JAZZ

Conteúdo

Introdução da Autora — iii
1. New Orleans—Passado & Presente — 3
   Então, só para ter a certeza, o que é jazz? — 16
2. Mulheres — 21
3. Mulheres do Passado—Maiores Influenciadoras — 41
   Bessie Smith 1894-1937 — 42
   Billy Holiday 1915-1959 — 46
   The International Sweethearts of Rhythm — 56
   Hazel Scott 1920-1981 — 63
   Maxine Sullivan 1911-1987 — 68
   Sarah Vaughan 1924-1990 — 71
   Ella Fitzgerald 1917-1996 — 74
   Betty Carter 1929-1998 — 78
   Melba Liston 1926-1999 — 83
   Nina Simone 1933-2003 — 87
   Alice Coltrane 1937-2007 — 94
   Aretha Franklin 1942-2018 — 97
   Carla Bley 1936- — 100
4. Mulheres no Jazz Presentemente — 110
   Mulheres acerca de mulheres — 111
   Questões sexistas—A misoginia ainda está entre nós? — 111
   Provando um Ponto — 126
   Alguns (homens) simplesmente não conseguem contornar isto — 127
   As coisas estão a mudar — 130
   Assuntos Corporais & Perguntas Difíceis: — 133
   Mudança Contínua de Atitudes — 137
   Mulheres fazendo isto por si mesmas — 141
   Reacções a Mulheres de Sucesso — 143
   Onde se encaixam os homens? — 146
   Equidade & Mulheres — 149
   Ajuda — 154
5. Agarrando a Oportunidade — 156
   Porquê Jazz? — 167
   Palavras de Sabedoria & Encorajamento — 176
   Passando adiante — 184
6. Educação, Financiamento & Inovação — 188
   Amor, Vida & Relacionamentos no Jazz — 224
   Vendas — 229
   A importância das redes sociais — 232
   O Caminho a Seguir — 233
7. Presente & Futuro — 241
   Mercados em mudança — 249
   E para o futuro? — 249
As Mulheres do Livro — 253
Reconhecimentos — 267

New Orleans—Passado & Presente

A MÚSICA JAZZ surgiu em New Orleans, Louisiana. Nasceu da opressão e de uma mistura de culturas com fortes bases rítmicas e musicais. Sabendo que seria impossível escrever um livro sobre jazz sem compreender New Orleans e a sua história, eu fui até à cidade para ver se o jazz ainda lá existia e para sentir o ambiente por mim mesma. Fiz uma turné com a vocalista de jazz Carmela Rappazzo, residente em New Orleans, e experimentei a música em espaços grandes e pequenos.

Eu fico feliz em relatar que o jazz está muito vivo. Novas pessoas estão a entrar nele, trazendo as suas vozes únicas para a música. New Orleans continua a alimentar partes da indústria do jazz, como sempre tem feito, e há um sentido real de que todas as culturas encontram um lugar aqui e um espírito de comunidade que é profundo e permanente.

New Orleans—NOLA—é uma cidade com menos de meio milhão de habitantes, sessenta milhas a montante da foz do rio Mississippi, cujas poderosas águas desaguam no Golfo do México, dando panorâmica para uma protectora área de planícies de lama que de certa forma impedem o alcance por parte das marés no Mississippi. Aqui os meses mais quentes coincidem com a maior quantidade de chuva, para que a zona possa ser húmida, pegajosa e cerrada. A cidade tem testemunhado terríveis consequências de desastres naturais, bem como o sofrimento causado quando as pessoas de uma etnia eram negociadas e consideradas posses de outras pessoas, em vez de seres humanos com direitos iguais.

Nos 300 anos desde que 'La Nouvelle Orleans' foi estabelecida pelos colonos franceses, muitas culturas têm deixado a sua marca indelével na cidade, incluindo a africana, holandesa, inglesa, alemã, irlandesa, italiana, espanhola, siciliana e muitas mais. Foi e é um caldeirão cultural. As diferentes influências são aparentes na sua arquitectura, comida, arte e, claro, música.

Historicamente, New Orleans foi um importante porto e um crucial ponto comercial de açúcar, algodão, produtos agrícolas e escravos. Hoje continua a atrair pessoas de todo o mundo, bem como de outras regiões dos Estados Unidos. NOLA sempre tem sido um ponto de fusão para a humanidade.

Famílias ricas em negócios também tinham um apetite insaciável por trabalho escravo. Os escravos eram trazidos, principalmente de África, e negociados. Sob o domínio espanhol, uma lei chamada *coartación* foi introduzida em New Orleans, a qual se mostrou importante no desenvolvimento da música. A *coartación* era uma forma pela qual os escravos podiam fazer um pagamento inicial e negociar um preço para a sua futura liberdade. Todavia, as coisas degeneraram à medida que várias leis foram posteriormente introduzidas para impedir que os escravos libertos permanecessem no estado e para impedir que alguns fossem libertados; mas a *coartación* foi a chave para uma escravidão um pouco mais humana do que a experimentada no resto dos Estados Unidos. Deve-se notar que New Orleans e os condados vizinhos mantiveram leis diferentes do resto do país em relação à administração dos escravos.

Quando eu estava na cidade ouvi uma guia de turismo explicando os 'benefícios' das leis de *coartación* a um grupo de turistas de olhos arregalados na Praça do Congo. Ela explicava: "Os escravos tinham de ter três conjuntos de roupas, incluindo o *Sunday Best*[1]. Além disso, aos domingos, eles podiam descansar e era nessas horas, em lugares como aqui mesmo na Praça do Congo, que os escravos se reuniam e socializavam. Eles costumavam tocar música."

---

1   Roupa domingueira.

Embora a guia de turismo tenha feito parecer que ser um escravo em New Orleans foi um golpe de sorte e de se ter esquecido de mencionar a degradação, humilhação e sofrimento, ela estava certa num ponto. Eles foram, (até 1817, quando o prefeito emitiu uma lei limitando as reuniões de escravos em locais públicos), autorizados a reunir-se e as trocas culturais aconteceram, não apenas entre diferentes grupos de escravos mas também entre escravos e residentes de New Orleans, os quais viriam para ouvir a música, para ver as danças e para contribuir

Placa Memorial da Congo Square. Leitura de inscrição:
A Congo Square fica na cercania de um local que o povo indígena Houma usava antes da chegada dos franceses para celebrar a sua colheita anual de milho; e era considerado um solo sagrado. A reunião de vendedores africanos escravizados na Congo Square teve origem no final da década de 1740 durante o período colonial francês da Lousiana e continuou durante a era colonial espanhola como um dos mercados públicos da cidade. Em 1803, a Congo Square tornou-se famosa pela reunião de africanos escravizados que batucavam, dançavam, cantavam e negociavam nas tardes de domingo. Em 1819, essas reuniões chegavam a 500-600 pessoas. Entre as danças mais famosas estavam a Bambula, a Calinda e a Conga. Estas expressões culturais africanas gradualmente evoluíram para as tradições indígenas do Mardi Gras, para a *second line* e, eventualmente, para o jazz e o rhythm and blues de New Orleans.

com os seus próprios instrumentos e modos de tocar.

Foi possivelmente a única época em que livres e escravizados se reuniram com um interesse comum. Escravos de diferentes culturas compartilhavam ritmos, danças e músicas, muitas delas de origem africana. Eles usavam versões caseiras de instrumentos tradicionais como bamboulas, banzas, flautas de pá e instrumentos de palheta e acrescentaram instrumentos da terra em que agora se encontravam—flautas, trompetes, trompas e instrumentos de corda que muitos deles aprenderam a tocar. Um escravo que tocava bem um instrumento podia ganhar algum dinheiro tocando em eventos culturais. Com influências ocidentais adicionadas, incluindo canções de igreja e música folclórica, a música desenvolveu a sua própria linguagem—combinando-as com ragtime, blues e música profundamente espiritual, africana e oriental, e o Cake Walk—um passo alto e empertigado com acompanhamento sincopado, popular entre os escravos nos campos, durante a década de 1880. Nova música evoluiu na Congo Square. Marchas e instrumentos de sopro entrelaçaram-se na mistura e a música 'jass' nasceu—não num instante, mas com o tempo e muito sofrimento entre os domingos.

Buddy Bolden, um tocador de corneta, liderou uma das primeiras jass bands, embora ele e outros disputassem o título de primeiro líder de 'jass band'. Bolden misturou gospel, blues, ragtime e improvisação num estilo único—barulhento, impetuoso e diferente de tudo o que já se tinha ouvido. Ele fez da corneta o centro dessa nova forma de música e usou diferentes padrões rítmicos como 'the big four' – uma atrevida batida de marcha que permitia a improvisação. Ele também usou ritmos sincopados, criando um som distinto. Nenhuma gravação sobreviveu, mas líderes de bandas como Joe 'King' Oliver e Bunk Johnson foram inspirados por Bolden para formarem as suas próprias bandas e gravarem.

Os grupos tocavam ragtime, melodias, marchas, quadrilhas (uma forma de canção baseada numa dança europeia – a quadrilha) e blues. Isto não era sofisticado, mas era novo e diferente. A primeira banda a fazer gravações, as quais sobreviveram, foi a Original Dixieland Jazz Band—o termo 'Dixieland' referindo-se tanto à música jazz tocada por músicos brancos do início da escola de New Orleans como posteriormente ao jazz tradicional de New Orleans em geral. O jazz gravado era raro—em parte devido ao facto de que toda a banda teria que se reunir em torno de uma máquina, parecida com uma trompa, que gravava o som da banda enquanto esta tocava, transferindo-o para os céreos discos-máster de gravação. As sessões de gravação eram apertadas e de difícil manejo com instrumentos, algo não conducente à improvisação ou execução inspirada. Jass tornou-se 'jazz', dado que as pessoas que vendiam discos queriam um nome mais cativante. A música floresceu, especialmente em Storyville (o distrito da luz vermelha de New Orleans). Músicos influentes na época incluíam Bolden, Oliver, Louis Armstrong, Sidney Bechet, Barney Bigard e Kid Ory.

O jazz evocava uma resposta social mesmo naquela época. Era radical e muito diferente da música que os americanos 'cultos' estavam acostumados. A sua popularidade fora de New Orleans cresceu lentamente no início. No entanto, o amplo alcance dos barcos do rio Mississippi provou ser crucial na sua ascensão. Muitos barcos fluviais empregavam bandas de jazz. Eles forneciam entretenimento e a música era dançante. Os barcos fluviais atravessavam a vasta rede de interconectados afluentes e canais do Mississippi, e grandes distâncias eram percorridas. Onde os barcos atracavam, concertos aconteciam e os habitantes locais podiam comparecer. Cincinnati, St Louis, New York e Philadelphia estavam todas ligadas pelos barcos fluviais, então o jazz era ouvido em toda a parte. Isto não apenas ajudou rapidamente a desenvolver o público e a apreciação pela música mas também vários músicos de jazz famosos foram inicialmente influenciados pelo que ouviam das bandas de barcos fluviais. Dentro de pouco tempo as bandas de jazz estavam brotando em todos os lugares.

As próprias cidades tiveram diferentes influências culturais. O jazz em Philadelphia e em New York desenvolveu características próprias e sotaques distintos. A maioria dos músicos nos barcos veio de New Orleans e alguns eram crioulos, então tinham herança mista, o que significava que as estritas barreiras de cores tornavam-se indefinidas. Os músicos podiam misturar-se e fazer parte de uma banda que não estava nem num campo nem noutro. Músicos italianos provaram ser fundamentais para quebrar barreiras de cores. Onde eles se sentavam em termos de cor? Quem sabia ou se importava? Nas bandas dos barcos fluviais, os mestiços encontravam emprego e, mais importante, rendimento.

Alguns dos líderes de banda encorajavam uma mistura de raças nas suas bandas—ou melhor, eles usavam os melhores músicos e realmente não se importavam se eram negros, pardos, brancos ou algo intermédio. Estes incluíam Kid Ory, King Oliver e o próprio Bolden. Uma das bandas posteriores de Kid Ory estabeleceu-se em Los Angeles, onde o preconceito era comum. Eles receberam o apelido *Kid Ory's Brown-Skinned Babies*. Ao longo de 1922-1923, a banda tocou na Califórnia e lançou as primeiras gravações feitas por uma banda afro-americana, incluindo Ory's *Creole Trombone* e *Society Blues*.

Havia também aqueles, incluindo algumas pessoas poderosas, que desconsideravam as barreiras de cores quando se tratava de música. O líder de banda Joe Marsala, italiano de Chicago, e outros recrutaram músicos negros para tocar nas suas bandas, enfrentando o preconceito em favor da boa música. Havia músicos brancos que tocavam ao lado de músicos negros e mestiços, como Bix Beiderbecke. Houve quem encorajasse a cooperação transatlântica, com a Europa e o Reino Unido, ajudando a espalhar o jazz e desafiando a discriminação. Estes incluíam o produtor e promotor John Hammond que, através do seu trabalho com a *Melody Maker* e a *Columbia* , e do seu emprego de músicos brancos e de cor para a sua série de rádio, encorajou o compartilhamento da música jazz para um público muito mais amplo. Quando jovem, Hammond foi encorajado a ouvir música clássica mas ficou paralisado com a música que ouvia "em baixo da escada" da sua casa e procurou-a no Harlem. Ele passou a amar o jazz e mais tarde desconsiderou as barreiras de cores. Ele é conhecido por ter saído duma estação de rádio porque o espaço exigia que os músicos negros, que ele convidava como acompanhantes, usassem uma entrada lateral. Ele escreveu nas suas memórias: "Nenhuma linha de cor ouvi eu na música".

Todavia, muitos ouviram essa linha de cores até bem recentemente. Mesmo na década de 1950, pessoas como Ken Colyer, que vieram para New Orleans e se sentaram com músicos de cor, correram o risco real de prisão e perigo físico ao fazê-lo porque as pessoas queriam impedir a integração. Por outro lado, muitos dos músicos achavam que o jazz pertencia àqueles que haviam sofrido as dores do seu nascimento e que ele havia sido adquirido pelos chefes brancos das gravadoras e vendedores de magazines. Eles estavam certos. As primeiras gravações de jazz foram quase todas feitas por bandas compostas por músicos brancos. Os soberanos comerciais na década de 1950, que gravavam e vendiam discos de jazz, eram homens brancos com dinheiro. Havia ironia no facto de que as estrelas da música eram frequentemente artistas negros e, embora os eventos esgotassem graças aos seus nomes, os próprios artistas não podiam usar as instalações do clube ou mesmo ter a sua própria família a assistir ao *show*.

No final da década de 1950, o jazz tinha-se tornado tão popular que os políticos americanos começaram a vê-lo como uma ferramenta para divulgar a cultura americana. Por causa da popularidade da música, ela foi adoptada como 'música nacional da América' e dinheiro foi encontrado para enviar músicos em grandes turnés com as suas bandas. Nas décadas de 1950 e 1960, o Departamento de Estado enviou músicos de jazz—incluindo Dizzy Gillespie, Duke Ellington e Louis Armstrong—em digressões como "embaixadores da boa vontade". O jazz foi apresentado como cultura americana para mostrar ao resto do mundo. Também havia esperança de que estes artistas refutassem as acusações de racismo na América. Os músicos foram elogiados e bem tratados. Na realidade, os negros em muitos estados foram discriminados de forma terrível. Contudo, os músicos, sendo criativos, falaram ousadamente, nem sempre directamente mas frequentemente na sua música. Um desses músicos foi Louis Armstrong.

Armstrong visitou o Bloco de Leste em 1965 com a Guerra Fria em pleno andamento. Ele tocou em cidades, incluindo Berlim Oriental, para plateias encantadas. Ele não conseguiu criticar abertamente o seu

*Placa Memorial da Congo Square. Leitura de inscrição:
Placa comemorativa de Louis Armstrong no Louis Armstrong Park. New Orleans*

governo na digressão mas em Berlim incluiu uma versão mais lenta do seu número, *(What Did I Do To Be So) Black and Blue?* Esta música não estava nas suas *set lists* há vários anos. Agora ele diminuía a velocidade para que a letra soasse alta e clara. Ela incluía as linhas:

I'm white inside,	*Eu sou branco por dentro,*
But that don't help my case,	*Mas isso não ajuda o meu caso,*
Cause I can't hide	*Porque eu não posso esconder*
What is in my face.	*O que está na minha cara.*
I'm so forlorn.	*Estou tão desamparado.*
Life's just a thorn,	*A vida é apenas um espinho,*
My heart is torn.	*Meu coração está dilacerado.*
Why was I born?	*Por que nasci eu?*
... My only sin	*... Meu único pecado*
Is in my skin,	*Está na minha pele,*
What did I do	*O que fiz eu*
To be so black and blue?	*Para ser tão preto e azul?*

Armstrong, em seu jeito tranquilo e determinado, havia feito o seu ponto.

O jazz pode ter nascido de pessoas oprimidas e espezinhadas, mas também abençoadas com uma paixão insuperável e insubmissa pela música. Elas estavam unidas pela necessidade de se expressarem num mundo onde raramente eram ouvidas. Na década de 1950, diante do preconceito e da assunção dos músicos brancos, aqueles que haviam criado o jazz corriam o risco de serem empurrados para um papel secundário, principalmente quando se tratava de apresentações ao vivo. É difícil imaginar como foi difícil para os músicos quando o preconceito foi legislado e tolerado.

No entanto, nada tinha preparado as audiências para a popularidade das Big Bands. A inventividade de alguns dos primeiros músicos de jazz e a sua união com alguns gerentes de eventos, muito empreendedores, levaram o jazz a tornar-se um grande sucesso comercial num tempo relativamente curto. Músicos de gospel, blues, bandas de teatro e bandas residentes em restaurantes começavam agora a tocar jazz, para o deleite dos clientes.

O aprimoramento das técnicas de gravação e a comercialização das vendas de discos fizeram com que os músicos pudessem ser ouvidos não apenas na América mas também diante de um público mundial. As gravadoras enriqueceram com os lucros obtidos com a música jazz, especialmente no final dos anos 1950. Elas também se tornaram 'gatekeepers', apoiando e desenvolvendo os seus próprios músicos de 'label', lançando apenas gravações seleccionadas para o público faminto. Um ex-empresário da Sony revelou que os músicos eram preparados para exposição pública, orientados sobre como se vestir, agir e até o que dizer para revistas e fãs. Alguns saíram-se bem.

Para outros, no entanto, isto era muito controlador e eles sentiram que a improvisação—uma parte tão importante do jazz—estava sendo perdida e adaptada para atender a um público diferente do originalmente pretendido. Desenvolveram outras formas de tocar, impregnadas de técnicas de improvisação. Músicos como Ornette Coleman, Charlie Parker, John Coltrane, Pharoah Sanders e muitos outros seguiram um caminho mais livre, atraindo um público diferente e preenchendo um nicho.

Após a Segunda Guerra Mundial, e em maior número no final da década de 1960, livres músicos europeus explodiram na cena do jazz oferecendo uma resposta anárquica ao que estava a acontecer no mundo, e lindamente explorando novas formas de tocar. Peter Brotzmann, um dos principais livres músicos europeus, certa vez explicou-me que os jovens músicos europeus estavam reagindo em parte aos distúrbios raciais e atrocidades que aconteciam nos Estados Unidos, em parte para se rebelarem e em parte porque a música havia crescido e expandido desde as suas origens americanas. Novos instrumentos chegaram ao jazz de todo o mundo, à medida que os músicos viajavam mais e se relacionavam. No Brasil, festas de rua e festivais incorporaram o jazz nos seus ritmos tradicionais e o Frevo jazz tornou-se uma forma distinta de jazz em algumas áreas. A música prestava-se a ser misturada com ritmos locais e melodias em todo o mundo. Ainda hoje, influências de outras culturas continuam a moldar diferentes géneros, do Extremo Oriente à Escandinávia. Onde quer que se encontre, o jazz parece ser o género mais flexível e rapidamente adopta características daquela região. O jazz japonês soa bem diferente do jazz americano, por exemplo, mas ambos os tipos são tocados em ambos os países.

Os músicos de jazz europeus criaram as suas próprias interpretações da música, infundindo referências culturais de uma origem totalmente diferente. No Reino Unido o jazz seguiu o seu caminho separado, em grande parte ajudado por uma disputa da Musicians'Union na década de 1950 que proibiu músicos americanos de tocar no Reino Unido, e vice-versa, durante vários anos. Isolados, os britânicos criaram a sua própria cultura de jazz muito distinta. Havia muitas escolas de jazz no Reino Unido, com estas preferindo o jazz tradicional de New Orleans, *swing* e *dance music*, em vez de um estilo moderno e mais livre, ou de uma mistura de música popular e sentimental – 'smooth' jazz. Quando a proibição da Musicians'Union foi levantada no final da década de 1950 por luminares e empreendedores inovadores como Ronnie Scott, Ken Colyer e outros, o jazz no Reino Unido havia-se tornado uma música muito mais livre e que ainda tem um estilo 'britânico' muito distinto. Muitos centros na Europa e no Reino Unido são onde os músicos de jazz se reúnem para desenvolver e trocar ideias musicais, sendo Londres, em particular, um centro de free jazz. A música está a ganhar popularidade novamente, e não de forma pequena, devido ao grande número de jovens que estão a entrar na música. O processo criativo continua, com a Internet fornecendo fácil acesso a um grande número de influências.

O jazz que se originou em New Orleans é chamado de jazz tradicional, com ritmos fúnebres e marchados, particularmente ouvidos no Mardi Gras. Hoje, as coisas têm mudado um pouco e ruas como a Bourbon Street balançam ao ritmo do hip hop, garage, soul e funk. No entanto, caminhe apenas alguns quarteirões até à Frenchman Street no Faubourg Marigny e não será possível mover-se sem ouvir jazz. Ele flui para fora dos cafés, umbrais, grandes restaurantes, *pubs*, bares. Ele espalha-se pelas ruas ao redor. Diferentes tipos de jazz, diferentes instrumentos, músicos de rua e cantores nas esquinas, esta parte da cidade vive e respira jazz. Em New Orleans, o jazz continua popular entre os clientes e atrai um público diferente a cada *performance*. Existem clubes de jazz em hotéis, grandes salas de concerto e pequenos bares. É fácil ir de *show* em *show*, do final da manhã até de madrugada. Quase a cada hora há uma nova apresentação em andamento. E se você quiser jazz tradicional de New Orleans, poderá encontrá-lo facilmente. Você pode até fazer uma ‹viagem de jazz› num barco fluvial—*The Nachez*—mas também pode encontrar um tesouro de diferentes músicas de jazz.

Alicia Renee AKA Blue Eyes. Foto de Summer 'Nicole' Emerson Williams

Atracções como o *New Orleans Jazz Museum* e várias galerias mostram o progresso, fotograficamente ou em pinturas, de determinados movimentos ou músicos. Locais como *Snug Harbor* e *Preservation Hall* ficam lotados todas as noites com o público querendo ver e ouvir jazz tradicional sendo tocado. Muitos espaços têm dois ou até três *sets* por noite, com o Preservation Hall às vezes tendo quatro ou cinco para acomodar os entusiastas. Em muitos *pubs* e pequenos clubes existem pequenos palcos com instrumentos dispostos. Os clientes podem pegá-los, tocar e ver quem se junta.

Todavia, na vibrante cidade moderna de New Orleans, há lembranças pungentes de uma cidade construída sobre o comércio de escravos. Muitas casas grandes no elegante Garden District têm uma casinha anexada aos fundos. Estas pequenas casas abrigavam escravos, e dizem que algumas foram construídas com túneis de conexão para que o senhor da casa grande pudesse visitar à vontade as escravas, durante esse período.

Delfeayo com a sua Big Band no *Snug Harbour*. Foto de Sammy Stein

Porém, o jazz não é apenas história em New Orleans. Está muito vivo e faz parte do presente. A amplitude de música e tipos de jazz encontrados lá actualmente é incrível. Armstrong foi considerado o primeiro improvisador e a sua influência está em toda a parte, desde Armstrong Park e Congo Square até várias placas e anotações pela cidade; mas há muitos bons jovens músicos ainda deixando a sua marca em NOLA. Eles tocam não apenas em clubes e locais de jazz mas também na rua.

Uma noite, caminhando pela Frenchman Street, eu ouvi a mais maravilhosa vocalista. Eu segui o som da sua voz e deparei-me com Alicia Renee, *aka* 'Blue Eyes', cantando numa esquina. Alicia cantou no *The Jazz Café* em Londres, *La Scene* em Paris, no *North Sea Jazz Festival* e com Quincy Jones, BB King, Stevie Nicks e outros. Alicia disse-me que mora na cidade e "apenas senti vontade de o fazer". Também ouvi os *Slow Rollas*—um combo de metais que toca alto e muito rápido —na rua. Havia bandas de música tocando fora dos estúdios, duplas tocando em vários bares e cafés, e às vezes alguém apenas sentado num banco tocando jazz num instrumento. O jazz está em todo o lado.

Desde cedo, outros géneros como *Rhythm and Blues* encontraram um centro em New Orleans, assim como o jazz. Jelly Roll Morton, Professor Longhair e Fats Domino eram excelentes tocadores de piano Rhythm and Blues de New Orleans. *The Neville Brothers*—Aaron, Art, Charles e Cyril—introduziram uma marca de funk de New Orleans como líderes de bandas como *The Metters* e *The Wild Tchoupitoulas* nas décadas de 1970, 80 e 90. Mas foi, e ainda é, o jazz que domina.

A música—jazz em particular—tem feito de New Orleans um centro cultural vibrante e tem atraído toda uma nova onda de músicos de jazz para fazer de New Orleans a sua base. A vocalista Carmela Rappazzo mudou-se de New York para New Orleans, a lendária família Marsalis, que inclui o trompetista Wynton, o saxofonista Branford, o trombonista Delfeayo e o seu pai, o pianista Ellis, ajudam a chamar a atenção para o jazz e para New Orleans, enquanto eles tocam regularmente. Eu vi Delfeayo com a sua Big Band em *Snug Harbor* quando eu estive lá. Ele tocou dois *sets* numa noite. A cidade também recebe anualmente o *New Orleans Jazz and Heritage Festival*, um dos maiores festivais de jazz e blues do país.

Então, só para ter a certeza, o que é jazz?

Uma marca registada do jazz é a sincopação, com ênfase na batida mais fraca ou 'off beat'. Por mais simples que pareça, dê este conceito a um músico criativo e as variações acontecem — swing, acid jazz, folk jazz, rock jazz, house jazz e free jazz. Contra o compasso constante da batida ou pulso (provavelmente fornecida pela secção rítmica ou pela mão esquerda do pianista), os instrumentos da melodia enfatizam as batidas de uma contagem de 2 ou 4 (embora também possa ser 5/8, 7/8 ou outros ritmos). As mudanças podem ser previstas trazendo os acordes um pouco mais cedo ou, às vezes, um músico simplesmente muda o tom e o resto segue—depende.

As linhas melódicas podem ser curtas conduzindo *riffs* de alguns compassos, ou linhas longas e curvas como um solo. 'Blue notes'— aquelas notas entre os tons—são usadas na música jazz para transmitir uma sensação melancólica (blue) ou criar um interesse adicional. *'Glissando'* cobre-se as notas azuis e as verdadeiras deslizando para cima ou para baixo entre elas. Isto funciona bem para músicos de instrumentos de sopro, mas é difícil para pianistas que usam curtas e inseridas notas chamadas de notas 'grace'. Como é difícil transcrever com toda as notas graciosas ou azuis, uma partitura de jazz pode simplesmente ter números para algumas linhas, indicando em qual intervalo da escala elas devem estar naquele ponto (e isto pode ser aproximado). Com o free jazz, muitas vezes não há partitura, sendo a música criada na hora com uma ideia colectiva de como ela vai correr ou desenvolver-se e com os acordes fundamentais em torno dos quais todos vão improvisar. Assim, dentro do jazz, há música controlada com partitura e a de execução livre completamente sem partitura, embora as essências da sincopação e da harmonia permaneçam.

Os ritmos do jazz são distintos. Muitos originam-se da música de banda marcial que deu os seus ritmos ao jazz de New Orleans. Cada percussionista tem um tambor numa banda marcial de jazz, então um percussionista tocaria na batida para baixo (primeira linha) e outro tocaria na batida para cima ou fora da batida (segunda linha). A invenção do pedal do bombo baixo, o que significa que um músico pode manter a batida enquanto toca outros tambores foi inovador e levou a *kits* de bateria que possibilitaram a inclusão de outros tambores, notas graciosas e muitas adições diferentes. Os ritmos tornaram-se mais complexos com os bateristas fazendo muito mais do que apenas manter o ritmo.

Qualquer género musical pode ser sincopado, transformando-o numa 'versão jazzística', mas o cerne do jazz é a improvisação. Um músico pega numa ideia musical, um conjunto de acordes, uma progressão ou tom, e improvisa em torno dela, retorna a ela, baseando-se nela mas voando para longe, trabalhando para cima e para baixo, geralmente experimentando e decidindo, muitas vezes por capricho ou reacção ao momento, aonde a música os levará, no entanto, enraizados na ideia. Para um músico experiente, esta é uma maneira muito satisfatória de tocar e grandes músicos falam directamente com o público através da improvisação.

Um outro aspecto importante da música jazz é a personalização. Uma peça é tocada diferentemente por cada músico, e muitas vezes até mesmo pelo mesmo músico que a executa frequentemente. É difícil para os compositores de jazz escreverem música jazz e ditarem precisamente como ela deve ser tocada por causa desta ênfase na improvisação. Um compositor pode fornecer uma estrutura com instruções, mas esta é necessariamente limitada e os músicos irão interpretá-la de forma diferente. Isto é personalização. Por exemplo, como pode você direccionar cada *slide*, trémulo, *glissando*, tipo de ataque (áspero, suave, pesado, leve)? É impossível. Cada músico pegando o mesmo modelo musical irá interpretá-lo como o sente. A maneira emotiva como um músico apresenta a música geralmente tem tanto a ver com o facto de o público envolver-se com ele quanto com o facto de tocar as notas certas. Este conceito é expresso pela saxofonista e compositora Trish Clowes quando diz:

> *Vale a pena notar que a personalidade da pessoa afecta o modo como se improvisa. O jazz é uma música social (como notoriamente observado por Miles Davis) e, na maioria das vezes, o modo como tocamos (ou falamos) é um reflexo de quem somos como pessoa. Esta é uma consideração chave na tentativa de compreender a dinâmica no palco. Ressalto aqui que este não é um comentário sobre as habilidades instrumentais das pessoas, mas sim um comentário sobre como alguém escolhe tocar – porque no jazz temos essa escolha.*

Desde o seu nascimento, o jazz tem passado por muitas transformações, nunca perdendo um género mas adicionando mais. Compositores como Ellington criaram arranjos orquestrais de peças de jazz e, graças a líderes como Paul Whiteman, o jazz começou a ser tocado por orquestras e também por conjuntos menores. *Rhapsody in Blue* de Gershwin, *Blue Monday* (uma ópera de jazz) e *Porgy and Bess* são bem conhecidas composições clássicas de jazz e este formato de música ligou a forma clássica à interpretação do jazz. Na década de 1960, Gunther Schuller cunhou o termo '3rd Stream' para significar música como a de Gershwin, Debussy e outros, a qual foi meio escrita (e o que foi escrito, executado) e meio improvisada.

Claude Debussy é frequentemente citado como uma influência para músicos de jazz. No entanto, ele escreveu apenas uma extensa peça para saxofone e orquestra, a qual ele nunca terminou porque não gostava de saxofone. Esta foi encomendada pela patrona das artes Elisa Hall que tocava saxofone e tentava aumentar o reportório para o instrumento. Aparentemente quando Debussy viu Elisa tocar o instrumento, vestida com um vestido rosa, ele desgostou ainda mais. A sua *Rhapsody for Orchestra and Saxophone* acabou sendo orquestrada após a sua morte por Jean-Roger Ducasse. O seu lugar na história como um grande influenciador do jazz torna-se compreensível quando se conhece a sua metodologia. Na sua *Rhapsody for Orchestra and Saxophone*, ele explora o alcance e a sonoridade do instrumento (que era novidade para ele). Ele usou escalas de tons inteiros e harmonias de tons menores. Em outras obras, como *Nuages*, ele desenvolveu várias técnicas posteriormente adoptadas por compositores de jazz. Nos tempos modernos, compositores como Mats Gustafsson têm escrito peças orquestrais para saxofone e orquestra.

Actualmente conversando com músicos sobre 'o que é jazz', eles acrescentam que ele tem mudado e algum jazz presentemente é quase irreconhecível como tendo origem no jazz tradicional, embora a sincopação e a improvisação ainda estejam lá. Pode haver duas, três ou mais métricas competindo entre si e há mais espiritualidade no jazz moderno e no free jazz. A ênfase está na comunicação e na escuta das mudanças de outros músicos. Há um afastamento da análise que costumava encher as colunas das revistas influentes e que fazia muitos sentirem que o jazz era elitista. Terminologia, nichos, elitismo, estas coisas não fazem mais parte do jazz agora. Em vez disso, o jazz tem mudado para ser um género mais liberal. Existem muitos músicos jovens e estes estão trazendo mudanças para a música—seja curtindo o jazz em suas formas mais puras ou combinando-o com outras músicas como house, garage e hip-hop.

Esmagadoramente em dias recentes, o jazz tem uma positividade sobre isto; uma energia que veio do nada. Por alguns anos curtos e terríveis, o jazz parecia ter perdido a sua musa. Agora, a musa surgiu, está poderosa, movida a energia e entregando uma música como o mundo nunca ouviu. A chave para essa mudança têm sido muitas mulheres.

O jazz tem uma audiência mundial, este é o género mais expressivo, aquele que reflecte o que fazemos, como vivemos e o que as pessoas querem dizer. De muitas maneiras o jazz é tudo o que somos e queremos ser. O jazz somos nós.

Mulheres

AS MULHERES TÊM ABERTO CAMINHO em muitos campos. Temos muitas 'primeiras' para apresentar como exemplos de mulheres que quebraram o proverbial tecto de vidro. Margaret Thatcher, Amelia Earheart, Emily Pankhurst, Sandra Day O'Connor—a primeira mulher nomeada para servir na Suprema Corte dos Estados Unidos—a lista é extensa. Há outras, incluindo Condoleezza Rice, Oprah Winfrey, Teresa May, Angela Merkel, Marin Alsop (primeira maestrina de *Last Night of The Proms*). A lista de mulheres poderosas e famosas continua. Muitas áreas antes tradicionalmente masculinas são agora preenchidas por um número crescente de mulheres, desde astronautas a engenheiras e cientistas. Uma vez que as primeiras mulheres pioneiras abriram a porta, outras mulheres as seguiram. Agora, ninguém fica surpreso ao descobrir que o chefe da *Virgin Money* é uma mulher, tal como é o chanceler da Alemanha e o primeiro-ministro do Reino Unido. As mulheres podem ser juízas, parlamentares, congressistas, chefes executivas, académicas, compositoras clássicas, engenheiras, camionistas, profissionais médicas. Num número crescente de indústrias, mulheres e homens agora enfrentam-se em pé de igualdade na maioria das áreas. É um sucesso geral e muitas palmadinhas nas costas são merecidas por todos aqueles que lutaram contra a misoginia, a opressão e a discriminação com base no género—e depois há o jazz.

O jazz ainda é um mundo masculino. Existem mais 'everythings' masculinos no jazz. De relações-públicas a agentes, apresentadores de rádio, escritores, produtores e, claro, músicos.

Entrevistar e trabalhar com muitos músicos e pessoas em diferentes áreas do jazz significa desfrutar da música diversa e criativa de um corpo de pessoas igualmente diverso. No entanto, visivelmente, não há muitas mulheres. Não quero dizer que não haja nenhuma. Sempre houve mulheres no jazz e há mulheres no jazz actualmente, mas os seus números permanecem minúsculos em comparação com os homens em todas as áreas. A mudança parece incrivelmente lenta e levanta a questão: por quê? Por que há tão poucas mulheres nos *shows*? Por que não há mais mulheres músicas? Por que razão quase todo o produtor musical, relações-públicas, agente, crítico e músico é um homem? Está o jazz ainda alcançando outros géneros que têm incluído mais mulheres?

Existem mulheres incríveis no jazz—tanto no passado quanto no presente deste, e aquelas que estão surgindo como talentos incríveis dentro do género. Muitos músicos, é claro, tocam mais do que um género, mas muitos especializam-se em jazz, tocando em todo o mundo, lotando regularmente locais de concertos, quer sejam estes intimistas ou grandes. Existem tão poucas mulheres em comparação com os homens.

A misoginia não é ilegal, embora muitos a vejam como uma forma de abuso. Muitas mulheres têm experienciado graus assédio no local de trabalho, e na Europa e na América do Norte têm sido tomadas medidas consideráveis, tanto nas leis quanto nas mudanças de atitudes em relação ao tratamento das mulheres. Ainda há um caminho a percorrer em termos de disparidades salariais e de ascensão profissional. A igualdade de género continua sendo um objectivo e não uma realidade em algumas áreas. Em muitas profissões os homens ainda recebem mais do que as mulheres, e no mundo da música, obtendo-se o rácio na Musicians`Union, este ainda é o caso.

Deve ser lembrado que muitos apoiam totalmente a igualdade de género, não apenas na música mas em todos os aspectos da sociedade; e que esta contingência inclui muitos homens. Muitas pessoas simplesmente vêem talento, em vez de género. Apesar disso, o júri ainda não decidiu se as mudanças no jazz estão acontecendo e se estão acontecendo rápido o suficiente. O jazz nasceu num ambiente dominado por homens. Foi liderado no início por homens e talvez não tenha passado tempo suficiente para que a mudança se tenha estabelecido com bastante profundidade. Em tantos outros géneros musicais há uma igualdade crescente. No entanto, o jazz continua dominado pelos homens e a velocidade da mudança é lenta. Deveríamos comemorar os avanços que temos feito mas o jazz parece estar a arrastar os pés.

Sem as mulheres, muitos músicos do sexo masculino nunca teriam conseguido levar a sua música ao público, muito menos continuar em digressão, gravando e comunicando com pessoas influentes. As mulheres têm sido vitais para o sucesso do jazz desde o seu nascimento. Além de compor, executar e produzir, elas também têm tratado, nutrido e aguentado o jazz; também têm sido alvo de piadas, temas de canções e musas para grandes artistas de jazz. Elas têm sido mães—pessoas como a mãe de Robert Glasper, a qual dirigia o coro de uma igreja Baptista e proporcionou a ele o ambiente musical que alimentou o seu jazz; e a mãe de Billie Holiday, que a encorajou quando Billie decidiu tornar-se uma cantora de jazz. As mulheres também têm estado entre os grandes *performers* do passado e certamente estão entre os do presente. Porém, pergunte a um amante do jazz para nomear músicos e eles vão desfiar uma lista de artistas do sexo masculino e talvez algumas cantoras. Poucos conhecem ou mencionam músicos do sexo feminino—embora muitos deles tenham feito uma diferença real. Uma olhada nos alinhamentos de muitos festivais revela poucas mulheres—artistas a solo ou líderes. Numa publicação famosa de grandes entrevistas de jazz, de mais de cento e vinte entrevistas, menos de dez por cento foram com mulheres. De artistas a relações-públicas, programas de rádio, escritores, cineastas, gerentes de gravadoras, quase nenhuma mulher é tão poderosa quanto os homens. Então, por que não mais delas?

Conversando com pessoas da indústria do jazz, fica claro que este é um tópico importante—não apenas para mulheres mas também para alguns homens. É surpreendente quantos homens querem que as mulheres sejam mais representadas no jazz, e eles ficam um pouco perdidos ao esclarecer por que tal não acontece. Há uma divisão de idade definida aqui, com os mais velhos explicando que acreditam que as atitudes em relação às mulheres no jazz persistem porque alguns músicos pensam nas mulheres como esposas, mães e amparos, e no jazz como uma indústria masculina.

Em contraste, os mais jovens parecem genuinamente incapazes de explicar a escassez de mulheres no jazz. Eles têm sido criados para considerar todos iguais, independentemente de género, cor ou cultura e, na maioria das vezes, o seu mundo é de igualdade. No entanto, no jazz, eles encontram-se presos num mundo cheio de valores passados. O jazz parece um dinossauro debatendo-se desajeitadamente na era errada. Estas pessoas mais jovens do jazz estão tentando explicar por que razão a desigualdade de género ainda é tão difundida num meio criativo, onde género deveria ser a última coisa com que as pessoas se deveriam preocupar.

Há uma mistura de reacções quando as opiniões das mulheres, através do jazz de hoje, são ouvidas. Algumas têm tido observações e comentários sexistas direccionados a elas, algumas tiveram incidentes em que o seu género foi um problema, e outras não tiveram qualquer problema. Algumas levaram a questão a sério e lutaram pelos direitos das mulheres e outras não deram muita atenção ao sexismo. O que é aparente, porém, é que há mais mulheres entrando no negócio, seja como executantes ou gerentes, chefes de gravadoras, promotoras, apresentadoras de rádio e outras funções associadas. Se o jazz lhes oferece igualdade ainda é uma questão de debate, mas a mudança *está* acontecendo. É apenas uma questão de quão rápido.

Surpreendentemente tem havido muitos estudos nesta área. Leituras interessantes podem ser encontradas olhando para artigos realizados como parte de estudos de pesquisa, bem como artigos de revistas. Apenas alguns são:

Be a Good Girl and Play Like a Man, (2016) de Biddy Healey—

leitura particularmente interessante e detalhada.

"Take A Solo" An Analysis of Gender Participation and Interaction at School Jazz Festivals, (2001) de Steinberg

Gender and Participation in High School and College Instrumental Jazz Ensembles, (2004) de K. McKeage

Editorial do Dr. Arial Alexander na *JazzEd Magazine,* Setembro de 2011, intitulado *Where Are The Girls?*

Five Things to Teach your Female Students about Jazz, artigo em *Brass Chicks,* (2018) de Marie Millard

Existem muitos outros artigos e documentos mas estes acima fornecem uma óptima visão geral. As opiniões de cada escritor variam ligeiramente e os dados demográficos usados em cada grupo de estudo afectam o resultado, mas em geral as conclusões são que:

- O número de mulheres em conjuntos de jazz permanece significativamente menor do que o de homens. Além do mais, quando ingressam no jazz, a taxa de desistência é muito maior para as mulheres do que para os homens.

- As mulheres ainda são encorajadas por pais e professores a escolherem instrumentos que são vistos como 'femininos'. O piano é comummente ensinado às mulheres. Isto pode ter-se desenvolvido porque as mulheres que seguiram a rota gospel para o jazz aprenderam a tocar piano na igreja, então era um instrumento aceitável. Uma consequência deste viés é uma chance menor de tocar jazz, pois elas não o terão estudado como um instrumento normalmente procurado num conjunto de jazz (não que algumas deixem que isso as impeça).

- Não há diferença perceptível na habilidade de mulheres e homens quando se trata de improvisar, mas as mulheres jovens percebem que a sua habilidade é menor do que a dos homens. Isto pode levá-las a um desempenho inferior.

- A música jazz é percebida pelos alunos como tendo um estereótipo

Kim Cypher, 'Love Kim x' UK tour de lançamento do álbum com Pee Wee Ellis & Chris Cobbson - Foto de Ron Milsom

masculino, principalmente devido às tendências históricas e às associações que elas criam.

- As mulheres sentem-se mais seguras num conjunto tradicional (orquestra de câmara, orquestra completa, etc.) do que num grupo de jazz.
- As mulheres sentem-se menos capazes de conectar o jazz com as aspirações de carreira.
- As mulheres conseguem menos solos em bandas de jazz do que os homens. Em outros géneros, os solos são distribuídos de maneira mais uniforme. O jazz parece ter os seus próprios pontos fracos em termos de equilíbrio de género.
- O *networking* geralmente ocorre durante o tempo de inactividade antes ou depois de uma apresentação e as mulheres podem sentir-se socialmente excluídas destas sessões.

- A falta de modelos a seguir tem um impacto significativo. Isto significa que há menos expectativas das mulheres porque elas vêem poucas mulheres de sucesso nas quais poderiam ter um exemplo. Noutras carreiras onde há modelos femininos, mais mulheres seguem. No jazz existem poucos modelos femininos para as mulheres. Se você olhar para o número de mulheres representadas nas faculdades de música dos colégios e universidades, este está abaixo de quinze por cento.

- Não ter muitas mulheres como modelos torna mais difícil para as jovens mulheres no jazz. Os homens são muito mais propensos a orientar homens, por isso é difícil para as mulheres encontrarem mentoras porque elas simplesmente não existem ou não estão disponíveis.

A saxofonista e líder da banda Kim Cypher apoia algumas das descobertas quando diz:

> Ao longo do ensino secundário tive muitas oportunidades para me envolver em actividades musicais, e embora o meu talento musical fosse encorajado, o meu desejo de seguir uma carreira musical não o era. Na verdade, é justo dizer que isto foi desencorajado (não pela minha família, mas pelo sistema educacional). Posso ver que não é uma carreira particularmente segura e, portanto, entendo por que foi este o caso. Assim, eu fui canalizada para um percurso mais académico e isso resultou numa longa viagem que acabou por me levar a seguir os meus sonhos musicais, mas numa fase muito posterior da vida.

Outras discussões com mulheres levam a mais observações. Algumas dizem que, quando em pleno fluxo criativo, tocar uma trompa não é "atraente" e isso pode afastar algumas mulheres de soprar forte ou de se alongar no jazz (ou talvez em qualquer género). Algumas mulheres acham que, se liderarem uma banda, são vistas como 'mandonas' e não gostam dessa conotação. Algumas mulheres ainda acham difícil assumir o papel principal — o que é surpreendente quando temos dado passos largos em termos de igualdade.

E há o temido 'tokenismo'. Algumas mulheres sentem que podem estar presentes simplesmente porque são mulheres, e não escolhidas pelo seu talento. Isto pode ser difícil de provar ou refutar, mas pode levar a dúvidas na mente de um músico.

Muitas compositoras ou instrumentistas de jazz descobrem que outras mulheres frequentemente pedem conselhos a elas. Maria Schneider é uma compositora de jazz, uma executante renomada e modelo para outrem. A trompetista Ingrid Jensen diz no livro de Radhika Philips, Being Here; Conversations on Creating Music (2013, Radhio.org):

> *Maria tem sido uma verdadeira mentora, tu sabes. Ela é uma mulher incrível. O que ela tem feito com a sua vida é realmente extraordinário.*

No jazz existem mulheres fortes, criativas e totalmente conectadas que não se importam nem um pouco com aqueles que as afastariam do seu lugar como líderes e performers. Elas sabem que são boas; elas sabem como tocam e estão muito mais preocupadas com a performance do que com quaisquer questões que as pessoas próximas a elas, ou o público em geral, possam querer colocar na sua arte. A música é a carreira escolhida e o que as move, nada mais.

Há também músicos de jazz masculinos e professores que incentivam as mulheres. A saxofonista, líder de banda e compositora Jane Ira Bloom é citada no livro de Radhika Philip, mencionado acima, como tendo dito:

> *Quando eu estava na 9º grau comecei a estudar com um professor mestre de saxofone, Joe Viola. Ele era chefe do departamento de sopros da Berklee College of Music. Se tu conversares com saxofonistas, eles costumam falar sobre esses professores especiais. Ele era um deles... ele estava a dar-me todas as ferramentas que eu precisava e uma compreensão do saxofone para que eu pudesse expressar-me no instrumento...*

Kim Cypher lembra:

> *Tive o mais incrível professor de música, chamado Sr. Harrison, que me deu liberdade para crescer como músico e alimentou o meu talento.*

Para Maria Schneider, foi Bob Brookmeyer. Ele tornou realidade as primeiras oportunidades dela de compor para a Mel Lewis Orchestra.

Pense nisso. Quando nascemos, há cerca de cinquenta por cento de chance de sermos mulheres. Na música jazz, há cerca de 20% de chance de um músico ser mulher e menos ainda de ser uma escritora de jazz, chefe de gravadora ou apresentadora de rádio.

Cleo Laine, foto de David Sinclair

A pesquisa feita pelo *National Bureau of Economic Research* em Cambridge, MA, revelou um facto fascinante. Mostrou que em audições às cegas (aquelas em que o júri não pode ver os executantes), as mulheres têm mais chances de serem seleccionadas do que os homens. Além disso, ter uma tela a esconder os músicos multiplicou as chances de uma mulher ganhar integralmente, caso as audições fossem feitas por meio de eliminatórias sucessivas. Na música clássica esta mudança nos métodos de audição tem aumentado a presença de mulheres nas orquestras, de cerca de dez por cento em 1970 para mais de trinta por cento actualmente. Os resultados seriam os mesmos se este método de 'audição cega' fosse usado para bandas de jazz? Dado que apenas três das vinte bandas de jazz de uma recente escola de música, que excursionou pela Europa, eram mulheres; dois membros da Jazz Monday Band de Harvard em 2017 eram mulheres; e que em 2013 apenas dois dos músicos na *National Association of Music*

Education All National jazz band (US) eram mulheres, isto seria uma coisa interessante de se tentar. Uma recente discussão com músicos num show em Londres colheu apoio para tal ideia.

Buscando razões para a escassez de mulheres no jazz, a busca torna-se simples se atentarmos para a história e cultura daquele lugar e época. O jazz surgiu de uma subcultura predominantemente masculina no início do século XX—uma época em que as mulheres tinham poucos privilégios e a reputação era tudo. As mulheres eram menos propensas a visitar os clubes, boates, bares clandestinos e outros lugares nocturnos onde o jazz era tocado, e ainda menos propensas a tocar jazz—música que se enredava no mundo nebuloso das drogas pesadas e do álcool. Racismo e sexismo eram a norma na época em que o jazz se tornou popular e não é difícil ver como este comportamento se tornou arraigado. As gravadoras lançaram música jazz em 'race labels'—assim chamadas porque os discos eram vendidos e comprados principalmente em áreas onde os negros viviam e trabalhavam, enquanto os artistas gravados para as *labels* também eram negros. As mulheres da época eram objectificadas, vistas como ornamentais; e isto foi reforçado tanto na tela quanto no palco, com as únicas intérpretes permitidas a apresentarem-se, na sua maioria, as que fossem jovens, bonitas, usando vestidos reveladores, sapatos altos e muita maquilhagem. Em vez de trompete, trombone ou saxofone (instrumentos 'masculinos'), elas tocavam instrumentos 'femininos' como piano, violino, flauta ou harpa, ou cantavam. Enquanto isso, excepto umas poucas, nenhuma das principais bandas de jazz incluía qualquer um dos instrumentos 'femininos' nas suas formações.

Algumas décadas depois de ter surgido, a viabilidade comercial do jazz foi percebida e a música foi levantada dos decadentes e ilícitos lugares do seu nascimento para os clubes mais nobres, onde o jazz se tornou cerebral, 'intelectual' e aceite no *mainstream*. A música foi analisada e tornou-se elitizada, sendo os homens, de longe, a maior população tanto em audiência como em palco. Portanto, os homens têm uma boa vantagem sobre as mulheres quando se trata de jazz—talvez seja hora de as mulheres se actualizarem.

O jazz tem pouco mais de cem anos, o que é jovem em termos de géneros musicais. A primeira gravação de jazz não foi feita até ao início dos anos 1920. Mulheres que agora são consideradas pioneiras do jazz como Cleo Laine e Clora Bryant ainda estão por aí actualmente. Mas os papéis das mulheres na sociedade e as atitudes em relação a elas eram muito diferentes nos primeiros anos do jazz. A diferença de género foi estabelecida desde o início e permaneceu. Persiste uma recusa obstinada em aceitar as mulheres como músicos de jazz sérios e esta atitude parece que vem do passado onde, por exemplo, em 1938, a *Downbeat* publicou um artigo onde o autor afirmava que o jazz era, 'uma música dura, masculina com um chicote para isso' e que as mulheres 'gostavam de violinos, mas o jazz lida com tambores e trombetas'.

O que nós, escrevendo ou lendo a partir de nossa posição iluminada no século XXI, devemos lembrar é que as nossas atitudes estão a um mundo de distância daquelas que existiam quando o jazz surgiu pela primeira vez. O jazz teve o seu quinhão de debates, desavenças e discussões, até mesmo confrontos violentos entre os defensores do jazz moderno e tradicional (Beaulieu, Reino Unido, década de 1960). A oposição à integração racial tornou-se um problema em si e significou que o papel das mulheres e a sua ausência parecia ter sido esquecido até que alguém se deu ao trabalho de apontar isso. Este 'apontar' ainda está em andamento. Em 2017, uma série de artigos apareceu. Um no *Financial Times* foi intitulado *Jazz Gets A Blast of Female Energy*, que abriu com, 'O género ainda sofre de um grave desequilíbrio de género, mas a mudança está acontecendo'. O *New York Times* publicou um artigo intitulado *For Women In Jazz: A Year of Recognition and Reckoning*, que discutiu várias executantes que estão a tornar-se mais proeminentes. Então, parece que as pessoas querem destacar o problema e, de certa forma, as coisas estão a melhorar. Mais adiante neste livro as mulheres músicas e muitas em outras funções contam sobre a sua actual jornada no jazz.

A pesquisa para este livro revelou histórias incríveis e interessantes. É impossível incluir todas as mulheres que têm feito a diferença no mundo do jazz. Elas sempre têm estado lá, despercebidas. O piano foi a incursão para muitas, pois era considerado um instrumento 'adequado' para as mulheres tocarem e uma pianista era aceite em quase qualquer lugar, até mesmo tocando com uma big band. Da música gospel surgiram vocalistas femininas com vozes enormes e com um alcance incrível—mulheres como Mahalia Jackson. Elas cantavam com entusiasmante emoção que se transferia facilmente para arranjos de jazz. Os vocalistas femininos definem o padrão para os cantores de jazz. Muitas combinavam o seu canto com o seu acto de tocar piano. Sweet Emma Barrett, Jeanette Kimball, Mary Lou Williams e Sarah Vaughan foram apenas algumas bem-sucedidas mulheres pianistas e cantoras de jazz. O estilo de tocar e os arranjos de Mary Lou influenciaram artistas do bebop, incluindo Dizzy Gillespie e Thelonious Monk. Desde cedo no jazz, as mulheres eram poucas em número mas imensas em efeito. Nos bastidores as mulheres também forneciam algo para os músicos ostentarem, além de administrarem os clubes de fãs e cuidarem dos músicos em turné. Uma mulher até ajudou Louis Armstrong a decidir sobre uma carreira solo. Lil Hardin tocou piano com a King Oliver's Band. Louis entrou em 1922. Ele e Lil tiveram um romance, eventualmente casando-se, e foi ela quem o encorajou a tentar uma carreira solo.

Muitas das primeiras cantoras de jazz trabalharam com compositores e músicos masculinos. Em breve, composições estariam sendo escritas para cantoras. Tais canções proporcionaram oportunidades para mulheres como Billie Holliday, Nina Simone e outras, encontrarem o seu lugar no mundo do jazz, muitas tornando-se compositoras.

Embora alguns escritores e músicos considerassem as mulheres uma esquisitice, muitos não eram avessos a que as mulheres tocassem ao lado de homens e respeitavam-nas como artistas. Armstrong foi um deles. Valaida Snow, de Chattanooga, Texas, fazia parte de uma família do *show business*. Aprendeu a tocar vários instrumentos e especializou-se em trompete, dança e canto. Ela tornou-se tão popular que foi apelidada de ‹Little Louis› em homenagem a Louis Armstrong. Os críticos diziam que ela simplesmente imitava Armstrong. Aparentemente o próprio Armstrong, depois de vê-la apresentar-se no *Sunset Café*, Chicago em

1928, continuou batendo palmas muito depois de todos terem parado e comentou: 'Rapaz, eu nunca vi nada tão bom', mostrando que ela tinha o seu total apoio. Mais tarde, ele teria chamado Valaida de o segundo melhor trompetista de jazz do mundo, depois dele mesmo. Ela tornou-se mundialmente famosa e excursionou pelo mundo.

Mulheres liderando grupos menores de jazz gradualmente tornaram-se mais comuns, especialmente quando os efeitos da Grande Depressão na década de 1930 na América significava que as mulheres perdiam oportunidades, para que mais homens pudessem encontrar emprego. Em resposta, as mulheres formaram os seus próprios grupos de jazz. Algumas das mulheres que lideraram pequenos combos foram Barbara Carroll, Hazel Scott, Nellie Lutcher, Hadda Brooks e Marian McPartland. Contudo, alguns homens permaneceram resolutamente contra as mulheres no jazz. Em 1938, a *Downbeat* publicou outro artigo intitulado *Why Women Musicians Are Inferior*. Nele, o autor argumentava que as mulheres eram 'emocionalmente instáveis' e 'nunca poderiam ser artistas consistentes num instrumento musical', e outros comentários estupidamente cegos. A conclusão foi a de que as mulheres nunca soprariam em latão ou palheta por medo de parecerem pouco atraentes e não tinham tempo, paciência, ambição ou motivação económica para 'woodshed' (praticando técnicas até acertar). O escritor também apontou que as mulheres tinham apenas alguns anos de experiência no jazz, enquanto os homens tinham muito mais história, e que piano e cordas eram mais adequados para mulheres. Segundo ele, se mais bateristas femininos tivessem sido mães (com experiência em *cradle-rocking* – berço de balanço), elas poderiam ser capazes de "entrar no ritmo".

O facto deste artigo ser citado apenas mais recentemente como altamente sexista, e de ser mais controverso agora do que quando foi publicado pela primeira vez, demonstra a atitude predominante na época. Alguns psicólogos do passado até pensavam que as mulheres que queriam ter sucesso num mundo masculino (como o jazz) apresentavam sintomas dos temidos "complexos de masculinidade".

Em 1938, os jornalistas foram autorizados a escrever comentários como:

Por que é que, fora algumas mulheres sépias, a mulher música nunca nasceu capaz de 'enviar' alguém para lá da saída mais próxima? Parece que, embora as mulheres sejam o sexo frágil, elas ainda seriam capazes de extrair mais, de um corno indefeso, do que algo que soa como um grito de socorro.

Marian McPartland, foto de Gerard Rouy

Esta é a citação de abertura do artigo da Downbeat citado acima. Mesmo quando renomadas músicas responderam, as editoras resistiram entrincheirando-se no sexismo pervasivo. Peggy Gilbert, educadora musical e saxofonista, respondeu ao artigo apontando que os homens eram contratados pelos seus talentos, mas as mulheres ainda dependiam muito da sua aparência. Havia padrões duplos e não era incomum que as mulheres fossem solicitadas a levantar as saias nas audições para os membros da banda para provar que tinham boas pernas. Ela fez a pergunta: *Como pode você sorrir com um corno na boca?* A revista publicou a sua resposta, mas deu a ela a manchete humilhante de: *Como pode você tocar um corno com um sutiã?* A resposta deles saiu pela culatra. Isto aumentou a consciencialização sobre a misoginia que prevalecia na época e deu a Peggy fama nacional como defensora das mulheres músicas, o que atraiu muito apoio para a sua causa.

Embora as mulheres tivessem assumido papéis mais importantes na América desde a décima nona emenda na década de 1920, e conquistado mais independência após a Primeira Guerra Mundial, foi necessária outra guerra para que as mulheres fossem realmente aceites como as talentosas músicas que eram. Durante os últimos anos da Segunda Guerra Mundial, quando muitos músicos de jazz do sexo masculino foram convocados para o serviço militar, as bandas de jazz só de mulheres tornaram-se cada vez mais populares e eram vistas como apoiantes da comunidade durante a guerra, mantendo a fortaleza musicalmente enquanto os homens lutavam fora. Estas bandas foram racialmente segregadas no início, principalmente devido a divisões nas suas audiências—os americanos brancos ouviam principalmente *Ina Rae Hutton and her Melodears*, enquanto os afro-americanos curtiam *The Darlings of Rhythm* (uma banda de *swing*) e *The Prairie View Co-Eds*. *The International Sweethearts of Rhythm* tocavam para as tropas negras segregadas na Europa. A banda foi uma das primeiras a contratar executantes não afro-americanos para a sua formação, quebrando assim a barreira da cor que existia anteriormente. Outra banda feminina foi *All-American Girls* de Ada Leonard. Notavelmente, bandas brancas não contratavam músicos não-brancos.

Assim como nas bandas só de mulheres, as mulheres músicas começaram a preencher as lacunas deixadas pelos músicos recrutados para as big bands. As convocações significavam que um grande número de homens saía de uma vez, deixando as bandas sem músicos. Woody Herman contratou a trompetista Billie Rogers; Gerald Wilson contratou a trombonista Melba Liston; e Lionel Hampton contratou a saxofonista Elsie Smith, proporcionando a estas extraordinárias mulheres oportunidades que, se os homens não tivessem ido embora, provavelmente nunca teriam tido. Após a guerra, a maioria das mulheres perdeu os seus lugares para o retorno dos músicos GI[2]. Algumas permaneceram como solistas, líderes e artistas de gravação e enfrentaram duras críticas e assédio sexual por parte dos seus companheiros de banda, agora que os homens haviam retornado. Mas tinha alguma coisa realmente mudado? Contudo, as portas foram empurradas e um pouco mais tarde, na década de 1950, com

---

2   G.I. ou "General Infantry" significa soldado raso.

o florescimento do jazz moderno sofisticado, algumas instrumentistas estavam fazendo sucesso, especialmente como pianistas e líderes de trio, às vezes ganhando longas residências em locais de prestígio. Marian McPartland e a pioneira pianista de jazz Barbara Carroll lideraram trios em New York durante várias décadas. A pianista e cantora Blossom Dearie ganhou amplo reconhecimento. No Reino Unido, as cantoras Annie Ross (célebre pelas suas letras de trava-língua) e Beryl Bryden encontraram fama. As oportunidades permaneceram poucas, no entanto.

Amy Winehouse, foto de David Sinclair

Apesar de alguns sucessos notáveis, o papel limitado das mulheres no jazz é destacado numa fotografia intitulada *A Great Day in Harlem*. Tirada em 1958 pelo fotógrafo *freelancer* Art Kane da revista *Esquire*, esta fotografia mostrava os maiores músicos de jazz da época reunidos no Harlem. Dos cinquenta e sete músicos apresentados na foto, apenas três eram mulheres e todas as três pianistas ou cantoras—Marian McPartland, Mary Lou Williams e Maxine Sullivan.

Uma grande mudança ocorreu no final da década de 1950, quando a TV ofereceu mais oportunidades para as mulheres. Bandas de TV durante o final da década de 1950 até ao final da década de 1960 contrataram mulheres como músicos, incluindo Ina Ray Hutton e Ada Leonard.

O público da TV entusiasmou-se ao ver mulheres em bandas. Havia mudanças sociais ocorrendo e a TV estava na vanguarda de reflectir isto para as audiências. Embora controladas em grande parte por homens conservadores, as redes de TV não tinham escolha a não ser incluir mulheres como músicos quando o público exigia.

As mulheres também se tornaram músicos célebres por direito próprio. Estas incluíam vocalistas como Ella Fitzgerald e luminares musicais como a pianista, harpista e compositora Alice Coltrane e a pianista, organista e compositora Amina Claudine Myers.

Indira May, foto de Penny Nakin

No final da década de 1960 o movimento de libertação das mulheres estava a atrair os holofotes para as mulheres e seus direitos. Elas estavam a fazer profundas incursões em áreas que antes eram dominadas por homens—incluindo o jazz. Não mais contentes em estar presentes como símbolos ou actos de novidade, dispersas frugalmente pelos festivais, as mulheres exigiam ser levadas a sério. Uma década depois, após um início lento, as coisas foram desencadeadas por alguns eventos importantes. O primeiro *Women's Jazz Festival* foi realizado em Kansas City em 1978, seguido rapidamente pelo primeiro, anual, *New York Women's Jazz*. O festival do Kansas foi iniciado por Carol Comer e Diane Gregg, que decidiram organizar um festival feminino depois de ver o *Wichita Jazz Festival*, que incluía Buddy Rich, Clark Terry, The Louie Belson Big Band Explosion, Joe Williams e muitos mais, mas muito poucas mulheres. As mulheres sabiam que a indústria tinha muitas excelentes executantes e decidiram naquele momento organizar um festival feminino em Kansas City.

O New York Times noticiou no dia 16 de Março de 1978:

> *O festival será um programa de dois dias de clínicas, shows e jam sessions que contará com o trio de Mary Lou Williams, a dupla de Marian McPartland, a big band liderada conjuntamente por Toshiko Akiyoshi e seu marido, Lew Tabackin, e duas cantoras, Betty Carter e Marilyn Maye. Haverá também um grupo All-Star do Women's Jazz Festival, liderado por Miss McPartland, que incluirá Janice Robinson, trombonista; Mary Fettig Park, saxofonista; Mary Osborne, guitarrista; Lynn 'Milano', baixista, e Dottie Dodgion, baterista. Para Miss Comer e Miss Gregg, a ideia de um festival de jazz feminino foi uma progressão natural das suas origens e interesses. Miss Comer tem sido uma proeminente cantora de jazz em Kansas City nos últimos 20 anos. Miss Gregg produziu programas de jazz na KCUR-FM, uma estação de rádio pública, e, em janeiro de 1977, iniciou um programa semanal, 'Women in Jazz', que até agora tem apresentado gravações de mais de 60 mulheres músicas de jazz.*

O festival ainda é um evento anual e agora existem muitos Festivais de Jazz Feminino em todo o mundo, incluindo Sydney, Palm Springs e Knoxville.

Todavia, avançando para hoje, mais de quarenta anos depois e, independentemente de como você olhe, o número de mulheres no jazz ainda é pequeno. Por que razão? Podemos discutir os pontos, pensar em muitas razões pelas quais pode ser assim, mas o que pensam as mulheres? Estamos perdendo o ponto? Será que as mulheres simplesmente não são atraídas pela música jazz? É possível. Eu fui levada a descobrir.

Será que as mulheres prestam um desserviço a si mesmas flertando e tentando permanecer 'bonitas', caindo em todos os clichês fornecidos por filmes, anúncios e revistas de moda? Serve isto para enfatizar as suas percebidas 'falhas e fraquezas' para os homens? Ajuda o facto de as executantes dizerem que elas se inspiram em Ayler, Rollins, Armstrong—

todos homens?

Há mulheres que trouxeram o jazz para o mundo da música pop de diferentes formas, desde Alison Moyet, Lady Gaga (uma mulher mergulhada no jazz de NYC que tem colaborado com Tony Bennett e outros) e Amy Winehouse, que trouxe técnicas de jazz para cantar de forma tão linda e encantou o mundo com a sua voz e presença de palco. Parece impossível escrever sobre ela no pretérito, mas Amy teve uma das melhores vozes de jazz, ouvidas desde há muito tempo—e as pessoas adoraram. A influência de Amy estendeu-se a jovens cantoras de jazz, como a vocalista Indira May, que diz:

> Enquanto adolescente, interessei-me por Amy Winehouse e ouvia 'Frank' o tempo todo e foi aí que percebi que o jazz tinha potencial para ser actual. Amy reflectiu o que as mulheres sempre sentiram e trouxe isso para o presente. Então eu acho que ela foi muito importante para muitas jovens porque ela foi uma das primeiras pessoas a fazer isso nos dias modernos de forma tão verdadeira e honesta. Ela combinou a forma de ser uma mulher franca com o jazz e ser expressiva. Naquela época, em Gloucestershire (casa de Indira), havia uma enorme divisão entre o que os rapazes podiam fazer e dizer e o que as raparigas podiam fazer e dizer. Eu lembro-me de praguejar na escola e de um dos meus professores dizer: 'Ah, não se rebaixe ao nível dos rapazes', e senti como se eles quase escapassem impunes— sendo hábeis em se expressarem como adolescentes. E as raparigas estavam sempre a ser informadas para serem 'femininas'. Se eu e a minha amiga, Hattie, estivéssemos irritadas ou arrotando, os professores e os adultos sempre diriam para sermos 'damas'. Mas Amy não era uma personagem tímida, com uma aparência 'perfeita'. Ela era uma rapariga judia; ela tinha grandes traços faciais. Ela usava o que queria; ela tinha tatuagens; e ela não se desculpava, coisa que eu gostava.

Pelo que dizem os músicos, escritores, apresentadores de programas de rádio, agentes, gerentes de espaços e muitos outros, a indústria está a caminhar para a mudança, embora persistam bolsas de resistência. Parece haver este verdadeiro enigma, onde as mulheres pensam que as coisas estão a mudar, enquanto quase todas podem dar exemplos de encontros com pessoas que provam que, em algumas áreas, o jazz ainda precisa de se corrigir e modernizar as suas atitudes. A raça, ao que parece, não é mais um problema e as diferenças são celebradas à medida que novas e diferentes formas musicais, instrumentos e músicos são trazidos para o jazz. No entanto, as mulheres ainda estão na borda. Nós encontrámo-las no limiar da aceitação, mas não totalmente lá. Embora sejam uma parte vital e activa da música agora, e também do futuro, elas permanecem em pequeno número.

Um músico mais velho disse recentemente:

> *Well, they (women) come, they stayed and now we wouldn`t be without`em – women I mean!*

Um outro disse (e veja se você consegue resolver isto),

> *Fico feliz que elas estejam na música, não que elas estivessem longe disto mas, sim, nós rimo-nos delas porque nos sentimos um pouco estranhos. Agora, porém, é provável que o 'indivíduo' que está a analisar o show seja uma mulher, e o 'indivíduo' que me contrata também é uma mulher! Caramba, até o 'indivíduo' que me conduz do aeroporto pode ser apenas uma mulher—caramba!*

O grande tocador de instrumentos de palheta, Peter Brotzmann, contribuiu para o meu último livro e quando eu lhe disse que estava a escrever um novo livro—desta vez sobre mulheres no jazz, ele sorriu e disse:

> *Bom, fico contente. Não posso estar nesta ocorrência, visto que definitivamente não sou uma mulher, mas é uma boa ideia mesmo assim.*

Eu também acho—é hora de as mulheres serem ouvidas.

Mulheres do Passado—Maiores Influenciadoras

AS MULHERES FAZIAM PARTE DE BIG BANDS, de orquestras e bandas de fosso, muito antes da virada do século passado. Elas estavam inovando. O primeiro solo de saxofone dado por um negro americano numa orquestra foi o de Elsie Hoffman em 1889, quando ela tocou com a *Will Marion Cook Orchestra* em Washington DC. Embora não fosse jazz eles tocavam-no (Cook era aluno de Dvorak e especialista em música clássica com elementos folk), Elsie estabeleceu um precedente para mulheres solistas negras—e ela tocava saxofone. Estes passos aparentemente pequenos foram críticos. Quando o jazz se tornou popular, as presenças de muito poucas mulheres eram como brilhantes faróis de luz e forneciam modelos e mentores para aqueles que as seguiam no mundo amplamente misógino do jazz. Elas foram inspiradoras para mulheres cujas aspirações iam além de ser uma adição decorosa a uma secção de uma big band. Entremente, as oportunidades para os primeiros músicos femininos de jazz gravarem eram poucas e distantes entre si. Dolly Hutchinson (uma trompetista afro-americana) tornou-se a primeira trompetista a gravar um disco de jazz como parte de *Gut Bucket Five de Albert Wynne* em 1926. Não foi um sucesso esmagador e ela não gravou novamente até 1941, como parte do *Stuff Sexteto Smith*.

As décadas de 1920 a 1940 viram bandas de jazz femininas tocando em auditórios e como parte de grupos familiares performáticos. Em Chicago, os *Ingenues* eram multi-instrumentistas que tocavam desde violinos a trombones e acordeões; e excursionavam amplamente. Havia outros grupos femininos, incluindo *The Schuster Sisters Saxophone Quartet*, *The International Sweethearts of Rhythm* liderado por Anna Mae Winburn, *Ivy Benson's Rhythm Girls*, *The Harlem Playgirls*, *Lil Hardin's All-Girl Band* e muito mais. Bandas femininas ainda são populares e hoje incluem a *Young Women's Jazz Orchestra* de Sydney, *Sherrie Maricle and The Diva Jazz Orchestra*, o grupo *'Dekajazz'* de Scheila Gonzalez e o *Quintette* de Londres.

Existem muitas mulheres importantes e influentes ao longo da história do jazz. Muitas forjaram trajectos para outras seguirem, provando que ser mulher não significava contentar-se com papéis coadjuvantes. Foi preciso força e vontade para estas mulheres perseguirem carreiras no jazz e tocarem a música que adoravam. Isto também levou tempo e bastante bravata na cara. Ao longo do caminho, elas forneceram ao mundo do entretenimento algum maravilhoso colorido e diferentes direcções musicais. Elas abriram portas para outras entrarem, trazendo consigo novas formas de experimentar a música e todo um mundo de idiossincrasias que abençoaram e adornaram a música em medida mais ou menos igual. Só há espaço aqui para algumas delas.

Bessie Smith de Carl Van Vechten, 1936-02-03

Bessie Smith 1894-1937

Conhecida como 'A Imperatriz do Blues', Bessie Smith era maior que a vida e equipada com uma voz de contralto poderosamente ressonante. Cantora de blues, ela influenciou muitos vocalistas de jazz e gospel, incluindo Billie Holiday e Mahalia Jackson. A voz de Bessie tinha uma qualidade que era emotiva, mas possuía uma ressaca de vulnerabilidade.

Ela expandia as suas notas suspensas em particular, criando um turgor profundo. O seu expressivo fraseado influenciou cantores e instrumentistas de jazz. As suas gravações com Louis Armstrong no trompete e Fred Longshaw na harmónica, em 1925, intituladas *St Louis Blues*, foram um destaque das primeiras interpretações de jazz-blues, fundindo lindamente o blues com o jazz emergente. A expressão dolorosamente emotiva da sua melodia é ecoada pelo trompete, proporcionando a Armstrong uma oportunidade perfeita para mostrar as suas técnicas enquanto ele ecoava e combinava as suas inflexões de blues—técnicas que Armstrong mais tarde reverteu, usando a sua própria voz para imitar características instrumentais. Mais tarde, ele começou a usar a sua voz rouca como um instrumento e tornou-se bom em 'scatting', conforme a técnica se tornou conhecida.

Bessie começou a sua carreira como menestrel e cantora de *vaudeville*. Ela juntou-se a uma trupe itinerante e modelou o seu estilo inicial na cantora Ma Rainey, com quem trabalhou em 1912. Nesse mesmo ano, ela dançou no coro de um *show* de Irvin C. Miller. Em 1913, ela tocou no *81 Theatre* de Atlanta e a sua fama começou a crescer. Ela tinha uma voz 'enorme', nenhuma outra palavra para isto; e demasiado grande para alguns. Três gravadoras a recusaram em 1920. Ela tentou entrar para a Black Swan mas eles acharam que ela era demasiado dura para a gravadora. Depois veio a Columbia e, durante um período de cerca de dez anos, Bessie Smith gravou aproximadamente 180 canções. As canções englobavam música religiosa, espiritual e blues, com a voz e a entrega de Bessie dando-lhes vida e emoção profunda. A palavra 'majestosa' surge frequentemente quando se lê acerca de Bessie Smith e encaixa-se perfeitamente nela. Os seus discos venderam em grandes quantidades, dado que estavam limitados à série 'Race Records' da Columbia, lançada em 1923. Ela gravou prolificamente para a gravadora, incluindo as canções *Poor Man's Blues* e *One and Two Blues*. Estes 'race records' foram 78 *rpms* gravados de 1920 a 1940 pela Columbia e outras gravadoras, incluindo Victor Talking Machine Company, Paramount e Emerson. Eles foram comercializados inicialmente para afro-americanos e eram gravações de música afro-americana, incluindo jazz, blues, gospel e alguma comédia. Eles forneceram as maiores oportunidades de gravação nos Estados Unidos numa época em que apenas um punhado de afro-americanos era comercializado para a população em geral. 'Race Music' era um apelido aceitável na época e designava a música com origens na cultura afro-americana. Enquanto isso, a 'Race Records' fornecia uma base de gravação para os géneros musicais emergentes e os americanos brancos começaram a comprar os discos também. O que diferencia Bessie Smith na sua apresentação e no seu respeito pela música foi o uso de músicos de primeira qualidade como Coleman Hawkins e Louis Armstrong para gravar com ela. Outra idiossincrasia—ela raramente usava bateria nos seus arranjos.

Graças a músicos como Bessie, pessoas influentes como John Hammond, mais tarde correspondente, repórter, apresentador de rádio e chefe de *label*, iriam ao Harlem e comprariam discos, quando ainda crianças, e passariam a amar a música e a ajudar no desenvolvimento desta. Mais tarde, quando Hammond se tornou produtor da *Okeh* Records, ele pediu a Bessie para gravar para eles e produziu-a juntamente com um acompanhamento mais moderno com o objectivo de fazer a transição para o swing. Infelizmente, Bessie sofreu várias tragédias na década de 1930, incluindo a perda do seu marido e do seu filho. Embora mantivessem a sua alta qualidade, o número das suas gravações diminuiu

Curiosamente, Bessie Smith, embora imensamente popular, foi amplamente ignorada pela imprensa em geral até à sua morte em 1937, altura em que algumas questões incómodas foram levantadas. Ela estava em turné com um espectáculo de variedades quando no dia 26 de Setembro o seu carro se envolveu num acidente. A Associated Press divulgou um breve relato alegando que ela havia morrido quando o seu carro capotou. Eles também disseram que ela alcançou a fama quando cantou numa casa de espectáculos da Beale Street e atraiu a atenção de agentes teatrais de leste, coisa inexacta. Outros comunicados à imprensa também foram enganosos—um repórter escolheu o número aleatório de 1026 para ser o número de gravações que ela fez para a

Columbia; outros alegando que ela gastou grandes quantias de dinheiro e que salvou a Columbia Records do colapso, e que Gershwin pediu a opinião dela sobre a partitura de *Porgy and Bess*. Tudo isto não provado ou provavelmente inverídico e ficou claro que a mídia realmente sabia muito pouco sobre ela. John Hammond, como repórter da *Downbeat*, levantou alguns assuntos perturbadores quando colocou a questão de saber se Bessie Smith havia de facto sangrado até à morte enquanto aguardava ajuda médica, e proferiu a possibilidade de que ela havia sido vítima de racismo institucional e que morrera por causa disto.

De acordo com Hammond, que aparentemente obteve a informação de membros da orquestra de Chick Webb que chegaram ao local logo após o acidente, Bessie sofreu ferimentos graves num braço depois que o carro em que ela viajava bateu num camião. Ela foi atendida depois de algum tempo por um médico e de seguida levada por este médico num outro carro para um hospital de brancos em Memphis. Quis o destino que este carro se envolvesse num segundo acidente menor a caminho do hospital, o que atrasou o tratamento dela. Quando ela finalmente chegou ao hospital, o tratamento foi recusado aparentemente por causa da sua cor. Uma avaliação destes eventos leva-nos a acreditar que ela pode ter morrido por perda de sangue enquanto aguardava atendimento médico. O carro em que o médico embateu a caminho do hospital era ocupado por um casal branco que, segundo algumas testemunhas, recebeu pronto atendimento médico, o que corrobora esta conclusão. No seu artigo, Hammond pediu aos cidadãos de Memphis que corroborassem ou negassem a história, visto que poderia ter sido ampliada ao ser contada. Ele não ofereceu mais provas. As histórias persistiram e, nos círculos de jazz, os rumores de racismo cresceram.

Anos depois, Hammond admitiu que a sua história baseava-se em boatos e que ele não tinha verificado os factos. Se de facto tivesse sido recusado o tratamento a Bessie devido à sua cor, isto teria alimentado o antagonismo entre aqueles que apoiavam a segregação e aqueles que lutavam contra ela. Um segundo artigo apareceu alegando que Bessie havia sido levada directamente para o hospital negro em Clarkesdale, onde morreu devido à perda de sangue. Não houve menção a ela por ter sido recusado tratamento médico no hospital branco. O motorista dela, Richard Morgan, estava no carro com Bessie e sobreviveu; mas nem ele nem os homens que compareceram, da patrulha rodoviária, foram questionados na época. Com o passar do tempo, as pessoas começaram a adicionar ao conto. Isto inclui o médico que chegou ao local e atendeu Bessie. Ele disse que após o seu carro ter sido atingido por um outro carro que transportava um casal branco, duas ambulâncias foram chamadas. Um motorista de ambulância levou Bessie ao hospital negro e o segundo levou o outro casal ao hospital branco. Bessie nunca fora a um hospital branco em que tivera tratamento recusado. O que quer que tenha acontecido (e lembre-se de que o médico não estava no hospital com Bessie, pois o acidente frustrou o plano dele de a levar até lá), a falta de clareza em torno do tratamento de Bessie trouxe à tona assuntos que muitos queriam discutir e que Hammond achara importante abordar.

Qualquer que seja a controvérsia que a sua morte possa ter causado e os problemas que esta levantou, Bessie é vista como uma figura importante e influente pelos cantores até hoje. Na época, ela era uma das artistas negras mais bem pagas da época, vendendo discos em quantidades formidáveis.

Apesar de todo o seu talento, Bessie Smith foi enterrada numa cova sem identificação. Assim esteve até 1970, quando uma mulher da Filadélfia conseguiu o apoio de Juanita Green e de Janis Joplin, e juntas as três mulheres dividiram o custo de uma lápide para finalmente homenagear Bessie. Quarenta e três anos após a sua morte, a inscrição na sua lápide diz: 'A maior cantora de blues do mundo nunca parará de cantar.'

Billie Holiday 1915-1959

Billie Holiday (Eleanora Fagan) tinha uma voz diferente de qualquer outra. Ela derramava emoções nas suas canções que o ouvinte não podia deixar de sentir visceralmente. Com Billie você compartilhava a dor, a alegria e o desejo que ela colocava na sua música. Ela trouxe um modo totalmente novo de fraseado, deslizando para cima e para baixo em notas que se prestavam perfeitamente ao canto de jazz—e a qualquer outro tipo de canto. A sua entrega foi única e insuperável. Uma personagem complexa e emocional—ela passou um tempo na prisão e teve uma vida turbulenta—ela conseguia capturar o coração quando cantava. A sua própria complexidade somava ao conteúdo emotivo do seu canto e ela tinha um jeito de fazer uma única nota sustentada quase contar uma história por si só.

A mãe de Billie, Sarah, depois de ser despejada da sua casa em Baltimore por estar grávida e solteira, foi para Philadelphia morar com uma tia. Billie cresceu sob os cuidados da sogra da meia-irmã da sua mãe. Além de trabalhar como empregada doméstica, a mãe de Billie trabalhava periodicamente na rede ferroviária, o que significava que ela viajava e ficava longe de casa. Billie logo teve problemas devido às longas ausências da sua mãe e começou a faltar às aulas, ganhando alguns trocados esfregando as entradas das casas dos brancos. A sua falta de frequência na escola resultou em ela ser enviada para o reformatório Good Shepherd durante nove meses em 1925.

Billie Holiday no Downbeat Club, New York City. circa Fevereiro de 1947, por William P. Gottlieb

Mulher religiosa, a mãe de Billie levava-a à missa aos domingos onde talvez Billie fosse influenciada pelas melodias comoventes que ouvia na igreja.

Tragicamente, com apenas onze anos, Billie foi vítima de uma tentativa de violação. Para adicionar crueldade à tragédia, quando o caso foi levado a tribunal, longe de ser a vítima inocente, foi alegado que Billie, de onze anos, tinha incitado o perpetrador, um vizinho. Como punição, o juiz mandou Billie, a verdadeira vítima, de volta ao reformatório. Billie nunca mais voltou para a escola regular após a sua libertação, mas encontrou um emprego como moça de recados num bordel local, onde distribuía toalhas e sabonetes para os clientes. Em 1928 a sua mãe mudou-se para Harlem, New York. Billie juntou-se-lhe em 1929 e conjuntamente elas moraram num apartamento na 139th Street. Billie tinha apenas catorze anos quando ela e a sua mãe se prostituíram. A casa onde trabalhavam foi invadida e Sarah e Billie foram presas, Sarah por três meses, Billie por cinco. Após a sua libertação, Billie encontrou um emprego cantando num *pub* e a atenção que recebeu fez-lhe perceber que os seus talentos estavam fora do bordel. Ela ouvia música de Bessie Smith e Louis Armstrong e foi influenciada por esses dois no seu estilo, o último tendo um estilo 'sujo' de vocalização. O tom de Armstrong era áspero, a sua voz impura, mas fortemente atada com carácter. A mãe de Billie ficou muito doente para trabalhar e ela não queria ser empregada doméstica, então Billie deparou-se com uma decisão difícil se não voltasse à vida de prostituição.

O destino ajudou quando as coisas chegaram a um ponto crítico. O aluguer estava atrasado e Billie e a sua mãe enfrentavam um despejo iminente. Ela tinha que agir rapidamente. O seu pai, Clarence, foi pai de Billie quando ele tinha apenas dezesseis anos e mudou-se logo após o nascimento dela para tentar a sorte como músico de jazz. Ele tocava violão e banjo e ganhou nome tocando com líderes como Benny Carter e Don Redmond. Billie soube que ele estava a tocar com a banda de Fletcher Henderson no *Roseland Ballroom* em New York. Os problemas pulmonares dele—resultado de danos que sofreu após ser exposto ao gás mostarda na Primeira Guerra Mundial—ainda não haviam-se manifestado e ele estava a aproveitar a vida de músico e a atenção das mulheres. Billie, ainda menor de idade mas já parecendo madura, começou a aparecer no Roseland e a pedir-lhe dinheiro. Ele resistiu no início mas Billie, sabendo que ele não queria que as amigas dele percebessem que ele era velho o suficiente para ser pai de uma mulher que parecia mais velha do que a adolescente que ela era, começou a implorar em voz alta e a chamá-lo de 'paizinho'. Isto concretizava o truque, e o dinheiro mudava de mãos.

Todavia, o pouco dinheiro que o seu pai lhes dava não era suficiente. Mãe e filha logo encararam o despejo mais uma vez. Billie foi até à 133rd street, que na época estava cheia de restaurantes e cafés. Ela entrou num, depois de muitos outros, chamado *Pod's and Jerry's*. Dizendo ao gerente que ela era dançarina, ele deixou-a experimentar e pediu ao pianista para tocar. Billie dançou os dois passos que ela conhecia e estava tão mal que disseram para parar. Enquanto ela se preparava para sair, o pianista perguntou: 'Você sabe cantar?' Billie disse-lhe que ela cantara toda a vida e perguntou se ele poderia tocar *Trav'lin All Alone*? Acontece que ele podia e enquanto Billie cantava, a multidão do café ficou em silêncio. Billie foi contratada imediatamente como uma das cantoras do café. Na época, era costume colocar dinheiro no chão ou nas mesas se você gostasse do acto. Os cantores podiam chegar e colectar enquanto cantavam, ou pegar no dinheiro quando terminavam. Billie arrecadou mais de trinta dólares do chão e das mesas. Ela dividiu o dinheiro com o pianista e, por dezoito dólares por semana, juntou-se a outros cantores no café que cantavam para os clientes, indo de mesa em mesa e cobrando gorjetas, além de um salário decente. Billie logo estava ganhando mais gorjetas, levando a equipa a apelidá-la de 'Duquesa'. As pessoas perceberam que ela já estava destinada à grandeza. Ela adoptou um nome de cantora profissional, formado pelo nome de uma actriz que ela admirava e o sobrenome do seu pai (Halliday) e tornou-se Billie Halliday. Mais tarde, ela mudou o seu sobrenome artístico para Holiday, que era o nome artístico do seu pai. Ela começou a apresentar-se em clubes como o *Brooklyn Elk* e o *Bright Spot*. Em 1932 ela substituiu o vocalista do *Covan's Club* onde foi descoberta pelo produtor John Hammond. Ele gravou duas músicas com ela nos vocais de 'King of Swing' com Benny Goodman no clarinete, que vendeu bem. Hammond ficou impressionado com o lirismo que ela trouxe para as canções e as suas habilidades como improvisadora. Billie não recebeu royalties por estas primeiras gravações, mas com o apoio de Hammond ela ganhou um contrato de gravação profissional com *Brunswick* em 1935. Ela também gravou algumas canções pop com o pianista Teddy Wilson, um músico com quem ela teria uma longa associação. Em 1936, Holiday estava ganhando reputação como uma artista sem igual em seu campo, capaz de evocar e carregar a sua *performance* com uma vibração e emoção nunca antes ouvidas. Ela também formou uma associação com Lester Young, um saxofonista tenor que ela conhecia desde que ele se hospedou no seu apartamento em 1934. Ela apelidou-o de 'Prez' e ele chamou-a de 'Lady Day'.

Em 1937 Billie juntou-se à banda de Count Basie. Embora ela não pudesse gravar com eles por motivos contratuais, eles fizeram uma turné e onde quer que fossem, Billie via o país, que era o seu lar, dividido. No sul e oeste dos Estados Unidos, ela era tratada como uma cidadã de segunda classe. Ela não tinha permissão para entrar em locais pela porta da frente onde ela mesma estava refulgindo; e membros negros da plateia recebiam assentos nos balcões. Isso deve ter parecido ainda mais irónico para ela, visto que não havia barreiras de cor para os clientes quando ela trabalhava como prostituta. Enquanto isso, o que Basie fez para Holiday foi permitir que ela escolhesse as suas próprias canções e criasse os seus próprios arranjos—uma liberdade que poucos vocalistas na época desfrutavam. Ella Fitzgerald, que cantava com a banda *Chick Webb*, também era popular na época, e ela e Holiday tornaram-se amigas. Numa 'batalha de bandas' no Savoy, *Holiday and the Basie Orchestra* ganharam o voto da crítica e a banda de Webb com Fitzgerald ganhou o voto do público. Holiday, no entanto, não era fácil de lidar e aparentemente foi demitida por ser pouco profissional e difícil. O que Holiday trazia para a sua música eram todas as experiências que ela tivera até então—a rejeição, a violação, a culpa, a discriminação. Cantar era o lugar para desabafar e compartilhar a dor—e ela fazia-o.

Holiday foi então contratada por Artie Shaw e tornou-se a primeira cantora negra a trabalhar e a fazer digressão com uma orquestra branca. Na época, isto era praticamente inédito e em alguns locais no extremo sul ela foi submetida a abusos verbais e pedidos para que ela se posicionasse separada de outros vocalistas que apareciam com a orquestra. Shaw recusou e a reacção de Holiday foi retribuir na mesma moeda com o seu próprio abuso verbal, levando-a a ser escoltada para fora do palco, ocasionalmente. Ela não era apenas uma mulher negra cantando com uma orquestra predominantemente branca, mas também recusava-se a aceitar abusos discretamente. Shaw contratou uma segunda cantora (que era branca) e eventualmente Holiday saiu, mas não antes das suas proezas vocais serem reconhecidas por estações de rádio e gravadoras. Holiday era agora uma estrela, embora ainda lhe pedissem para usar elevadores de serviço e instalações separadas das dos membros brancos da banda.

Um lugar onde negros e brancos se misturavam sem barreiras era o Harlem, em New York. Aqui foi onde Billie encontrou o seu lar musical, um lugar para o qual ela sempre voltava.

Em 1939, *Café Society* em Greenwich Village, NY, foi o primeiro clube de jazz inter-racial. Era conhecido como 'O Lugar Errado para as Pessoas Certas', um lema dado a este pelo fundador Barney Josephson, que queria um clube onde todas as raças trabalhassem juntas atrás das luzes da ribalta e se sentassem conjuntamente na frente. Barney ouviu uma canção baseada num poema de Lewis Allan (efectivamente chamado Abel Meeropol) que evocava graficamente imagens do linchamento e queima de negros no profundo sul. Holiday ouviu isto e este poema, *Strange Fruit*, lembrou-lhe aparentemente da morte do seu pai, ao qual, tendo desenvolvido problemas pulmonares crónicos devido à sua pregressa exposição ao gás mostarda na Primeira Guerra Mundial, foi recusado o tratamento inicialmente por causa da sua cor. Meeropol havia musicado a canção e, com a sua esposa e cantora Laura Duncan, cantou-a como uma canção de protesto. Holiday inicialmente estava insegura acerca de executar a canção, pois evidentemente seria controversa; mas quando ela a cantou, adicionando textura e camadas de emoção natural em sua voz, o efeito foi instantâneo. Esta canção, acima de qualquer outra, tornou-se sinónimo de Holiday. A sua entrega tornou intensa e emocionante uma simples melodia. Ela trabalhou a letra com grandes efeitos, particularmente o seu 'bitter', ao qual ela deu ênfase e significado adicionais. A música foi definida no tom de Si bemol menor, o que adiciona uma qualidade assombrosa e ligeiramente de outro mundo. Também termina num Fá com Holiday cantando 'crop', a palavra final quase expelida, deixando uma sensação de inacabado—um efeito usado dramaticamente nas apresentações de Holiday quando as luzes se apagavam e depois voltavam para revelar apenas um foco onde a cantora havia desaparecido.

A versão de Holiday da música foi corajosa, perigosa e controversa. Isto foi escrito sobre questões profundas e até mesmo Holiday estava com medo da reacção que poderia advir da gravação. Porém, ela sabia que as pessoas paravam quando ela a cantava. Elas escutavam; elas olhavam; havia silêncio seguido de aplausos estrondosos. A versão de Holiday da música tornou-se tão fortemente associada a ela que ninguém chegou perto de colocar a sua própria marca desde então, embora muitos tenham tentado. A letra falava de injustiça, atrocidades cometidas contra seres humanos. Era chocante. Poucos tinham ousado expressar os sentimentos da canção. Contudo, alguém ousou—Holiday ousou.

Southern trees bear strange fruit
Blood on the leaves and blood at the root
Black bodies swinging in the southern breeze
Strange fruit hanging from poplar trees...
For the sun to rot, for the trees to drop –
Here is a strange and bitter crop

Árvores do sul carregam fruta estranha
Sangue nas folhas e sangue na raiz
Corpos negros balançando na brisa do sul
Fruta estranha pendurada nos choupos...
Para ao sol apodrecer, para das árvores cair -
Aqui está uma estranha e amarga colheita

O facto de uma mulher negra ter cantado isto causou críticas de alguns sectores e admiração de outros. Isto foi banido por muitas estações de rádio dos Estados Unidos e pela BBC de Londres. Holiday cantou com tanta emoção que as pessoas começaram a ver a *performance* original como um divisor de águas para o movimento pelos direitos civis. Para gravar isto, ela teve de ir a uma pequena gravadora, *Commodore*. A *Columbia*, sua *label* na época, não tocou nisto. Billy Holiday estava a usar o seu crescente perfil para falar claramente.

Agora uma estrela, Billy deixou a residência no *Café Society*. Ela exigiu mais dinheiro do seu empresário, e a sua mãe, agora progenitora de uma cantora de sucesso, pedia emprestado e perdia muito—algo que Billie pouco sabia até ela mesma precisar de dinheiro e a sua mãe não lhe poder dar nenhum. Ela e Billie desentenderam-se, e Holiday, profundamente comovida com a traição, escreveu *God Bless The Child* com o pianista Arthur Herzog, o maior sucesso da carreira dela.

Ela gravou com a *Capitol* em 1942 sob o nome de 'Lady Day', para evitar conflitos contratuais com a *Columbia*, e em 1944 mudou-se para a Decca. Ela gravou outro dos seus grandes sucessos, *Lover Man*, durante este período. Vários outros sucessos seguiram-se, incluindo *Don't Explain*, o qual ela escreveu depois de apanhar o marido tendo um caso.

Em 1946 ela começou a filmar o seu primeiro e único grande filme, 'New Orleans', ao lado de Louis Armstrong e Herman Wood. Mais uma vez, o racismo levantou a medonha cabeça e várias cenas, apresentando ela e Armstrong, foram cortadas porque a produtora de filmes não queria que as pessoas pensassem que os negros tinham inventado o jazz. Ela gravou algumas das canções para o filme, incluindo *Goodbye to Storyville* (Storyville sendo o distrito da luz vermelha de New Orleans). Holiday ficou aparentemente chocada com a quantidade de filmagens que fizeram e os cortes subsequentes. O seu papel no final parecia apenas um menor. Porém, agradar a crítica não era a única preocupação do estúdio. O vício de Holiday em drogas também estava a tornar-se um problema no cenário.

Ao longo da sua carreira, Billy transformara-se de *call-girl*, desenrascando-se com truques, em ícone. Ela gravou jazz e música pop e levou o seu singular senso de estilo e exclusiva interpretação sentimental a um amplo público. Ela aguentou muita dor na sua ascensão, desde as questões de segregação, que se lhe depararam por ela ser a estelar artista, até ter que usar maquilhagem preta nalguns locais porque o público, que era na sua maioria branco, esperava que os artistas de jazz tivessem pele escura. Ela gravou com a Columbia e a Decca, e em 1943 ela era um dos 'Três Grandes' (sendo os outros Art Tatum e Coleman Hawkins) que atraia grandes multidões na *The Street*—o nome pelo qual a 52nd Street era conhecida pelos músicos que lá trabalhavam na próspera cena do jazz. A 52nd Street tornou-se o coração da cena bebop.

Privadamente, contudo, Billie lutava contra o vício em heroína. Isto tornou-se ilegal em 1914 e Holiday viu-se alvo da polícia antidrogas. Ela foi presa por posse e cumpriu um ano de prisão de 1947-1948. Ela tocou num lotado Carnegie Hall após a sua libertação. Cantou 21 números e teve seis *encores*, apesar de ter desmaiado pouco antes do *show* e ter sofrido um ferimento na cabeça devido à queda. Os seus problemas com drogas continuaram e ela também tinha problemas legais que a perseguiam. Ela havia tomado algumas insensatas decisões de negócios, o que significava que recebia muito pouco em termos de *royalties* das suas gravações antes da Decca, embora esses discos ainda estivessem a vender.

Em 1947 ela tinha perdido o seu cartão de cabaré, o que significava que ela estava efetivamente na lista negra de muitos espaços. Ela não mais podia trabalhar legalmente onde o álcool fosse vendido. Estes espaços pagavam emolumentos mais altos. Aqueles sem licenças de álcool poderiam oferecer emolumentos mais baixos porque sabiam que os artistas tinham menos lugares à escolha para tocar. Mesmo assim, Billie tocou no *Ebony Club* ilegalmente e não houve condenação. Ela repetiu a sua aparição no Carnegie Hall em 1956, mas foi um concerto diferente desta vez—apimentado com Gilbert Millstein lendo autobiografia dela. Isto tinha uma sensação de desconexão e ela pontuava as suas canções com narrativas acerca da sua vida. Ela corria o risco de se tornar o foco de todos que haviam sido vitimizados, pois o seu acto e estado emocional entrelaçavam-se. Ela era viciada; a sua reputação estava sofrendo e ela tinha relacionamentos prejudiciais. Eventualmente os seus problemas começaram a afectar o que ela valorizava acima de tudo — a sua voz. Certa vez, ela disse a um entrevistador da revista *Downbeat* que ninguém tinha cometido tantos erros quanto ela. Ela foi presa novamente em 1949. No mesmo ano gravou o seu segundo *best-seller*, *Crazy, He Calls Me*. No entanto, o seu *airplay* começou a diminuir e os agendamentos tornaram-se mais difíceis. A sua cor, vício e falta de confiabilidade começaram a cobrar o seu preço.

Em 1954, Billie Holiday fez uma digressão pela Europa com Buddy DeFranco, Sonny Clark, Red Mitchell e vários outros artistas na turné Jazz Club USA, iniciada por Nils Hellstrom. Ela mudou para a gravadora *Verve*—a mesma gravadora de Ella Fitzgerald—e fez várias gravações populares com a gravadora, embora a sua voz já tivesse começado a perder a vibração, se não a sua qualidade subjacente. Mesmo com a saúde debilitada e o corpo frágil no final da década de 1950, ela transformava-se quando cantava, ainda inundando as suas canções com emoção. Ela fez as suas gravações finais para a MGM Records e voltou para a Europa uma última vez no início de 1959.

Em maio de 1959, ela foi levada ao hospital com cirrose. Lá, ela foi novamente presa por uso de drogas e algemada à cama do hospital poucos dias antes de morrer. Ela tinha apenas quarenta e quatro anos. Morreu com apenas algumas centenas de dólares em seu nome, embora tenha transformado a sorte de várias gravadoras e ganho muito dinheiro ao longo da sua vida. Ela deixou mais de 300 canções que influenciaram a cultura americana. *Strange Fruit* tornou-se a banda sonora do movimento pelos direitos civis e o exemplo dela, de mulher usando o seu poder para protestar, abriu as portas para outras que a seguiram.

Hoje Billie Holiday é amplamente reconhecida como uma das maiores cantoras de Jazz de todos os tempos e citada como uma influência para muitos vocalistas, incluindo Amy Winehouse e Frank Sinatra. A *Esquire Magazine* deu-lhe vários prémios durante a sua vida e quatro *Grammy Awards* foram concedidos após a sua morte, bem como induções póstumas no *Grammy Hall of Fame*, *Ertegun Jazz Hall of Fame*, *Rock and Roll Hall of Fame* e *ASCAP Jazz Wall of Fame*. Uma verdadeira lenda, ela tornou-se ainda mais enigmática na morte, com vários filmes e documentários tentando traçar a sua vida inconvencional e díspar. Apesar de ser influenciada por vários outros cantores, ela destilou elementos picantes na sua própria entrega única. Com uma habilidade inata de interpretação, ela não apenas cantava uma música, ela *era* a música, o seu estilo era uma mistura de vulnerabilidade, inocência, sexualidade e emoção de partir o coração. Billie Holiday teve uma vida caótica, dramática e desafiadora, mas deixou memórias de uma voz e de emocionantes interpretações sem igual.

The International Sweethearts of Rhythm

Não uma mulher, mas toda uma banda de mulheres—*The International Sweethearts of Rhythm* foi um massivo sucesso na década de 1940 e quebrou mais tectos de vidro do que a maioria. Raça mista, orientações sexuais mistas, todas mulheres, músicas jovens e incríveis—e também nem todas bonecas pintadas.

Elas começaram em 1938 na Piney Woods Country Life School em Jackson, Mississippi, onde Laurence C. Jones era o director. Piney Woods era uma escola para crianças negras, principalmente órfãs, e havia milhares delas. O Sr. Jones certificava que todas as crianças aprendessem um ofício e garantia financiamento de empresas locais. Ele queria encontrar maneiras de arrecadar mais dinheiro, sempre escasso, para sustentar as crianças. Uma das áreas-chave na escola era a música. A escola tinha bandas marciais e vários outros grupos musicais. Era a época do swing e muitas big bands como as de Ellington, Arty Shaw, Benny Goodman e Glenn Miller eram extremamente populares. Todas as bandas femininas começaram a surgir como *Ina Ray Hutton and Her Melodears*, *The Ingenues*, *Ivy Benson and Her All Girl Orchestra* (Reino Unido). Jones achou que era uma ideia esplêndida depois de ouvir Ina Ray e sua banda em Chicago e criou a *The Piney Woods All Girl Jazz Band* para angariar fundos para a escola. Os primeiros membros da banda incluíam Helen Jones no trombone e Pauline Braddy na bateria. Inicialmente elas tocavam apenas em eventos locais. Logo, elas se tornaram conhecidas e a sua reputação espalhou-se. O Sr. Jones às vezes recrutava talentos enquanto a banda estava em turné. Ele observou Grace e Judy Bayron em saxofone no Harlem numa tal ocasião, a quem convidou para a Piney School, onde elas aprenderam e tocaram. As raparigas, embora jovens, fizeram sucesso e obtiveram fundos para a escola. Elas eram protegidas e, como era impossível reservar hotéis para um grupo mestiço, o autocarro de excursão foi modificado para acomodar beliches.

No entanto, a turné provou ser uma vida difícil e rigorosa, com muito pouco tempo de inactividade. As raparigas acharam isto difícil. A sua aparência polida e profissional no palco desmentia as viagens cansativas, longas e solitárias entre os espectáculos. Havia dezasseis jovens—e eram raparigas—com cerca de quinze ou dezasseis anos de idade, de várias origens e etnias trabalhando duro como angariadoras de fundos durante dois anos. Então, o promotor Daniel M. Gary, de Washington DC, começou a actuar como agente para a banda e conseguiu agendamentos nos Estados Unidos.

Com o sucesso vieram as dificuldades. As raparigas começaram a questionar o Sr. Jones sobre assuntos financeiros e outros. Ele, por sua vez, sentiu que estava a perder o controlo e exigiu que elas voltassem para Piney Woods ou não obteriam os diplomas do ensino médio. Elas recusaram-se e o Sr. Jones mandou prender a acompanhante delas, acusando-a de instigar o roubo do autocarro, roupas e instrumentos que as raparigas tinham recebido da escola. Dan Gary resolveu tudo e os pertences da escola foram devolvidos enquanto as meninas continuaram em turné sob a direcção do Sr. Gary—com novos equipamentos.

Uma grande atracção e parte integrante das *Sweethearts* foi Ernestine 'Tiny' Davis no trompete e nos vocais. 'Tiny' era bem arredondada e anunciava como '245 libras-massa de jive e ritmo sólidos'. Ela tinha uma presença cómica no palco e o seu *timing* era perfeito. Uma estrela da banda, o seu estilo de tocar era forte e lírico. O grupo abria e encerrava os espectáculos no *Apollo Theatre* em Harlem e muitas vezes atraía mais audiência do que as estrelas. A banda era diferente—era integral, com membros vindos de várias origens étnicas.

A adesão à banda era fluida e vários membros entravam e saíam ao longo dos anos, devido a casamentos, eventos pessoais e um ou dois deles não desejando viajar com a banda quando se tornavam profissionais. Os baluartes incluíam Helen Jones e Ina Belle Byrd no trombone, Willie Mae Lee Wong no sax barítono, Pauline Braddy na bateria, Edna Williams e 'Tiny' Davis nos trompetes e vocais, e Johnnie Mae Rice no piano. Anna Mae Winburn foi contratada como maestrina e vocalista. Ela já havia liderado uma banda só de homens chamada *The Cotton Club Boys*, mas demitiu-se de lá e liderou *The International Sweethearts*. Anna Mae era extraordinariamente bonita e usava vestidos chiques e modernos, enquanto a sua banda usava saias e jaquetas pretas com blusas brancas e uma flor no cabelo. Era uma firme e suave operação e organizada sob um olhar atento na apresentação pelo seu *manager* Rae Lee Jones.

Várias pessoas que se juntaram à banda seguiram carreiras de sucesso graças em parte à sua experiência e passagem pela banda. Estas incluíam a vocalista Evelyn McGee e a saxofonista Rosalind Cron, para citar apenas algumas.

Os teatros, em que a banda tocava, atendiam principalmente às audiências negras. Poucas pessoas brancas viram alguma vez *The International Sweethearts* a tocar. Quando elas foram para o exterior para entreter as tropas americanas durante a guerra, elas tocaram para soldados negros segregados. Em breve, porém, um punhado de rostos brancos, ansiosos para verem a banda, começou a aparecer na plateia. Tal era a sua reputação. Um destes rostos era o do sempre solidário produtor John Hammond. Ele tinha a banda em alta conta, tal como tinha o pianista e líder de banda Earl Hines. Algumas pessoas achavam que elas nunca poderiam ser tão boas quanto uma banda masculina, mesmo que o seu próprio director, Maurice King, comentasse: "Você poderia colocar aquelas raparigas atrás duma cortina e as pessoas ficariam convencidas de que eram homens a tocar", talvez revelando mais as atitudes da época do que a compreensão dele.

Uma casa com dez quartos foi comprada e as raparigas receberam uma base em Arlington, Virgínia, onde poderiam ensaiar confortavelmente. Elas acreditavam que estavam a dirigir-se para o grande momento. A beleza e a presença de Anna Mae tornaram-se parte do motivo da ascensão contínua da banda. A banda tocou em todos os Estados Unidos e era imensamente popular. Dos iniciais quinze dólares por semana que a banda ganhava, as raparigas estavam agora ganhando, cada uma, tanto quanto quinze dólares por dia, no final da década de 1940—dias realmente inebriantes.

Com agendamentos agora nos principais teatros, elas tinham que expandir o seu reportório e Eddie Durham—um arranjador e compositor—foi contratado para fazer exactamente isso. Ele escrevia partes para os membros da banda que adoravam improvisar, permitindo-lhes ir mais longe e desenvolvendo as habilidades de vários membros da banda.

Jogando com a crença do público de que as meninas nunca tocariam tão bem quanto os homens, Durham costumava fingir que estava a tocar violão quando a cortina se abria e depois parava para que as pessoas vissem que na verdade eram as raparigas que tocavam. Através dos seus cuidadosos arranjos, os quais potencializavam as qualidades de cada executante, ao mesmo tempo que escondiam algumas das limitações técnicas delas, as raparigas fortaleciam-se musicalmente e as contratações eram regulares e muitas vezes para salas lotadas.

Algumas coisas nunca mudam; e por mais bem-sucedidas que fossem, as raparigas muitas vezes tinham de comer em restaurantes pobremente geridos, às vezes até recebendo a comida pela janela dos fundos. Até os membros brancos da banda sofriam se ficassem nos mesmos hotéis que os outros membros da banda. No palco, o assédio vinha de dois lados, primeiro porque eram uma banda mestiça e depois porque eram todas mulheres. Nalguns lugares, as mestiças e brancas usavam maquilhagem escura e perucas e a acompanhante delas usava documentos falsos para afirmar que as raparigas eram negras. A polícia costumava acossar e intimidar a banda em alguns locais. Uma vez, quando Anna Mae tropeçou e caiu no palco, um membro da plateia levantou-se para ajudar e logo um polícia interveio e deteve-o.

A banda contratou Jesse Stone como empresário e com a contratação vieram mudanças de pessoal. Stone trouxe Marjorie Pettiford e Amy Garrison nos saxofones, Lucille Dixon no baixo e Johnnie Mae Stansbury no trompete. Estes músicos de alto calibre ajudaram a levar a banda a novos patamares musicais. Stone também usou alguns membros da banda para criar um grupo de canto que provou ser um sucesso com audiências.

O seu sucesso cresceu e os membros da banda perceberam que não estavam a ser pagos pelo que valiam. Instigadas por Stone, elas começaram a discutir com a Sra. Rae Jones, a acompanhante delas. Elas deveriam estar a ganhar mais e acusaram-na de se aproveitar delas. Rae Jones tornara-se administradora quando as raparigas deixaram Piney Woods e estava o nome dela nos documentos da grande casa que elas tinham comprado em Arlington. Jesse Stone saiu no final de seu contrato de dois anos, recusando-se, ostensivamente, a sentar-se e a assistir enquanto as raparigas eram exploradas. Alguns dos membros da banda também saíram, vários para se juntarem ao próprio grupo de Eddie Durham em 1943 – a sua *All-Star Girl Orchestra*.

Incidentalmente, a *All-Star Girl Orchestra* de Eddie Durham tinha músicos estelares, incluindo Lela Julius e Sammy Lee Jett no trombone, Flo Jones e Edna Williams no trompete e Alma Cortez, Ellarize Thompson e Margaret Buckstrum nos saxofones. Elas apresentaram-se durante a década de 1940 mas saíram em debandada, quando a guerra acabou, porque os organizadores agora queriam dar trabalho aos homens. Durham, no entanto, voltou para New York e treinou a cantora Jean Parks para assumir a liderança da *All Stars* e a banda foi renomeada como *Jean Parks All Girl Band* . Elas fizeram turnés em auditórios com Ella Fitzgerald, Moms Mably e Butterbeans and Susie até que Jean Parks adoeceu e a banda desfez-se.

Em 1944 havia mais bandas e orquestras femininas, e as *Sweethearts* estavam a ficar menos entusiasmadas com a vida que levavam. Roz Cron juntou-se à banda, deixando a banda de Ada Leonard. Pouco depois, Maurice King juntou-se-lhes como *manager*. Ele provou ser duro e um defensor de ensaiar e fazer tudo perfeito. Elas agora tinham concorrência e precisavam de ser ainda melhores. Ele escreveu números para a banda e o jogo musical delas subiu outro degrau.

Embora tivesse havido grupos totalmente femininos anteriormente, *The International Sweethearts of Rhythm* foi a primeira banda feminina a competir em pé de igualdade com bandas lideradas por Count Basie, Fletcher Henderson e outros. King provou ser um professor inspirador e especialista. A banda incluía várias excelentes solistas como Vi Burnside no sax tenor, Ray Carter no trompete e ainda a baterista estelar, Pauline Braddy, cuja colaboração com a baixista Margaret 'Trump' Gibson significava que as Sweethearts tinham uma secção rítmica sólida e confiável.

Elas foram para a Europa para entreter soldados em 1945 e as audiências saborearam a livre e feliz abordagem da música delas. A banda fez gravações de rádio na Europa, as quais foram apreciadas tanto pelas tropas quanto pelos americanos. Maurice King era agora o acompanhante da viagem e achava difícil controlar as jovens, as quais regularmente saíam para as boates após o toque de recolher. Os membros da banda tiveram a escolha de ter King actuando como seu gestor financeiro também. Aqueles que optaram por King descobriram que tinham dinheiro no banco quando voltaram para a América.

Então Leonard Feather entrou na esfera da banda. Ele era um produtor musical e há muito que apoiava bandas femininas. Ele conseguiu que as raparigas gravassem para a RCA Victor e Guild Records. Elas também apareceram numa curta-metragem chamada *That Man of Mine* e vários outros filmes.

A partir daí a banda tornou-se mais fluida. As executantes iam e vinham; algumas das originais casaram-se e outras voltaram para casa. A revista Billboard reapreciou-as e, embora recebessem elogios cada vez maiores, elas não eram mais a banda original de raparigas que havia deixado Piney Wood tantos anos atrás. Em 1948, Helen Jones, a filha adoptiva do Sr. Jones, a qual havia começado a jornada da banda, e o único membro que havia deixado o seu dinheiro ao cuidado de Rae Jones, descobriu que este tinha desaparecido, gasto por Rae Jones numa casa para os pais dela e o resto esbanjado. Apesar desta suprema má gestão, Helen foi pragmática afirmando simplesmente que as lições foram aprendidas. A banda parou de tocar depois que Rae Jones morreu em 1948.

Curiosamente a música das *Sweethearts* tornou-se popular novamente nas décadas de 1960 e 1970, quando os historiadores do jazz decidiram escrever mais sobre elas. Embora a banda se tenha dissolvido, nem todas pararam de tocar jazz e, em 1980, nove membros originais reuniram-se para tocar no *Kansas City Women's Jazz Festival*, incluindo a pianista Johnnie Rice, a saxofonista Willie Mae Wong Scott e a trompetista Clora Bryant—quem desfrutara da sua própria carreira soberba. Esta reunião foi instigada pela pianista Marian McPartland. *The International Sweethearts of Rhythm* foram importantes e as suas actuações públicas fundamentais. Por meio delas, o público acostumou-se a ver mulheres tocando instrumentos incrivelmente bem. As audiências acostumaram-se a ver as mulheres competirem com os homens. Viram bandas com executantes de raças diferentes tocando juntas como iguais e que o género não era uma restrição para alcançar a fama internacional. As *Sweethearts* provaram tudo isso.

Hazel Scott 1920-1981

Hazel Scott. 14 Março de 1956, por James Kriegsmann

Hazel Scott era uma música nascida em Trinidad que veio para os EUA aos quatro anos com a sua mãe e a sua avó. A vida americana era difícil e, na chegada, Hazel sofreu bullying e violência, incluindo um incidente em que ela foi empurrada para uma trincheira profunda, e um outro em que a casa da família foi invadida, dinheiro exigido e Hazel espancada. A sua mãe, Alma, trabalhou inicialmente como empregada doméstica mas logo decidiu voltar à música de que fizera parte em Trinidad—o jazz. Alma aprendeu saxofone sozinha e acabou juntando-se à orquestra de Lil Hardin Armstrong no início dos anos 1930. A associação de Alma com a banda fez da família Scott uma meca para os músicos e tanto Alma quanto Hazel beneficiaram-se da orientação e tutela dos grandes nomes do jazz, Art Tatum, Lester Young e Fats Waller, todos os quais ela considerava como uma família. Quando criança, era completamente normal para Hazel estar relaxando com Fats Waller enquanto ele mostrava a sua sincopação no piano, ouvia Lester Young ou conversava com Billie Holiday que, apenas cinco anos mais velha, tornou-se como uma irmã mais velha. Hazel lembra-se ternamente de um conselho que Billie lhe deu depois que Hazel ficou chateada certa vez. "Nunca deixes que te vejam a chorar", disse ela.

Hazel era uma espécie de criança prodígio. Ela aprendia música com muita facilidade e tinha um ouvido maravilhoso. Ainda criança, começou a tocar piano em aulas de dança e em igrejas. Então, com apenas oito anos, aconteceu um evento que ajudou a moldar o futuro de Hazel. Ela estava a tocar *Prelúdio em Dó sustenido maior* de Rachmaninoff substituindo as nonas pelas sextas. Ouvindo estava o fundador da *Juilliard School* em New York, Walter Damrisch. Ele ficou indignado com a substituição inicialmente, mas depois percebeu que a criança estava transpondo os intervalos porque as mãos dela eram muito pequenas para fazer as nonas. Ninguém a tinha ensinado como substituir com sucesso acordes de empréstimo. Ele percebeu que ela era um génio e imediatamente ofereceu-lhe uma bolsa especial na Juilliard. Muito jovem para uma bolsa padrão (era necessário ter dezasseis anos para esta ser concedida), a sua bolsa especial significava que ela seria ensinada pessoalmente pelo reitor assistente da escola, Oscar Wagner, um bem conhecido professor de jazz e académico. Aos treze anos, ela juntou-se à banda de jazz da sua mãe, *Alma Long Scott's American Creolians* e conseguiu uma vaga para tocar piano no *Roseland Ballroom*, tocando depois que a *Count Basie Orchestra* terminou. Ela instigou o seu próprio estilo boogie-woogie e provou ser uma pianista popular e cativante.

Conquanto a sua bolsa de estudos na Juilliard permitisse a educação de Hazel em técnicas, muito da sua educação musical vinha dos músicos de jazz que visitavam a sua casa. Aos dezasseis anos, ela apresentou-se na rádio e foi a vocalista e pianista de muitas bandas de jazz.

Naquela época (1936), a maioria dos clubes de jazz era segregada. Até mesmo o *Cotton Club*, onde Duke Ellington e Cab Calloway tocavam, era segregado e ainda era raro negros e brancos dividirem o palco. Havia excepções, notadamente o *Café Society* em Sheridan Square, New York. Billie Holiday, cabeça-de-cartaz do clube, conseguiu para Scott o seu primeiro compromisso estável aos dezanove anos. Depois de Holiday sair, Scott tornou-se a atracção principal do clube. A sua excelente forma de tocar piano juntamente com a sua voz sensual, fizeram dela uma artista popular e duradoura. Ela também era linda.

O clube tornou-se muito popular, tanto que um segundo *Café Society* foi inaugurado num bairro nobre da cidade, onde Scott se tornou uma artista regular. A esposa do então presidente, Eleanor Roosevelt, ficou tão emocionada com a *performance* de Scott, quando visitou o clube, que pediu para conhecer Hazel após o *show*. Scott ainda tinha apenas vinte e dois anos.

Adam Clayton Powell, o primeiro candidato afro-americano ao congresso da cidade, também deu especial atenção a ela durante uma *performance*. Ele implorou uma apresentação e o romance floresceu. Adam era de facto casado com a cantora Isabel Washington, e ele e Scott fizeram poucas tentativas para esconder o caso. Em 1945, onze dias após o divórcio com Isabel, Powell casou-se com Scott. Casada, Hazel saiu dos holofotes para se concentrar em ser esposa de um político e mãe do filho deles. Ela, no entanto, tocava em salas de concerto e fazia digressões, quando o seu marido estava ausente em negócios políticos, e permanecia popular. Ela recebeu uma oferta regular de quinze minutos na TV—*The Hazel Scott Show* na DuMont Television Network. Ela foi a primeira mulher negra a ter o seu próprio programa. Apresentava actos de todos os géneros musicais, incluindo, é claro, a própria Scott e a música jazz. Scott havia transcendido a jovem e supertalentosa beleza para se tornar uma música de jazz de grande envergadura e altamente respeitada.

Então tudo mudou para Hazel Scott quando o seu nome apareceu numa lista de 151 pessoas, nas indústrias de TV e rádio, que eram suspeitas de serem simpatizantes comunistas na era McCarthy, em 1947. A lista—chamada 'Os Canais Vermelhos: O Relatório da Influência Comunista na Rádio e na Televisão›—não era oficial e foi elaborada pelo *Counterattack*, um jornal de direita. Este nomeou actores, locutores, escritores e músicos que, de acordo com as suas fontes, tinham simpatias comunistas e estavam manipulando a indústria do entretenimento em direcção a objectivos comunistas. Alguns dos nomeados já estavam tendo o emprego negado por causa das suas crenças políticas, da sua história ou da associação com suspeitos subversivos, e a publicação efectivamente colocou o restante deles na lista negra da indústria. Sem carácter oficial, mas extremamente influente, resultou no comparecimento de Scott perante o Comité de Actividades Antiamericanas. Muitos foram chamados a comparecer perante a comissão, sendo a recusa ou rejeição da convocação vista como uma admissão de culpa.

O facto de ela estar na lista talvez não tenha sido uma surpresa.

Scott há muito que desenvolvera um grande senso de justiça e tinha apoiado causas de igualdade racial. Ela recusara-se a tocar em salas onde segregavam o público. Ela é recordada dizendo: 'Por que viriam as pessoas ver-me, uma negra a tocar, e depois não quereriam sentar-se ao lado de alguém igual a mim?'. Há uma história sobre ela sendo escoltada de uma cidade no Texas quando se recusou a tocar depois de chegar ao salão e encontrar o público segregado. Ela recebeu ofertas de papéis no cinema mas, como ela se recusava a usar uma fantasia de empregada ou papéis que retratassem os negros num papel inferior, a sua carreira no cinema durou pouco. No seu último filme, ela insistiu que o elenco recebesse roupas mais apropriadas para substituir os aventais sujos que receberam para uma cena em que as mulheres se despediam dos seus homens para a guerra. O seu argumento de que as pessoas não usariam aventais sujos foi ignorado inicialmente pela direção, então o elenco—na sua maioria actores negros—entrou em greve durante três dias, com Hazel recusando-se a ceder sobre o assunto. Eventualmente, os cineastas—*Columbia*—cederam. A sua carreira no cinema seria limitada a partir de então, com apenas pequenos papéis sendo oferecidos. Para acrescentar à sua lista de crimes comunistas, Scott, é claro, tocava regularmente no *Café Society*—um lugar onde há muito se suspeitava que simpatizantes comunistas se reuniam. Ela também ganhara recentemente um processo contra os donos de um restaurante que se recusaram a servir Scott e a sua amiga, porque eram negras. Scott ganhou o seu caso, empoderando outros afro-americanos a desafiar a discriminação racial e inspirando organizações de direitos civis a continuar pressionando pela igualdade em locais públicos. Não foi apenas a vitória de Scott, mas também uma vitória dos direitos civis.

Apenas um ano depois da publicação dos *Canais Vermelhos,* aquela mesma mulher vitoriosa ficou na frente do Comité de Actividades Antiamericanas esperando limpar o seu nome. Scott não era comunista nem membro do partido comunista e ela compareceu perante o comité voluntariamente, contra a vontade do marido, por sentir que era importante reparar os danos causados pelos Canais Vermelhos. Ela acreditava que a publicação era parcialmente responsável pela enxurrada de paranóia que arrasava os Estados Unidos e sentia a responsabilidade de tentar conter isto, bem como obter a sua própria exoneração. Ela testemunhou perante o comité, alertando-os sobre os aproveitadores do patriotismo e o perigo de permitir que as pessoas sejam apontadas como comunistas simplesmente por terem opiniões particulares. Ela apontou que os artistas faziam parte de um grupo importante de pessoas e havia o perigo de se tornarem pessoas que se sentiam injustiçadas e cujo valor criativo era destruído. Ela não apenas se justificou, mas solicitou que o comité implementasse medidas para proteger as pessoas contra falsas acusações. As suas acções foram aplaudidas pela comunidade do entretenimento mas a sua carreira estava condenada. Depois de apenas alguns meses, o seu *show* foi cancelado e os agendamentos de concertos caíram. De seguida o seu casamento desmoronou e Scott, como tantos outros durante este período, deixou a América.

Ela foi para Paris e lá encontrou outros artistas americanos que também haviam deixado a América. O apartamento de Scott tornou-se um ponto de encontro focal para artistas americanos que agora viviam lá, incluindo Lester Young, Mary Lou Williams, Dizzy Gillespie e Max Roach, bem como músicos das bandas de Ellington e Basie. Num breve retorno à América, ela gravou com Charles Mingus e Max Roach, *Relaxed Piano Moods* (estreia em 1955), actualmente considerada uma das gravações mais importantes do jazz e recentemente incluída na *Basic Jazz Record Library* da National Public Radio. Ela casou-se novamente em 1961.

Dez anos depois de deixar a América, Scott voltou para encontrar uma indústria de entretenimento extremamente alterada. Rock and roll, rhythm and blues e outras novas músicas tinham substituído o jazz em muitos locais. Ela continuou a apresentar-se para uma base de fãs leais e a explorar novas formas de tocar. Ela também foi contratada para algum trabalho na televisão, mas a sua carreira não era nada como dantes. Hazel Scott morreu em 1981, deixando um legado de mudanças importantes na música e na vida de muitas pessoas, e um programa de

TV que traz esperança para mulheres e artistas afro-americanos. Ela lutou pelos direitos civis e nunca foi persuadida a ficar quieta para manter o *status quo*, mesmo quando isto significava comprometer a sua própria carreira. Uma verdadeira heroína, ela foi corajosa o suficiente para usar a sua posição como uma enaltecida artista para defender os direitos daqueles que tinham menos poder.

Maxine Sullivan. Abril 19, 1938

Maxine Sullivan 1911-1987

Maxine Sullivan era uma mulher com enorme talento e uma voz suave e sensual, imbuída duma riqueza de tom que poucos poderiam imitar. O seu tio liderava uma banda local chamada *Red Hot Peppers* na sua cidade natal, Homestead, e Maxine trabalhava em programas de rádio e em concertos locais com ele, cantando e tocando piano. Ela tornou-se uma cantora no *speakeasy* local, apelidado de *Benjamin Harrison Literary Club*. Uma noite, Gladys Mosier, membro da *Ina Rae Hutton's Big Band*, apareceu e viu a apresentação de Maxine. Encantada com a voz suave e bonita desta jovem mulher, ela organizou uma sessão de gravação no *Onyx Club* em New York e apresentou Maxine ao pianista Claude Thornhill. Maxine logo se viu contratada pelo *Onyx* e gravando com *Thornhill and his All Star Band*, de 1937-41. Ainda Marietta Williams, ela tornou-se a estrela da banda e só então passou a usar o nome de Maxine Sullivan. No *Onyx*, ela conheceu e formou uma parceria com John Kirby, um baixista de algum renome que havia gravado com Teddy Wilson, Lionel Hampton e Fletcher Henderson. A parceria transformou-se em romance e Kirby tornou-se o segundo marido de Maxine. Em agosto de 1937, ele e Maxine gravaram, com Thornhill ao piano. Em 1939, ela estava num filme, *Swingin'the Dream*—uma versão *swing* de *Midsummer Night's Dream*—escalada para o papel de Titiana, Rainha das Fadas. Ela também cantou na faixa-título do filme *St Louis Blues*, de 1939, e a sua gravação da canção *folk* escocesa *Loch Lomond* cativou corações. Não uma nova canção, já havia sido gravada antes e também tocada ao vivo em 1938 pela *Benny Goodman Band* no Carnegie Hall; mas Maxine era ideal para a música com a sua execução de perfeita afinação e a cristalina doçura com a qual a sua voz foi abençoada. Gravada em 1940 e lançada por John Kirby e a sua orquestra, a voz de Maxine provou a ser absolutamente adequada para a versão jazz/swing da canção *folk* escocesa e isto selou o seu estrelato. O sucesso da faixa também classificou Maxine como uma vocalista 'swing', tanto que significava que ela raramente gravava outros estilos, embora tivesse um amplo alcance. A prova disto pode ser encontrada no seu último LP intitulado *Maxine Sullivan,1950s*, onde ela foi descrita na capa como *Swingin'Miss Loch Lomond*. A voz de Maxine criava uma sensação de intimidade com os seus suaves e persuasivos tons e os sucessos seguiram-se, incluindo *Blue Skies*, *St Louis Blues*, *Nice Work If You Can Get It*, *Meet Me Where They Play The Blues* (com Jack Teagarden), *Skylark* e *Annie Laurie*. Ela roubou o *show* num concerto memorial de Gershwin, em 1938, com *Summertime* cantado de maneira inimitável, garantindo o seu lugar como uma das grandes vocalistas do jazz. Ela conseguiu um papel no cinema ao lado de Louis Armstrong em *Going Places*, e em 1940 Maxine apareceu na capa da *Life Magazine* e ficou conhecida como 'The Pint Sized Songstress'.

Em 1940-1941, Maxine Sullivan e John Kirby tornaram-se os primeiros apresentadores negros de uma série semanal de rádio, *Flow Gently Sweet Rhythm*, estabelecendo um marco para apresentadoras negras de entretenimento musical. Em 1941, ela excursionou com a *Betty Carter Orchestra*. Ela então afastou-se alguns anos da música antes de retornar com residências de longa duração em clubes como *Le Ruban Bleu*, *Village Vanguard* e *Penthouse*. Mais tarde, na década de 1940, Maxine, então divorciada de John, gravou com Teddy Wilson,

Benny Caret e outras grandes bandas. Os anos seguintes foram mais tranquilos, com apenas algumas gravações com Bob Haggart e Ellis Larkins (músicas muito diferentes de *Loch Lomond* num esforço para quebrar a sua categoria estereotipada). Ela viajou pelo Reino Unido em 1948 e teve uma passagem pelo programa de televisão da CBS chamado *Uptown Jubilee*. Então, na década de 1950, Maxine voltou a gravar faixas com Dick Hyman, Buster Bailey e outros músicos. Ela subiu ao palco novamente numa produção de 1953 chamada *Take A Giant Step*, e em 1954 fez uma turné pelo Reino Unido novamente. Em 1956, ela gravou *A Tribute to Andy Razaf* para a Perio Records, que apresentava canções atrevidas baseadas no blues, bem diferentes do estilo doce e suave com o qual as pessoas a associavam. As canções incluíam melodias de Fats Waller, *Stompin 'at The Savoy* e *Ain't Misbehavin* e apresentava um sexteto que incluía alguns dos músicos de John Kirby—Charlie Shavers no trompete e Buster Bailey no clarinete.

Maxine também se familiarizou com o trombone de válvula, fliscorne e trompete de bolso. Clifford Jordon, o seu marido na época (ela teve quatro) comprou-lhe um trombone de válvula porque Maxine tinha decidido tocar algo forte e atrevido, mas também queria algo pequeno. O fliscorne e o trompete de bolso eram ideais. Ela tinha aprendido todos eles quando tocava na banda do seu tio e, depois de se reencontrar, tocou em vários festivais antes de escolher a enfermagem como profissão em 1958.

Ela casou-se com o pianista *stride* Cliff Jackson (que tinha tocado com Chick Webb), seu quarto marido, em 1966, e voltou à música, tocando em vários festivais. Ela apresentou-se ocasionalmente até 1968, tocando com nomes como Bob Wilder, Scott Hamilton, Doc Cheatham e actuando com a *The World's Greatest Jazz Band* de Dick Gibson. Em 1970, uma gravação com Earl Hines intitulada *Live at The Overseas Press Club* foi lançada na *Chiaroscuro Records*. Ela actuou em França e na Suécia muitas vezes entre 1975 e 1984. O seu último concerto gravado foi *The Fujitsu-Concord Jazz Festival* realizado em Tóquio, em Setembro de 1986, aos setenta e cinco anos e apenas oito meses antes de morrer. A sua gravação final foi a mesma que a primeira—*Loch Lomond*. Ela recebeu três nomeações para o prémio *Grammy* e uma para o prémio *Tony* e, em 1998, foi postumamente incluída no *Big Band and Jazz Hall of Fame* .

Maxine é considerada uma das melhores vocalistas de jazz e uma inspiração para muitas mulheres. Ela tocou vários instrumentos, nenhum deles 'feminino' além do piano. Ela provou que as mulheres podem ser apresentadoras de sucesso na rádio e actuou aos setenta anos.

Sarah Vaughan 1924-1990

Sarah Vaughan, junto com Ella Fitzgerald, dominou o jazz *mainstream* nas décadas de 1940 e 1950. Nascida numa família religiosa, ela cresceu em Newark, onde os seus pais eram actuantes na igreja Baptista local. Sarah teve aulas de piano desde os sete anos, cantava no coral da igreja e adorava ouvir discos e piano. As suas inspirações foram a popular cantora e actriz Rosemary Clooney e a cantora Marian Anderson—que foi uma importante figura dos direitos civis na década de 1930 e a primeira mulher negra a cantar no Metropolitan Opera. Sarah foi para a Newark Arts School, mas saiu para se concentrar na sua música, a qual já tocava em clubes. A história conta que a sua amiga, Dora Robinson, entrou numa competição como cantora na noite amadora do *Apollo Theatre*. Sarah acompanhou-a ao piano. O prémio era um agendamento de uma semana no teatro. Dora ficou em segundo lugar, mas Sarah voltou e tentou, ela mesmo como cantora, e venceu. Ela apresentou-se durante uma hora para um

Sarah Vaughan, foto de Gerard Rouy.

público encantado. Em novembro de 1942, com apenas 18 anos, ela teve uma semana de trabalho abrindo para Ella Fitzgerald.

Durante este tempo, Billy Eckstine ouviu-a e contou ao colega, líder de banda Earl Hines, sobre a voz de Sarah. Earl deu a ela um lugar na sua banda como segunda pianista e cantora em 1943, substituindo a sua primeira cantora por Sarah um pouco depois. Ela tinha apenas dezanove anos. Eckstine e Hines fizeram amizade e tornaram-se como pais para a jovem cantora. Sarah foi incentivada por outros membros da banda e provou ser uma pianista talentosa. Ela finalmente deixou a *Earl Hines Band* para tocar piano na *Billy Eckstine's Band*. Marvin 'Doc' Holladay—clarinetista e saxofonista que tocou com Ellington, Basie, Cannon Ball Adderly e Billy Eckstine, disse-me recentemente, a partir da sua casa no Equador, que foi Billy Eckstine quem percebeu que a sua pianista estava a ser desperdiçada onde ela permanecia porque, enquanto ela era uma pianista decente, a sua voz era realmente incrível. Eckstine decidiu contratar outro pianista para sua banda para que ela e ele pudessem cantar juntos. Eles tornaram-se mundialmente famosos como dupla, gravando várias músicas e actuando juntos. Sarah era cada vez mais influenciada pelos músicos da banda de Eckstine—músicos como Dizzy Gillespie e Charlie Parker—e queria capturar os sons das trompas no seu modo de cantar. A sua voz *contralto* com um alcance de mais de três oitavas era incrível e ela podia fazer *scat* como um demónio. Quando a big band tocava, ela e Dizzy dançavam.

Sarah ganhou um contrato de gravação com a *Continental*, depois com a *Musicraft*, e decidiu, após um curto período de tempo, trabalhar como artista solo. Ainda bastante desconhecida do público em geral, ela ganhou um contrato de gravação com a *Columbia*. Dave Garroway, âncora da NBC e personalidade da televisão, elogiou-a e ajudou a chamar a atenção do público. O seu clube de fãs, não oficial, já com várias centenas de membros, expandia-se exponencialmente à medida que a fama dela crescia e ela tornava-se uma estrela.

Ela percebeu o valor dado à boa aparência e transformou-se, com a ajuda de boas roupas e requintada maquilhagem, numa visão deslumbrante em *haute couture*. A cantora um tanto desajeitada que ela era na juventude, quando tocava com as grandes bandas, havia percorrido um longo caminho. A sua voz era excelente e ela ganhou o afectuoso apelido de 'Sassy' pelo seu temperamento, enquanto a mídia a apelidava de 'The Divine One' por causa do seu alcance vocal e controlo.

Ela casou-se com o seu empresário George Treadwell em 1947 e esta parceria viu a carreira de Sarah descolar, em grande parte devido às habilidades gerenciais de Treadwell combinadas com o talento prodigioso dela. Sarah também tinha a lealdade de pessoas como John Garry e Modina Davis, que administravam os negócios dela, deixando Sarah com apenas uma responsabilidade—cantar.

Em 1957 ela assinou contrato com a *Mercury-EmArcy* e gravou música pop para a *Mercury* e jazz para a *EmArcy*, permitindo que ela ocupasse os dois campos. Sarah nunca parou de ouvir outros músicos e artistas amados, incluindo The Modern Jazz Quartet, Mahalia Jackson, Ella Fitzgerald e Billie Holiday.

Sarah Vaughan nunca ficou completamente satisfeita com o que havia conquistado, principalmente em termos de espiritualidade. Ela acreditava que uma das chaves para cantar era colocar a alma nisto. Ela nunca esqueceu a sua infância cantando com o coro da igreja Baptista e, mesmo no final da sua vida, ela voltou periodicamente a juntar-se ao coral. Ela ganhou um grande número de seguidores leais. A sua formação no coro da igreja e as influências da alma resultaram no seu modo de cantar, sendo este infundido com emoção e alma. À medida que amadurecia, ela começou a influenciar outros cantores de jazz e desenvolveu o seu estilo único. Como cantora de jazz, com um pé no mundo da música popular, ela continua a ser uma cantora que muitos vocalistas modernos admiram. Hoje, ela é lembrada como uma das principais vocalistas de jazz, apresentando linhas vocais emocionantes e poderosas, e como uma mulher música que se concentrou na apresentação musical. Sarah Vaughan provou ser uma inspiração para muitas que seguiram os passos dela e abriram os seus próprios caminhos.

Ella Fitzgerald 1917-1996

Ella Fitzgerald, foto de Gerard Rouy

Ella Fitzgerald—ou simplesmente 'Ella' foi chamada de 'Rainha do Jazz'. É um título merecido. Ela era uma grande personagem e participou em muitos projectos, desde orquestras e grandes espectáculos até projectos de teatro. O seu dom primordial, porém, era inquestionavelmente a sua voz. Para muitos, Ella resume tudo o que é jazz. Nas suas canções de marca registada, como *Little Girl Blue*, Ella demonstra o seu dom para contar histórias em canções, junto com o seu maravilhoso atleticismo vocal e tonalidade perfeita—uma marca em todas as canções que ela cantou.

Ella nasceu em Newport News, Virginia, em 1917. Ela não conheceu o pai e cresceu com a mãe e o padrasto em Yonkers, New York. Ela adorava dançar e escapulir-se da escola para ver a cantora Dolly Dawn com a *George Hall Orchestra*. Ela dançava nas esquinas das ruas em busca de gorjetas. A sua cantora favorita era Conee Boswell, que ela ouvia na rádio. Ela regularmente faltava à escola e tinha vários empregos, incluindo vigilante de um bordel e mensageira de uma operação da Máfia. Depois de ser colocada no *Colored Orphan Asylum* no Bronx, ela foi transferida para a *New York Training School for Girls*, um reformatório em Hudson, antes de fugir e morar perto da 7th Avenue, onde dançarinos, novidades e malabaristas apareciam. Ela ganhava gorjetas e desenrascava-se o melhor que podia, mas o palco acenou.

Inicialmente Ella queria tornar-se uma dançarina. Ela e o seu amigo Charles Gulliver iam ao *Savoy Ballroom* no Harlem para captar os últimos passos. Eles costumavam conseguir empregos de dança em pequenos clubes ao redor de Yonkers. No entanto, quando o *Apollo*

Theatre realizou uma competição de talentos, anunciada como 'Amateur Night', Ella decidiu cantar e venceu. Na plateia estava o músico e líder de banda Benny Carter, que a apresentou a John Hammond. A banda de Carter, na época, era a banda residente de uma série de rádio da NBC e ele comprava as paradas de Fletcher Henderson, um conhecido arranjador e líder de banda. Juntos, ele e John Hammond, levaram Ella para ver Fletcher, o qual não ficou particularmente impressionado.

Afortunadamente, a CBS veio a saber dela e contratou-a para fazer *Street Singer*, um espectáculo teatral com o cantor e actor Arthur Tracy. Estas aparições eram muitas vezes precursoras da apresentação no popular Andy Williams Show, então isto parecia uma grande oportunidade para Ella. Infelizmente, a mãe de Ella morreu pouco antes do *show* e Ella era agora órfã e menor de idade, sem nenhum adulto para assumir a responsabilidade de assinar um contrato em seu nome. Ela voltou ao circuito amador e apresentou-se no *Lafayette Theatre* em Harlem. A sua confiança foi abalada, ela foi vaiada para sair do palco porque ao seu desempenho faltou polimento. Esta experiência teve um impacto duradouro em Ella e permaneceu com ela mesmo quando ela se tornou uma estrela. Isto fornecia a centelha que alimentava os períodos de dúvida. Isto nunca aconteceria novamente.

Apesar destes contratempos, ela conseguiu um contrato de uma semana de trabalho na *Harlem Opera House* por cinquenta dólares, acompanhando a banda de Tiny Bradshaw. Quando a banda dele terminou, a audiência começou a afastar-se enquanto Tiny apresentava Ella como 'a jovem que vem ganhando todas as competições'. Ella começou a cantar e a audiência restante voltou a sentar-se, grudada em seus assentos.

Chick Webb era um baterista corcunda que liderava a sua própria banda e também tocava na *Opera House*. As pessoas sugeriram que ele desse uma oportunidade a Ella. Ele recusou porque não queria um outro cantor na sua banda—ele já tinha um cantor, Charlie Linton. Além disso, Ella parecia desleixada e não muito glamorosa. Todavia, a equipa do teatro não a rejeitariam. Eles esconderam Ella no camarim de Chick e fizeram-no ouvir. Ele contratou-a na hora para cantar em

Yale no dia seguinte. A equipa do teatro juntou-se para comprar um vestido adequado a Ella para a apresentação e o concerto foi tão bom que, na semana seguinte, Ella estava a cantar com a banda quando eles abriram no Savoy Ballroom na *140th and Lenox* – desta vez por uma semana de contrato. Chick Webb tinha apenas 27 anos, mas tornou-se o guardião de Ella e um defensor ferrenho da jovem cantora. Ela tinha apenas dezassete anos, mas rapidamente se tornou uma artista muito amada sob a orientação de Chick. Inicialmente Chick contratou Ella para cantar em números rítmicos, enquanto as baladas foram atribuídas a Linton. Em breve, Ella tornava-se naquilo que o público queria. Chick não era o melhor homem de negócios e o salário não era dos melhores, mas garantia três vagas por semana na importantíssima rádio (Rádio WJZ). O programa exibia Webb e Ella com Charles Linton nos vocais. Isto rendeu-lhes uma enorme exposição e a reputação de Webb disparou junto com a de Ella. Nas enquetes *Downbeat* e *Melody Maker*, de 1937, Ella venceu Billie Holiday e Mildred Bailey para o primeiro lugar. Tudo isto dentro de um ano da terrível experiência de ser vaiada para sair do palco no *Lafayette Theatre*. Em 1938, Ella gravou *A Tisket a Tasket*—uma versão de uma cantiga de ninar—e foi bem recebida. Chick Webb morreu em 1939 e Ella assumiu a liderança da banda dele, renomeando-a de *Ella and Her Famous Orchestra*.

Ella sentia grande prazer em cantar e ficava encantada quando as audiências reagiam a ela. Quando a orquestra tocou em Los Angeles em 1940, alguns dos seus músicos estavam a ganhar um dinheiro extra tocando em sessões de jazz organizadas por um jovem Norman Granz (um ano mais velho do que Ella) num clube de jazz local. Granz usou alegremente os músicos dela, mas não a própria Ella, pois não gostava do seu estilo. Alguns anos depois, Ella foi a um concerto para ver o baixista Ray Brown. Ela foi reconhecida na plateia e uma música foi solicitada. Granz inicialmente recusou-se a deixá-la cantar, mas o público insistiu e então Ella apareceu. Tanto o público quanto Norman Granz ficaram maravilhados. Granz ofereceu-lhe um contrato na hora. Eles formaram uma relação profissional que durou muitos anos. Em 1945, depois de gravar *Flying Home*, um número que aumentou o alcance vocal de Ella e incluiu experimentações inovadoras, Ella juntou-se a Louis Jordan da *Decca*. Em 1946 ela gravou duas faixas com Louis Armstrong, *You Won't Be Satisfied* e *The Frim Fram Sauce* e isto provou ser uma combinação natural que foi muito bem recebida. A era pós-guerra do bebop agradou a Ella e, de 1947 a 1952, ela cantou em muitos espaços ao longo da 52nd Street, em New York. Ela sabia instintivamente quando ir do fundo ao topo do seu registo e numa turné em 1947 com Dizzy Gillespie, ele encorajou-a a usar a sua improvisação vocal sem palavras, conhecida como canto *scat*. Ella destacou-se neste, e isto tornou-se uma marca registada.

Granz e Ella fizeram gravações com *Jazz at the Philharmonic* — um espectáculo itinerante de jazz que promovia o talento de músicos de jazz. Porém, Granz teve de cortar as partes de Ella nestas gravações porque ela ainda tinha contrato com a *Decca*. Em 1955 ele negociou com sucesso o desprendimento dela e colocou-a na sua própria gravadora, a *Verve*.

A parceria de trabalho de Granz e Ella não foi totalmente tranquila e eles frequentemente brigavam, principalmente na escolha do material; mas funcionou bem durante muitos anos e a carreira de Ella disparou. Ela amava a Europa e tocava para apreciativas audiências em Paris, Dublin e Hamburgo, e começou a sentir no público americano uma crescente crítica crescente e que a música não estava indo a lugar nenhum por lá.

Uma das chaves para o seu sucesso era a sua habilidade inigualável em cantar *scat*—uma espécie de canto onde a voz é usada como um instrumento, imitando o estilo *bop* de improvisação (um estilo de jazz, com destaque em intenso trabalho de solo). Há muito tempo que ela considerava Duke Ellington um génio, e quando ele a ouviu em Birdland, em 1949, ele convidou-a para gravar com ele e a sua orquestra, coisa que ela fez.

Em 1960, *Ella in Berlin* foi gravado. Ella realmente abriu-se neste álbum e explorou caminhos vocais. O álbum foi introduzido no *Grammy Hall of Fame*, em1999, em reconhecimento ao seu significado histórico. As suas gravações *Songbook* feitas de 1956 a 1964 permanecem entre os álbuns de jazz mais vendidos.

Apesar de ser uma mulher poderosa e influente, Ella também enfrentou discriminação e em Dallas, Texas, toda a sua banda foi presa pela polícia que invadiu os bastidores. Ela era forte e ficou conhecida como a primeira dama da música e é fácil entender o porquê quando se ouve uma gravação dela cantando. Não é frequente um artista ganhar tanta reputação que se torne conhecido simplesmente por um nome, mas 'Ella' para muitos resume tudo o que há de bom no jazz. Simplesmente uma das maiores vozes do jazz de todos os tempos, ela levou muitas almas a um temporário êxtase.

Betty Carter no Pori Jazz Festival em Finlândia, Julho 1978. Foto de Kotivalo.

Betty Carter 1929-1998

Betty Carter foi um modelo, uma pioneira em muitos aspectos e uma inspiração, não apenas pela sua música, mas porque era uma música de jazz que incentivava activamente os jovens. A sua voz era uma que podia trazer cor à música. Ela nunca cantava uma música da mesma maneira, mas a cada vez acrescentava variações, doces toques ou tons impetuosos, que davam à música uma cor diferente, uma mudança de textura, moldando-a de acordo com o tempo e o estado de espírito.

Durante a década de 1940, Betty cantava jazz moderno em Detroit e arredores, onde ela cresceu. Ela estudou piano no Conservatório de Detroit, mas estava claro que ela nunca seria uma grande pianista. Então ela cantava. Os seus tons ofegantes podem não agradar a todos os críticos de canto, mas ela foi um sucesso. Ela ganhou a sua primeira competição de canto e assinou contrato com uma agência de talentos que conseguiu o trabalho dela com Dizzy Gillespie, Charlie Parker e Miles Davis, para citar apenas alguns. Na época, Detroit tinha a cena de jazz mais animada fora de New York e New Orleans. O apoio de Gillespie e Davis deu-lhe determinação para ter sucesso com o seu estilo *scat* de cantar, com o qual ela apimentava as suas *performances*. Ela teve a sorte de se juntar à banda de Lionel Hampton, onde encontrou apoio para o seu incipiente talento e uma fonte de inspiração. Atrás de Lionel e sua banda estava a esposa dele, Gladys, que era a gestora do negócio. Ela orientou a jovem Betty Carter. Gladys também fundou e administrou uma gravadora, *Glad Hamp Records*, que gravou muitos artistas incluindo as cantoras Anna Belle Caesar e Roberta Sherwood, apoiadas pelas bandas de Lionel Hampton. Gladys ensinou Betty o modo de viajar com homens, como ser disciplinada, e como ser paciente quando tivesse de aguardar horas nos autocarros. Betty é citada como tendo dito: "Aprendi muito com Gladys e Hamp, nem sempre percebendo o que eu estava a obter."

Curiosamente, diz-se que Lionel Hampton demitiu Betty sete vezes porque desaprovava o estilo dela de cantar. Ela improvisava, algo que Lionel odiava mas que ele acabou tornando isto uma grande parte da rotina de '*Betty Be-Bop*'—e então ela passou a não gostar disto. Apesar dos altos e baixos, ele geralmente aceitava-a de volta e eles foram amigos durante mais de vinte e cinco anos. Betty compareceu à comemoração do 90º aniversário de Lionel no *Blue Note* e os amigos notaram que sempre que havia um evento importante na vida de Lionel, Betty estava sempre ao lado dele.

No início da sua carreira de cantora, Betty recebeu incentivo de Miles Davis, como notámos, e de Ray Charles, e excursionou com os dois. Então, no final dos anos 1950, Betty foi para New York, gravou com a *Epic Records* e tocou no *Apollo* em Harlem, coisa que selou a sua popularidade como artista. A ABC Records decidiu que um álbum em dueto com Ray Charles poderia ser popular entre o público e juntos eles gravaram um álbum intitulado *Ray Charles and Betty Carter*. Números memoráveis como *Baby, It's Cold Outside* , de Frank Loesser , *People Will Say We`re In Love*' , de Oscar e Hammerstein , e *Ev'ry Time We Say Goodbye,* de Cole Porter, foram notáveis e o lançamento do single *Baby It's Cold Outside* encimou as tabelas do R'n'B. O álbum foi a sua marcante gravação e ela continuou a gravar para diferentes *labels* e a fazer turnés com nomes como Sonny Rollins.

A sua carreira vacilou durante um tempo, no final dos anos 1960 e início dos anos 1970, por causa da ascensão da música pop e do rock and roll. O jazz tornou-se mais difícil de vender para o público jovem; mas em meados da década de 1970 houve um ressurgimento e as pessoas começaram a apreciar o tesouro que era Betty Carter.

Ela estabeleceu a sua própria *label*, Bet-Car, em 1970, quando os contratos com as gravadoras caíram. Ela também estabeleceu a sua própria produtora e empresa de gerenciamento (gerenciamento da Bet-Car), e lançou álbuns incluindo *The Audience with Betty Carter, Betty Carter* e *The Betty Carter Album*. Ela começou a atrair os seus músicos, e vocalistas de apoio, das convenções da International Association for Jazz Education e da Berklee. Ela visitou colégios, dando palestras sobre a história do jazz, inspirando e injectando energia nos assuntos estudados e também usou jovens músicos nas bandas dela. Muitos jovens músicos queriam tocar com, e para, esta mulher inspiradora. Logo ela tinha uma variada escolha de jovens músicos em desenvolvimento por detrás dela e começou a trabalhar a sério novamente. A sua carreira descolou mais uma vez e ela excursionou pela Europa, América do Sul e Estados Unidos, aparecendo no primeiro *Saturday Night Live,* em 1976. Ela apresentou-se no *Newport Jazz Festival,* em 1977 e 1978, e ficou conhecida tanto pela sua perspicácia empresarial quanto pelo seu talento musical. Michael Bourne disse numa entrevista para a *Downbeat*:

> Ela tem trabalhado com mais frequência desde os anos 70 com jovens músicos, geralmente recém-chegados à cena. Ela tem-se tornado a madrinha virtual duma geração de músicos, especialmente jovens secções rítmicas – encorajando-os, lutando por eles, lutando com eles. Não importa com quem eles tocaram antes ou o que, e onde, estudaram,

quando eles se juntam à banda de Betty é quando a verdadeira escola começa.

Betty permitia que jovens músicos, novos na cena do jazz, explorassem, desafiassem a si mesmos e aprendessem, aprendessem, aprendessem. Ela visitava colégios como Berklee e via quem ela considerava que era bom e verificava os jovens músicos de quem se falava. Se eles fossem realmente bons e Betty sentisse que eles tinham alguma coisa, ela dava-lhes uma oportunidade. Betty tinha um ouvido apurado para o potencial. Muitas vezes, os músicos que ela escolhia, não estavam acertando tudo na hora, mas ela ouvia algo neles que podia ser desenvolvido. Os pianistas Benny Green, Stephen Scott, os baixistas Curtis Lundy, Ira Coleman e Eric Revis e os bateristas Kenny Washington, Lewis Nash, Winard Harper e Gregory Hutchinson, beneficiaram todos eles da inspiração de Betty, e muitos mais.

Betty assinou contrato com a *Verve Records* em 1988 e eles relançaram alguns dos seus álbuns anteriores, bem como permitiram a ela o controlo artístico sobre as suas novas gravações. O seu primeiro lançamento na *Verve*, em 1989, foi intitulado *Look What I Got*, e este, de facto, rendeu-lhe um *Grammy*. Outros álbuns da *Verve* incluem *The Be-Bop Girl* (1988), *Droppin' Things* (1990), *I'm Yours, You're Mine* (1996) e *Betty Carter's Finest Hour* (2003). Ela também gravou para outras *labels* como *Jazz Door, Global Rhythm Press* e *Warner*.

Betty pegava em padrões e tocava com o ritmo, muitas vezes mudando o andamento e geralmente fazendo os músicos, que tocavam com ela, trabalharem demais. Ela também fez com que eles a seguissem, aprendessem e fizessem exactamente o que ela precisava. Ela tinha uma imaginação musical incrível e as mentes jovens, que ela encontrava, eram muito abertas a influências, o que trazia um benefício duplo— para ela, ela poderia levá-los consigo em explorações da diversidade musical, e para eles, era um baptismo de fogo. Eles tinham de aprender rápido e aprimorar o seu ofício rapidamente para acompanhar.

Muitos jovens músicos beneficiaram-se da direcção de Betty e em 1989 ela gravou *Tight* com o jovem Branford Marsalis no saxofone, onde ela estabeleceu um dueto com sax e a sua voz como um instrumento.

Uma regular favorita nas pesquisas dos leitores e nas análises dos críticos, Betty Carter era conhecida pela sua tenacidade, energia e integridade. Ela teve sucesso mais tarde na sua carreira, em digressão com outros grandes nomes do jazz, incluindo Dave Holland e Jack DeJohnette, com quem ela havia trabalhado antes; e gravando em Londres e nos Estados Unidos. Ela também era conhecida pelo seu respeito pelo público. Ela dava muito, mas também apreciava que as pessoas comparecessem nos concertos para que ela continuasse a trabalhar—elas compareciam, ela trabalhava, e a sua capacidade de *scat* é lendária ainda.

Em 1993, Betty Carter estabeleceu o *Jazz Ahead Program*, o qual leva vinte jovens músicos por ano e dá-lhes a oportunidade de trabalhar com grandes músicos em composição e *performance*. Quando Betty estava viva, eles trabalharam lado a lado com ela. Hoje, o programa continua vivo, sendo realizado no *Kennedy Center for Performing Arts*, em Washington. Termina com uma série de concertos, proporcionando mais experiência aos jovens músicos. Em 1994, ela cantou em *The White House*, no *Carnegie Hall* e no *Istambul Jazz Festival*, onde a sua *performance* foi considerada definitiva.

Betty Carter levou o canto *scat* a um nível diferente. Usava a voz como instrumento e era uma nata improvisadora dos pés à cabeça. A sua voz era suspirosa e ela tinha o seu próprio estilo e expressão e era muito individual. Ela foi primeiramente uma instrumentista, depois uma cantora, e podia tecer maravilhosamente belos quadros musicais. Às vezes a sua entrega de *scat* tinha uma ferocidade por detrás; noutros momentos, era gentil e fascinante. Um dos seus dons era arranjar peças para *performances* de pequenos conjuntos. Ela era uma mulher música diferente e completamente envolvente que continuou a inspirar até à sua morte em 1998. Betty Carter é um modelo para qualquer aspirante a músico de jazz, especialmente mulheres.

Melba Liston 1926 -1999

Melba Liston, foto de Gerard Rouy

Melba Liston nasceu numa família musical no Kansas e adorava ouvir o seu avô tocar violão. Um vendedor visitou a escola dela quando ela tinha sete anos e mostrou um trombone às crianças. Mais tarde, ela viu um na vitrine duma loja e descreveu a sensação como: "Achei lindo e eu tinha que ter um". Ela perguntou se poderia ter um e, incomum no início dos anos 1930, a família de Melba encorajou-a a tocar o instrumento que ela queria. O petulante trombone dourado tornou-se dela. Ela mudou-se para Los Angeles em 1937, onde conheceu Eric Dolphy e Dexter Gordon na escola. Ela foi ensinada por Alma Hightower, professora e defensora da cultura negra. Aos dezasseis anos ela aderiu à Musicians`Union e decidiu profissionalizar-se. Em 1942 ela conseguiu um emprego numa *pit band* no antigo *Lincoln Theatre* em Los Angeles. Um tempo para algumas lições difíceis. Era quase inédito para uma mulher—uma solista—progredir tão longe no mundo do jazz, e ela foi intimidada por músicos antimulheres e antijovens. Todavia, ela também conheceu e foi inspirada pela Big Band *International Sweethearts of Rhythm*.

Ela mudou-se para a banda de Gerald Wilson em 1943, perseverou e tornou-se um dos trombonistas mais populares dos Estados Unidos. Em 1947 ela gravou com o ex-colega de escola Dexter Gordon – o qual dedicou-lhe a sua faixa *Mischievous Lady*—e foi orientada no seu início de carreira por Mary Lou Williams. A sua grande oportunidade surgiu quando Dizzy Gillespie a convidou para ir à Costa Leste para arranjar peças para a banda dele. Ela descobrira que o mundo do jazz era difícil para uma mulher, especialmente em conseguir que os seus arranjos fossem ouvidos e tocados, então esta era uma momentosa oportunidade. Aparentemente, os membros da banda prenderam a respiração quando Melba apareceu com um arranjo para a banda e desenharam um outro quando tentaram tocar os complexos gráficos dela. John Coltrane foi um dos músicos, e Melba também se inspirou nele. Ela foi aceite na banda (embora, aparentemente, ela também cortasse cabelo e costurasse quando eles saíam em turné). Em 1949, Melba fez uma turné com Billie Holiday, encontrando-se novamente a tocar com Gerald Wilson. Billie tornou-se uma boa amiga, mesmo com as dificuldades da turné. Quanto mais ao sul a turné chegava, menos pessoas vinham para vê-los. Eventualmente, o dinheiro acabou e a banda teve de pedir mais antes de poderem voltar para casa. Considerando desencorajante a turné e as dificuldades, Melba voltou para L.A. e tornou-se secretária do Conselho de Educação. Ela também teve trabalho extra em filmes com papéis menores em *The Prodigal* (onde ela passeava segurando uma harpa) e *The Ten Commandments*, em 1955.

A sua paixão pela música permaneceu inalterada e ela voltou a tocar na banda de Dizzy Gillespie novamente—e gravou aquela que é provavelmente a sua gravação mais conhecida como solista, na faixa Cool Breeze de Gillespie do álbum *Dizzy Gillespie at Newport* gravado no *Newport Jazz Festival* em 1957. Melba acompanhou a banda de Gillespie quando eles foram contratados para as digressões patrocinadas pelo Departamento de Estado, realizando espectáculos no Oriente Médio, América Latina e Europa. Em 1958 ela gravou o seu álbum *Melba Liston and her 'Bones'* para a Metro Jazz. O álbum incluiu muitos grandes trombonistas (masculinos) da época, como Bennie Green, Frank Rehak, Al Grey, Jimmy Cleveland, Benny Powell e o saxofonista barítono, Marty Flax; mas foi liderado por Melba. Nesse mesmo ano, Melba também formou um quinteto só de mulheres, fez uma turné pela Europa e participou no espectáculo de teatro *Free and Easy*, onde conheceu e trabalhou com o director musical do espectáculo Quincy Jones.

No final dos anos 1950, Melba organizou um álbum inteiro de música para a promissora cantora Gloria Lynne. O primeiro álbum de

Lynne foi bem feito e ela teve permissão para escolher o seu próprio arranjador para o seu próximo projecto; ela escolheu Melba. Quincy Jones ajudou no álbum, quando Liston ficou doente, e falou muito bem do trabalho dela. Ela foi para a Europa com a Big Band dele e não apenas tocou trombone mas também contribuiu com arranjos e composições originais para a orquestra de Jones.

Melba trabalhou frequentemente com o trompetista Clark Terry, co-liderando a Big Band dele ao longo dos próximos anos. Ela também tocou para Charlie Mingus, aparecendo no seu infame concerto de New York Town Hall, em 1962. Infame porque Mingus tentou executar o seu *Epitaph*, duas horas de duração, sem sucesso e com críticas discordantes. Este, no entanto, deu a Melba contacto com alguns dos maiores músicos de jazz que já pisaram neste planeta: Zoot Sims, Pepper Adams, Jimmy Cleveland, o contrabaixista Milt Hinton e muitos mais. Ela também começou a sua longa associação com Randy Weston.

Foi quando ela assumiu o papel de arranjadora e maestrina da *Riverside Records* que a parceria musical de maior sucesso de Melba começou. Lá, ela conheceu um outro músico que trabalhava para a gravadora—Randy Weston. Weston pediu-lhe que adicionasse peso às suas composições porque ela sabia como expandir as ideias musicais. Eles trabalhavam bem juntos. A parceria provou ser duradoura e resultou num prolífico índice de composição. Liston e Weston colaboraram na música de dez álbuns, incluindo *Uhuru Afrika* (Roulette 1960) e *Highlife* (Colpix 1963)—um álbum em que se nota Weston a explorar a música de África. A África do Sul proibiu *Uhuru Afrika* em 1964, provavelmente devido às letras que foram escritas pelo activista Langston Hughes.

Muitas músicas do período em que Melba trabalhou com Weston tornaram-se padrões, incluindo *Stella By Starlight* e *My Reverie*. Melba também trabalhou com Marvin Gaye, Billy Eckstine, Milt Jackson e The Supremes, transcendendo géneros e ligando ritmos de jazz com sons afro-pop e da Motown. Ela passou a maior parte da década de 1960 trabalhando em New York como *freelancer*, fazendo arranjos e tocando em sessões de estúdio, enquanto mantinha o seu cargo de arranjadora e regente da *Riverside*.

Melba abandonou a cena do jazz no final dos anos 1960. Mudou-se para a Jamaica em 1973, onde viveu durante seis anos, leccionando na University of the West Indies e como directora do departamento de Pop e Jazz Afro-Americano no Jamaica Institute of Music, em Kingston, ajudando jovens músicos jamaicanos a aprender sobre música diversa. No seu retorno aos Estados Unidos, ela formou um septeto só de raparigas chamado *Melba Liston and Company*, o qual incluía Erica Lindsay, Fostina Dixon, a baterista Dottie Dolgion e várias outras. Elas encabeçaram o *Kansas City Women's Jazz Festival* em 1979. Embora ela tenha abandonado a formação feminina, a banda sobreviveu até 1983. Ela desfrutava de uma recém-descoberta popularidade e deveria apresentar-se no *Camden Jazz Festival* em Londres, em 1986, mas foi impedida de aparecer devido ao primeiro de uma série de derrames que a deixaram numa cadeira de rodas.

Ela continuou a trabalhar como compositora e arranjadora no início dos anos 1990, até que a precária saúde finalmente a alcançou. Ela morreu em 1999 deixando um legado como pioneira e modelo para as que adviriam. Ela decidiu e estava determinada a ser arranjadora, compositora e instrumentista profissional, quando o caminho para uma mulher no mundo do jazz era incrivelmente difícil. Melba era incomum por ter sofrido abuso de homens com quem trabalhava, os quais achavam difícil trabalhar com mulheres em pé de igualdade. Ela falou sobre o facto de fazer parte de uma cultura que tolerava, se não condenava, a agressão sexual. As mulheres eram negligenciadas, ignoradas. Uma das coisas importantes que Melba Liston fez pelas mulheres que a seguiram, foi tornar possível e aceitável discutir questões que estavam a ser varridas para debaixo do tapete até então. Certa vez, ela disse, numa entrevista para o *Independent*, que tinha sofrido os perigos de ser a única mulher em grandes bandas itinerantes.

> *Violações e tudo. Eu tenho passado por essas coisas durante toda a minha vida. 'Sim, bem, tu sabes, é uma rapariga e ela está sozinha.' Eu só iria ao médico e contar-lhe-ia, e era isso. Mas quanto mais velha eu*

ficava, menos acontecia isso. Não sei quantos anos eu tinha, mas isso parou completamente.

A sua carreira durou quase quarenta anos, abrangendo grandes mudanças desde a década de 1940 até à década de 1980. Melba Liston era forte e extremamente talentosa, principalmente como arranjadora. Ela tornou-se inestimável para outros músicos e líderes, em várias formas. O seu talento, disponibilidade para falar e tenacidade são um exemplo para muitos que sucedem.

Nina Simone, foto de Gerard Rouy.

Nina Simone 1933-2003

Nina Simone tinha uma voz que uma vez ouvida jamais seria esquecida. Ela tinha a habilidade de transformar a sua voz num instrumento. A sua voz—doce, provocante e sempre emotiva—teve um impacto enorme nos ouvintes e o seu tom era lindo—mesmo não atingindo na perfeição a nota pretendida, soaria bem. As suas interpretações da música de Gershwin são renomadas e a sua comovente expressão toca o coração.

Ela era uma sólida defensora dos direitos civis e foi particularmente afectada pela morte de Martin Luther King. Uma cantora que cruzou com facilidade os dois mundos da música jazz e da música popular, ela disse numa entrevista com Michael Zwerin da *Downbeat,* em 1968: "por causa da melhor qualidade na música pop, eu acho que o hiato entre a minha audiência e o que eu estou tentando dizer está a diminuir".

Nina foi influenciada por alguns dos seus artistas favoritos, incluindo McCoy Tyner e Oscar Peterson. Ela considerava a música uma arte com as suas próprias regras, uma delas sendo que você deve prestar mais atenção à música do que a qualquer outra coisa no mundo se quiser ser fiel a si mesmo.

Ela também sentia que o jazz não recebia, de muitas maneiras, uma perfeita oportunidade para ser ouvido no seu melhor, devido às limitações de alguns dos espaços. Ela insistia em ter microfones decentes, um piano afinado e um baixo amplificado para que toda a música pudesse ser ouvida.

Na mesma entrevista para a *Downbeat*, ela é citada como tendo dito:

> Tu podes ver as cores na música. Qualquer coisa! Qualquer coisa humana pode ser sentida através da música, o que significa que não há limite para a criação que pode ser feita com a música. Tu podes pegar a mesma frase de qualquer música e configurá-la de várias maneiras diferentes – é infinito!

Nina Simone era uma verdadeira contadora de histórias. Ela também apoiava ferozmente a libertação e os artistas que usavam o seu *status* para capacitar os outros. Alguns dos seus apoiadores falavam dela como a 'Alta Sacerdotisa do Soul' por causa da sua habilidade em tecer tal feitiço através das suas canções, que era semelhante a estar hipnotizado. O ouvinte era atraído para a narrativa, sentindo-se uno com o espírito vital que era Nina Simone.

Antes de se tornar Nina Simone, ela era Eunice Kathleen Waymon na sua cidade natal, Tryon, na Carolina do Norte. A sua mãe era uma ministrante Metodista e o seu pai um faz-tudo. Nina foi o sexto filho deles. Nina mostrou a sua musicalidade desde cedo, quando começou a tocar de ouvido o piano com apenas três anos de idade. Um pouco mais tarde, ela começou a tocar na igreja da sua mãe, tocando quase tudo de ouvido. Ela teve aulas de piano clássico e passou a amar a obra de Bach, Beethoven, Chopin e Schubert. Ela fez a sua primeira apresentação pública de música clássica, numa biblioteca, aos 12 anos, e também teve a sua primeira experiência com a injustiça infligida aos negros quando os seus pais foram convidados a sentar-se no fundo do espaço do evento. Nina recusou-se a tocar até que eles fossem transferidos para lugares melhores. Depois de terminar o ensino secundário, a sua comunidade levantou dinheiro para financiar uma bolsa de estudos para a *Juilliard* em New York. Mais tarde, ela candidatou-se a uma bolsa de estudos no *Curtis Institute of Music,* em Philadelphia, para onde a sua família tinha mudado, mas o seu pedido foi recusado. Ela acreditava que isto era por causa da sua cor, e a experiência contribuiu para o seu entusiasmo pelas actividades de direitos civis, mais tarde na vida. Embora ela tenha tido aulas de piano com um dos professores da Curtis, o sentimento de rejeição permaneceu com ela por toda a vida. Ela nunca esqueceu.

Depois de ser rejeitada no *Curtis Institute*, Eunice precisava de ganhar dinheiro. Ela começou a trabalhar como assistente de fotógrafo e dando aulas de música. Nenhum destes empregos rendia muito dinheiro, então ela fez um teste como pianista / cantora no *Midtown Bar and Grill* em Atlantic City. Ela conseguiu o emprego mas foi informada de que ela teria de acompanhar a si própria. Ela cantou Cole Porter, Gershwin e outras canções de compositores populares e infundiu neles jazz, blues e toques de música clássica, tornando-os muito o seu próprio estilo. A sua incrível voz sensual combinava perfeitamente com o seu modo de tocar e ela foi convidada para tocar em muitos clubes ao longo da Costa Leste. Eunice mudou o seu nome artístico para Nina Simone para esconder da sua mãe o facto de estar a trabalhar em bares—ela sabia que a sua mãe desaprovaria. Nina significava 'garota' em espanhol, e Simone estava por detrás de uma actriz que ela admirava. Ganhar cerca de noventa dólares por semana significava que Eunice também podia dar dinheiro aos pais. Os seus pais viam o jazz como 'a música do diabo'. Quando ela estava a trabalhar em Atlantic City, um fã deu-lhe uma cópia de *Porgy* de Gershwin do *Porgy and Bess*. Ele disse a Nina que gostava de Billie Holiday—Nina disse uma vez numa entrevista para o *Hard Talk* da BBC que não a suportava. Ela praticou a canção e cantou-a num bar. Um agente ouviu-a, levou-a para NY e gravou.

Nina, como ela era agora, enviava canções para gravadoras e aos vinte e quatro anos ganhou um contrato com a *Bethlehem Records,* uma marca da *King Records.*

Ela foi autorizada a seleccionar as suas próprias canções e escolheu números de jazz. Ela conseguiu um emprego gravando uma música num vídeo para a Play-Doh, para ser anunciado no Reino Unido—a canção era *My Baby Just Cares For Me*, uma canção que se tornou incrivelmente popular e consolidou a chegada dela como uma nova estrela do jazz. Mais tarde, esta canção seria usada pela Chanel para anunciar o seu perfume e tornou-se um grande sucesso. Nina Simone mudou, de um dia para o outro, de culto para lenda.

Em 1957, ela tocou no *Carnegie Hall* e fez muito sucesso. Ainda assim, aquela queixa do seu passado surgiu e ela escreveu para os seus pais: "é aqui que vocês queriam que eu tocasse, mas eu deveria estar a tocar Bach". Ela amava a audiência e a *performance*, mas no fundo ela ainda queria tocar música clássica.

Em 1959, Nina mudou-se para a *Colpix Records* e lançou o seu primeiro LP pela *label* intitulado *The Amazing Nina Simone*. É importante ressaltar que ela tinha total controlo artístico dos seus arranjos musicais, algo raramente concedido aos artistas pelas *labels*. Ela tocou no Town Hall em Manhattan e, percebendo que a magia dela funcionava melhor em actuações ao vivo, a *Colpix* gravou um concerto ao vivo em Setembro de 1959. Uma das canções, *You Can Have Him*, foi o destaque da noite e começou com um brilhante arpejo no piano que se tornaria a assinatura dela durante décadas.

Esta actuação ao vivo foi tão incrível que quarenta e cinco anos depois, com a sua única filha, Lisa Simone Kelly, nos vocais, alguns dos mesmos músicos fariam um concerto de homenagem para um audiência lotada.

Simone apresentou-se no crescente *Newport Jazz Festival* em 1960, onde se juntou ao baixista Chris White, ao baterista Bobby Hamilton e ao guitarrista Al Shackman, o qual permaneceria um colaborador de longo prazo. Em 1960, a *Colpix* lançou a sua versão do clássico *soul* de Betty Smith, *Nobody Knows You When You're Down and Out*, que foi o seu segundo single de sucesso, e em 1961 outro single gravado ao vivo em Newport, em 1960, foi lançado, *Trouble in Mind*. Nina gravou nove álbuns com a *Colpix*, incluindo muitas gravações de destaque como *Cotton Eyed Joe*, *The Other Women* e *Black is the Color of My True Love's Hair*. Em seu canto narrativo, Nina criou imagens vívidas, entrelaçando as letras com frases emotivas e evocativas. Ela também gravou uma canção de direitos civis chamada *Brown Baby*, que foi incluída em *At the Village Gate*, seu quinto álbum para a *Colpix*. As suas gravações e actuações incluíam canções espirituais e infantis, o que dava palpitações aos críticos, pois eles não conseguiam identificar o estilo dela, embora isto fosse do agrado de uma ampla variedade de pessoas. O seu estilo tinha influências clássicas e de jazz, mas ela ocasionalmente mergulhava no blues e no folk.

O seu principal apelo continuou sendo a audiência dos clubes nocturnos de New York. Quando ela assinou com a gravadora *Phillips* em 1963, ficou óbvio que os objectivos dela tinham mudado para atingir um público global ainda mais amplo. Em 1964, o seu primeiro LP pela Phillips, *Nina Simone In Concert*, deixou claro a posição dela sobre liberdade e justiça. Ela tornou-se um símbolo e líder do movimento pelos direitos civis na América. A canção, composta por ela própria, *Mississippi Goddam*, foi escrita em resposta aos assassinatos de Medgar Evans, um activista dos direitos civis, e de quatro crianças negras na igreja Baptista da 16th Street em Birmingham, Alabama. O facto desta canção ter sido banida em todo o sul deixou Nina destemida no seu compromisso com a liberdade. *Four Women* e a sua versão de *Strange Fruit* consolidaram o seu lugar como porta-voz dos direitos civis. Era arriscado e poucos artistas ousavam assumir uma postura como esta, mas Nina provou ser uma defensora obstinada e inflexível. Inicialmente a própria Nina via pouco sentido em tentar combinar música e política, mas com *Mississippi Goddam*, em que ela dizia 'just burst out of me', ela percebeu que havia um ponto a fazer e que ela poderia fazê-lo. Ela falou em comícios do movimento pelos direitos civis e apoiou acções violentas, em vez de pacifistas, para forçar uma mudança na política.

Nina Simone trouxe muitas personalidades para a sua música. No palco, foi dito que você obtinha a Nina Simone completa. Ela traria o seu humor actual, o seu sentimento de indignação, a sua paz e faria o público esperar até que ela se sentisse pronta para tocar, citando o conselho do seu professor de piano que era algo como: 'Não se atreva a tocar naquele piano até que esteja pronta a tocar'. Da mulher comovente e emotiva cantando *Don't Let Me Be Misunderstood* à sensual sedutora cantando *I Put a Spell On You* e à terna amante de *Black Is the Color of My True Love's Hair*, ela poderia trazer qualquer número de personagens diferentes para uma canção ou soltar-se em números como *See Line Woman* ou criar uma sensação de contenção taciturna na sua versão de *Strange Fruit*.

Em 1967 ela mudou-se para a *RCA* Records e lançou *Do I Move You?*, o qual era atrevido, provocativo e abertamente sexual, *I Want A Little Sugar In My Bowl* e *Backlash Blues*, todos incluídos no álbum *Nina Sings the Blues*.

Nina escreveu duas canções apresentadas no musical *Hair* e gravou *covers*, incluindo *Here Comes the Sun* de George Harrison e *Just Like A Woman* de Dylan, cada uma com o 'tratamento Simone', criando algo diferente e especial. Ela escreveu *Young, Gifted and Black* em memória da sua amiga, oradora dos direitos civis e autora, Lorraine Hansberry.

Nina deixou a *RCA* no início da década de 1970 e mudou-se, passando um tempo na Libéria, Barbados, Inglaterra, Bélgica, França, Suíça e Holanda. Ela sentia-se em casa na Libéria. Ela morava numa linda casa, passava muito tempo na praia e tinha empregadas domésticas. Na época, a Libéria muitas vezes tornava-se um refúgio para os negros dos Estados Unidos. Ela deixou os EUA e não voltaria por causa do "Racismo. Puro e simples", disse ela. Ela não era a única. Depois de sete anos, ela fez um breve retorno e descobriu que era bem tratada, mas o racismo subjacente e insidioso não a deixaria viver feliz na América. Ela descreveu o racismo como "estando no próprio tecido da América". Em 1978 ela gravou um álbum para Creed Taylor, numa *label* de jazz veterano, CTI. Este foi um álbum de estúdio, gravado em New York com cordas e vocais de fundo e foi um grande sucesso. Creed Taylor usou alguns dos melhores músicos de jazz da época na faixa-título, a evocativa *Baltimore* de Randy Newman, incluindo o guitarrista Al Shackman, adicionando uma qualidade que a tornou uma faixa de destaque.

Simone fez dois álbuns com a *Carrere Records* na década de 1980, dois para a *VPI* e um álbum ao vivo com a *Verve* antes de fazer um álbum para a Elektra, *A Single Woman*. Ela tocou regularmente com *Ronnie Scott* em Londres, desenvolvendo um número cada vez maior de seguidores no Reino Unido.

Simone era bipolar e atormentada por problemas de personalidade. Ela tinha frequentes explosões de raiva e uma vez até disparou uma arma contra um gerente de *label*, pensando ela que este lhe estava a roubar dinheiro. Ela abandonou a filha quando se mudou para a Libéria; e embora elas se tenham reunido de modo breve, Lisa achou a sua mãe abusiva e voltou a morar com o seu pai em New York.

Ela mudou-se para França em 1993 e continuou em turné durante a década de 1990. As suas gravações venderam mais de um milhão de cópias naquela década, graças às vendas de CDs e às pessoas que descobriram a sua música na internet. Em 1999, Nina deu uma entrevista ao *Hard Talk* da BBC e falou sobre a sua luta ao longo da vida pelos direitos civis. Na entrevista ela fala lentamente e deliberadamente; e a sua dicção é ligeiramente arrastada. A sua música que abre a entrevista é desafinada, mas ainda assim há algo incrivelmente especial. A determinação e a centrada força vital que emana dela são tangíveis. Ela fala sobre a música como sendo a sua arma dos últimos trinta anos para defender os direitos dos afro-americanos e do terceiro mundo, com canções de protesto para ajudar a mudar o mundo. Ela disse que, quando estava no palco, queria comover a audiência e fazer as pessoas entenderem o que tinha sido feito ao seu povo ao redor do mundo. Ela queria que eles soubessem quem são e o que têm feito. Não raiva, não fogo, mas inteligência. Ela disse que Nelson Mandela era o maior homem do planeta. O seu sucesso era importante para ela, assim como estar no palco.

Há muito humor nas suas entrevistas e ela discute a sua vida amorosa com atrevimento e honestidade, como por exemplo quando ela falou de um dos seus maridos tratando-a como um cavalo. Ela marchou com Martin Luther King Jr. no Alabama e Washington e conheceu a família dele. Ela escreveu uma música para ele após a sua morte, chamada *The King of Love Is Dead*. A morte dele, disse ela, matou a sua crença nos direitos humanos e ela mudou-se. Ela disse que o FBI estava atrás dela e que ela estava com medo porque vários outros activistas importantes tinham sido mortos nos Estados Unidos. Ela tinha fé, mas nenhuma religião específica, e disse que acreditava no islamismo, hinduísmo, budismo—todos eles porque são necessários 'para as ovelhas', disse ela.

Ela morreu enquanto dormia, na França, em Abril de 2003. As suas cinzas foram espalhadas em vários países africanos. Por causa das suas amplas e variadas gravações, do seu apelo intercultural, da sua posição contra a injustiça e da sua absoluta habilidade musical, Nina Simone deixou um legado longo e variado. A sua música continua a atrair novos ouvintes em todo o mundo. Ironicamente, dias antes da sua morte, o *Curtis Institute* concedeu a Simone um título honorário.

O facto de tantas das suas canções serem agora padrões é uma homenagem a esta cantora notável. Eles incluem as suas próprias composições e as suas versões de canções mais antigas. Títulos como *My Baby Just Cares For me, I Put A Spell On You, Lilac Wine, Wild is The Wind* e muitos outros, perduram actualmente nos reportórios e muitas das suas canções foram sampleadas, regravadas e tocadas ao vivo por muitos artistas diferentes. A sua pioneira interpretação da música, o seu temperamento, os seus traços de personalidade e a sua suprema presença de palco possivelmente não têm igual. Ela recebeu um *Grammy Hall Of Fame Award*, em 2000, e dois diplomas honorários das faculdades Malcolm X e Amherst. Ela foi incluída no *Rock and Roll Hall of Fame* em 2018.

Alice Coltrane 1937-2007

Alice Coltrane fez mais do que a sua parte de contribuições para a música jazz, tanto como pianista, harpista, arranjadora e compositora. Espiritual e sensível na sua abordagem, a sua música tem uma doçura que pode partir o coração, ou um ardor que levanta o mais profundo dos humores. O seu verdadeiro dom era criar paisagens musicais—pintar quadros com a sua música e evocar imagens tão vívidas que você quase se sente como se estivesse no lugar. Ela tocou com o grupo de John Coltrane, substituindo o pianista McCoy Tyner. Ela e John acabaram por se casar—a união deles criou um vínculo muito espiritual e criativo. Os acordes dela eram distintos porque não tinham terças e soavam vazios e etéreos. Era uma técnica de som simples mas eficaz e diferente. Em contraste, os seus solos eram tradicionais e ela tocava linhas únicas com quase nenhuma mudança no ritmo ou progressões lineares de acordes. Em vez de seguir a preferida linha de usar o piano como um instrumento rítmico ou de percussão, Alice usava este para adicionar cor, textura e uma base sólida de som. Ela também tocava harpa e empregava técnicas de pedal, usadas para a harpa, no seu piano para introduzir ecos, sons etéreos ou para abafar repentinamente um acorde para que ele desaparecesse. Ela também gostava de tocar órgão — algo que ela fazia quando criança na igreja. Ela tornou-se uma líder de banda após a morte de John, antes de sair do olhar do público. A sua espiritualidade transparece fortemente na sua música e ela tinha o modo de ganhar o emotivo apoio de uma audiência e de ouvintes por causa dos seus intrínsecos arranjos.

Alice Coltrane, 2006. Foto de Meylan

Há muitos que vêem Alice como a influência espiritual de John Coltrane durante a última parte da carreira dele, inspirando-o a produzir algumas das músicas mais emocionantes e profundas.

Alice cresceu num lar espiritual e musical, a sua mãe estava no coro da igreja e o seu irmão era um proeminente baixista de jazz na área de Detroit. Alice estudou música clássica e depois jazz com Bud Powell. Ela tocava durante os intervalos no *Blue Note Jazz Club* em Paris, uma grande oportunidade, mas teve de voltar para a América com a sua filha depois que o seu primeiro casamento com Kenny Hagood acabou. Em Detroit, Alice tocou com o seu próprio trio, alguns duetos, principalmente com a vibrafonista Terry Pollard, e juntou-se ao quarteto de Terry Gibbs onde conheceu John Coltrane. Alice desenvolveu uma carreira de destaque por conta própria, como artista solo e como membro de bandas. Ela continuou a tocar com grupos do John, bem como no seu próprio projecto até à sua morte em 1967. Sozinha, ela continuou a desenvolver o lado espiritual da sua música gravando mais de vinte álbuns, cada um parecendo crescer mais numa direcção espiritual, antes de ela se tornar uma pessoa reclusa.

Alice buscou a verdade espiritual no final da década de 1960 e passou um tempo isolada. Ela jejuou, meditou e orou. Em 1970 ela conheceu um guru, viajou para a Índia e dedicou a sua vida à prática espiritual. Em 1975 ela tornou-se fundadora e directora do *The Vedantic Center* na Califórnia.

Ela tornou-se intensamente espiritual, recebendo orientação de gurus e tornando-se ela mesma uma *swami*. Eventualmente, ela adoptou o nome sânscrito de Turiyasangitananda (que significa a mais elevada canção de bem-aventurança do Transcendental Senhor) ou Turiya Alice Coltrane, e gravou novamente, preenchendo a música com cósmicas e extasiantes passagens ao lado de referências de jazz mais tradicionais. Esta música forjou ligações entre o jazz e outros géneros e levou isto a um público mais amplo. Alice continuou no seu caminho espiritual e gravou músicas baseadas em cantos tradicionais, nas décadas de 1980 e 1990. Em 2006, após vinte e cinco anos, Alice fez três apresentações ao vivo, a última delas no *San Francisco Jazz Festival* com o seu filho Ravi no saxofone e Charlie Haden no baixo. Ravi é um dos saxofonistas mais procurados da actualidade, e o outro filho de John e Alice, Oranyan, é

DJ, compositor e músico. A filha de John, do seu primeiro casamento, Michelle, criada em grande parte por Alice, é uma cantora de jazz. Alice tocou com muitos outros grandes nomes do jazz, incluindo Pharaoh Sanders, Joe Henderson Ornette Coleman, Jack De Johnette, Carlos Santana e, claro, Charlie Haden. Muitas das suas últimas músicas exploram sons electrónicos, bem como instrumentais.

Alice também trouxe a harpa para o jazz de uma forma especial e imaginativa. A sua gravação *Atomic Peace* com Jimmy Garrison no baixo, produz glissandos, acordes e inclinações espirituais a partir da harpa; e cobre a profundidade do alcance da harpa, seja na música de fundo em contraste com os solos de baixo, ou nos solos crescentes e hipnotizantes que ela tocava.

A carreira de Alice Coltrane é impressionante pela maneira como ela, a viúva de uma das estelares mentes musicais da história, continuou devotadamente no caminho de onde ele tinha parado, e ao mesmo tempo foi conseguindo escapar da sombra dele—esculpindo uma identidade distinta, alcançando grandeza artística e tornando-se como uma das principais figuras num cenário dominado por homens solistas, compositores e líderes de banda de jazz do início da década de 1970. Assim foi ela considerada por colegas, críticos e ouvintes. Ela foi um modelo para muitas jovens músicas de jazz.

Alice continua a ser citada por muitos como uma influência desde o momento em que a descobriram. Imaginativa, criativa e ousada, ela estava sempre disposta a levar o ouvinte para outro lugar – um lugar onde se pode experimentar e nada é proibido musicalmente.

Aretha Franklin 1942-2018

Aretha Franklin foi uma cantora, compositora, activista dos direitos civis, actriz e pianista americana. Ela começou a cantar ainda criança na igreja do seu pai, onde ele era pastor. Ela nasceu em Memphis mas aos cinco anos a família estava a morar em Detroit. A sua mãe tocava piano e cantava; e Aretha logo estaria apresentando-se. A sua vida familiar foi conturbada, com o pai tendo vários relacionamentos com outras mulheres e a mãe de Aretha falecendo quando Aretha tinha nove anos. Uma série de parentes e amigos cuidaram das crianças na casa da sua família, um dos quais era a grande cantora de soul, Mahalia Jackson. Aretha teve o seu primeiro filho com apenas quinze anos e um segundo aos dezassete. O seu pai pode ter tido os defeitos dele, mas era um orador talentoso e um pregador célebre. Celebridades visitavam a casa da família, incluindo músicos de gospel, um dos quais—a bem-sucedida e respeitada artista Clara Ward – tornar-se-ia uma grande influência para a jovem Aretha. Martin Luther King Jr. também estava entre os visitantes. Estas amizades desenvolvidas, entre a família e os seus amigos famosos, seriam importantes ao longo da sua vida.

Aos doze anos, Aretha começou a acompanhar o pai, cantando nas igrejas antes ou depois dele pregar; e foi Franklin Senior quem providenciou para que a *JVB Records* gravasse o primeiro single dela, *Never Grow Old*, na New Bethel Baptist Church em 1956. Três anos depois, outra faixa intitulada *Precious Lord* foi lançada. Ela também cantou com *The Soul Stirrers*, um grupo itinerante que tocava no estilo Jubilee. Dinah Washington aparentemente disse ao produtor Quincy Jones que Aretha era, 'the next one'. Ela excursionou com Martin Luther King Jr. quando ela tinha dezasseis e dezoito anos, e sob a gestão do seu pai, ela fez a sua primeira gravação para a *Columbia*. Estes discos não resultaram bem comercialmente, mas a *Columbia* continuou a apoiá-la e, em 1961, ela lançou *Aretha: With the Ray Bryant Combo*. Isto apresentava o single *Won't Be Long*, que alcançou as paradas no Hot 100 da Billboard. Ela apresentou-se em muitos estilos, incluindo jazz, blues, R&B e doo-wop. Seguiram-se sucessos, incluindo *Rock a Bye Your Baby with a Dixie Melody*. Foi quando ela assinou com a *Atlantic*, em 1966, que a sua carreira realmente levantou vôo. Ela teve grandes sucessos, como a sua versão deslumbrante de *Respect* de Otis Redding, e *I Say a Little Prayer*. Uma estrela estava a subir no céu. Ela ganhou o prémio de 'A Rainha do Soul', mas a sua voz e estilo eram influenciados pelo jazz. Em 1968 ela apareceu na capa da *Time Magazine*.

A sua lista de álbuns de sucesso é impressionante e inclui *Lady Soul, Young Gifted and Black* e *Sparkle*. O seu relacionamento com a Atlantic desfez-se em 1979, depois de álbuns como *La Diva* e *Sweet Passion* terem

Aretha Franklin, foto de Gerard Rouy

falhado nas tabelas. Em 1980 ela assinou com a *Arista* e apareceu no filme *The Blues Brothers* antes de mais álbuns de sucesso, incluindo *Jump To It* e *Aretha*. Ela teve um grande sucesso pop com George Michael, em 1987, com a música *I Knew You Were Waiting For Me*. Um álbum de ouro veio em 1998 com *A Rose Is Still A Rose* e a sua *performance* de *Nessun Dorma* nos *Grammy Awards* daquele ano foi elogiada em todo o mundo. Em 2014 ela teve a honra de receber o nome de um asteróide, e em 2015 levou o presidente Obama às lágrimas com a sua apresentação no Kennedy Honors. O público adorava-a e ela inspirou muitos músicos que se seguiram.

A carreira de Aretha é repleta de actuações inspiradoras. Dentre estas, nós podemos listar a sua dominante *performance* em 1980 no *Royal Albert Hall*, a sua *performance* no funeral de Martin Luther e no de Mahalia Jackson. A sua *performance* para o Papa Francisco, no Encontro Mundial de Famílias, e na posse do presidente Barrack Obama é lendária. A sua carreira posterior constatou-a sendo reverenciada como uma anciã estadista da música, com muitos artistas prestando homenagem à sua influência.

Ao longo da sua vida, desde os vinte e poucos anos, Aretha esteve associada aos movimentos dos Direitos Civis e dos direitos das mulheres. Ela deu financiamento e apoiou muitos grupos de direitos civis. Ela também se apresentou em importantes eventos de Direitos Civis, chegando a ser detida e presa por perturbar a paz em Detroit. A sua música *Respect* tornou-se um hino para o Movimento dos Direitos Civis e ela recusou-se a actuar (junto com vários outros músicos) na posse do presidente Trump em 2017, numa demonstração de protesto musical.

Ela teve várias centenas de sucessos em várias listas, ganhou muitos prémios, incluindo dezoito *Grammys* e foi a primeira mulher a ser introduzida no *Rock and Roll Hall of Fame*, em 1987.

Carla Bley 1936—

Carla Bley, foto de David Sinclair

Ainda muito actual, porém, uma mulher que tem influenciado músicos do passado e do presente, Carla Bley é uma pianista, compositora e líder americana, e tem sido influente desde que se destacou durante o movimento free jazz da década de 1960. Ela nasceu em Oakland, Califórnia, onde aprendeu a cantar e a tocar piano. Os seus pais eram músicos e religiosos, mas Carla separou-se da igreja ainda jovem. Mesmo assim, ela adquiriu conhecimentos de música religiosa e espiritual que se podem ouvir na estrutura das suas composições. Ela entrou numa competição de talentos e a experiência aparentemente abriu-lhe os olhos para as suas próprias diferenças em relação ao formal estilo de tocar. Ela desistiu dos estudos formais aos quinze anos e conseguiu um emprego numa loja de música vendendo partituras. Ela também trabalhou na loja de flores da sua tia, coisa que, segundo dizem, terá inspirado a sua 'música funérea' dos últimos anos. Ela mudou-se para New York aos dezassete anos, conseguiu um emprego como *cigarette girl* em *Birdland* e imergiu-se na cena do jazz. Ela foi uma *hat-check girl* em Basin Street, onde conheceu o pianista de jazz Paul Bley, o qual mais tarde se tornaria o seu marido. Reconhecendo o seu talento, ela começou a compor músicas para o seu grupo. O seu trabalho foi executado por músicos como George Russell, Art Farmer, Jimmy Guiffre, Charlie Haden e o próprio Paul Bley, que tocou em cafés de Greenwich Village e no grupo de Charles Moffat com Pharoah Sanders.

Ela ajudou a formar a *Jazz Composers Guild* (JCG) em 1964 e começou um relacionamento, tanto profissional quanto pessoal, com o trompetista Michael Mantler. Juntos, eles lideraram a *Jazz Composer's Orchestra* (JCO) que desenvolveu-se a partir da JCG, uma fundação para apoiar a orquestra e comissionar novas músicas. Eles começaram a *label JCOA*, lançando gravações históricas e a própria composição dela, a monumental 'chronotransduction' intitulada *Escalator Over The Hill* lançada como um LP triplo. Este trabalho levou quatro anos para ser criado e é semelhante a um oratório musical de jazz em peça de estilo livre. A *Jazz Composers Guild* trouxe músicos inovadores de New York. Muitos dos melhores músicos de free jazz de New York participaram ao longo dos anos. Em 1968, a JCO apresentava Don Cherry, Cecil Taylor, Gato Barbieri, Pharoah Sanders e Larry Coryell. Nesse mesmo ano, Carla lançou um álbum duplo das suas composições que incluiu solos de muitos destes luminares do jazz. Ela mostrou que o free jazz pode ser bem-sucedido e muito bem recebido. O seu trabalho foi muito procurado, especialmente no Japão e na Europa, embora as vendas fossem relativamente pequenas. Da JCG e da JCO surgiu o *New Music Distribution Service*, que era o modo de Bley dar aos discos novos, ou não comerciais, uma saída para permitir que produtores musicais pequenos e independentes vendessem material. Isto deixava a propriedade e o controlo da música nas mãos dos músicos—algo que se mostrou inovador e serviu de modelo para muitas marcas independentes que se seguiram. Desde a década de 1970 ela tem gravado para a sua própria marca *Watt Records*, que ela começou com Mantler. Carla tem trabalhado com muitos músicos, incluindo Robert Wyatt, Charlie Haden, Gary Burton e Johnny Griffin. Ela é conhecida pelas suas gravações com o baixista Steve Swallow, o qual continua sendo um colaborador próximo.

Desde 1977 Carla tem-se concentrado em apresentações ao vivo, muitas delas com a sua banda de dez integrantes. Ela tem colaborado com músicos de vários países, incluindo o saxofonista Andy Sheppard. A sua bem-sucedida digressão pelo Japão em 1984 encontrou um público cada vez maior para o free jazz.

As composições de Carla Bley adicionaram e expandiram o experimentalismo na improvisação e a propensão dela para ultrapassar os limites do aventureirismo musical tem inspirado muitos músicos presentemente.

A reacção à sua música tem sido variada. Ela foi bombardeada com tomates em França, latas de pêssegos na Itália e cerveja na Alemanha. No entanto, fale com qualquer músico de jazz actualmente e eles mencionarão Bley com reverência. Ela tem desfrutado duma relação de amor e ódio com a imprensa e é notoriamente difícil de contactar.

Bley tem falado em entrevistas sobre a sua crença de que a interacção da audiência é fundamental. Músicos que têm tocado com ela têm dito que ela é uma grande líder; que ela permite aos músicos a liberdade de se expressarem.

A sua carreira tem sido preenchida, desde meados da década de 1960, com mais de trezentas canções, cinquenta partituras e várias gravações para a *ECM*. Carla é conhecida como uma excêntrica e definitivamente a caminhante do seu próprio trajecto. Ela continua a ser uma mulher enigmática no jazz e tem uma bolsa Guggenheim para composição e vários troféus internacionais de jazz. Visitar o *site* dela é uma experiência em si, enquanto você navega por uma prisão com regras, celas de condenados e vários actos criminosos listados. Uma senhora que é original em muitos aspectos.

♪♪♪

EXISTEM TANTAS mulheres músicas influentes do passado recente a quem os músicos modernos têm uma dívida enorme e não há espaço suficiente aqui para cobrir mais do que um punhado. A lista fornecida aqui é apenas um número minúsculo de mulheres que têm feito a diferença. As trompetistas Estelle Slavia, Jane Sager, Clora Bryant, Dyer Jones (que ensinou Valaida Snow e foi mãe de Dolly Jones, a qual foi a primeira mulher trompetista de jazz a ser gravada) e Tiny Davis (que passou, depois da International Sweethearts, a formar a sua própria *Hell Divers*); a baixista June Rotenburg; as pianistas Mary Colston Kirk, Marge Creath Singleton; as bateristas Bridget O'Flynn, Rose Gottesman; as saxofonistas Irma Young, Betty Sattley; a Peggy Gilbert (sopros/vibrafone/líder)—há muitas para incluir aqui.

Outras dignas de nota incluem a violinista Emma Smock—mais conhecida como 'Ginger' Smock—que era líder de banda e personalidade da TV, mais conhecida pelas suas gravações com o *Vivien Garry Quartet*. Ela liderou um sexteto feminino em 1951 e o grupo apareceu durante seis semanas no programa *The Chicks and The Fiddle* na CBS. Em 1952 ela apareceu como solista no programa de TV *Dixie Showboat*. Ela não apenas tocava violino mas também animava, balançava e dançava ostensivamente com o seu violino em trios, quartetos e conjuntos. Havia a trompetista Billie Rogers, de quem Nat Hentoff em 1979 aparentemente disse:

> *Quando eu era adolescente, fui com uns amigos ouvir a banda do Woody Herman, e lá, na secção de trompetes, estava uma mulher. Olhávamos para Billie Rogers como se ela tivesse três cabeças e ficávamos maravilhados por ela conseguir terminar um refrão.*

Billie Rogers nasceu numa família musical que incentivava os seus interesses musicais—ela aprendeu muitos instrumentos e acabou por se concentrar no trompete. Ela tinha o raro dom de afinação perfeita, o que é uma bênção ou não, já que as pessoas com este assumem que todos ouvem música do jeito que elas ouvem—incluindo todas as pequenas notas desafinadas. Billie Rogers tocava notas perfeitas em parte devido a este dom. Ela aparentemente foi informada pela Musicians' Union que ela só poderia tocar como parte de uma banda feminina. Então, ela tocou com um quarteto num bar que logo ficava lotado sempre que o quarteto tocava. Ela recebeu uma oferta de audição com a banda de Woody Herman e conseguiu o emprego, mas teve de começar sentada na frente com uma cantora antes de realmente passar para a secção de trompete. Ela tocou com a banda Woody Herman durante várias temporadas antes de formar o seu próprio sexteto. A reacção de Hentoff provavelmente foi típica da percepção de muitos músicos da época. Eles eventualmente aprenderam que as mulheres podem ser músicas maravilhosas e merecem o seu devido lugar e respeito.

Alguém que influenciou muitos vocalistas que se seguiram foi Mahalia Jackson—uma forte cantora, *contralto*, de gospel que não cantava nenhuma música que incluísse palavrões. O seu lugar neste livro está garantido para sempre. Ela apoiou os direitos civis, e das mulheres, e emprestou a sua voz ao apoio destas causas. Ela gravou principalmente para a *Columbia* nas décadas de 1950 e 1960 e tornou-se a mulher negra mais poderosa da América durante um tempo. A sua personalidade influenciou muitas mulheres que viram nela a força de que precisavam para si mesmas. Ela cantou em comícios para Martin Luther King e outros líderes dos direitos civis perante ameaças de morte, provando que as mulheres poderosas poderiam resistir.

Havia também a Lil Armstrong, uma pianista cuja música influenciou o coração de muitos, incluindo Louis Armstrong e Etta James. Embora mais conhecida por gospel e blues, a voz profunda, sensual e telúrica de Etta, que parecia brotar das profundezas do seu ser, prestava-se igualmente ao jazz. Ela gravou com subdivisões da marca *Chess* e foi muito procurada durante a década de 1960, apresentando-se no *Montreux Jazz Festival*. Ela pode ter lutado contra o vício mas a sua voz era viciante por si só, e após um intervalo de dez anos no final dos anos 70 ela voltou com grande sucesso, fechando um contrato com a *Island Records* e apresentando-se novamente. Ela recebeu seis *Grammys* durante a sua carreira. A sua voz era incrivelmente distinta. Uma verdadeira *contralto*, ela transformou os padrões do jazz em números sensuais. Ela foi lamentavelmente esquecida no início da sua carreira, até que finalmente foi descoberta por Johnny Otis, da Costa Oeste. Foi Otis quem mudou o nome artístico dela, de Jamesetta Hawkins para Etta James. A sua voz rouca e crivada de uísque ainda bate forte em casa de tantos.

Havia a Eartha Kitt, que cantava jazz e outros géneros, ela tinha o seu próprio estilo de comunicar e teve uma carreira florescente nos Estados Unidos antes de ser efetivamente rejeitada durante cerca de dez anos, em 1968, por falar contra a guerra numa reunião na Casa Branca, perturbando a primeira-dama e causando uma espécie de crise. Em 1975 a CIA emitiu um dossiê alegando que ela era debochada e que os seus colegas músicos tinham opiniões negativas acerca dela. No entanto, ela encontrou permissão no Reino Unido e apareceu em vários programas da BBC, incluindo o programa *Morecambe and Wise*, onde habilmente enviou a sua própria imagem de ronronante gatinha sexual e ganhou muitos seguidores no Reino Unido. Ela voltou para a Broadway nos Estados Unidos em 1978, com o apoio do público superando qualquer opinião burocrática.

E havia a Emily Remler—uma guitarrista de jazz influenciada por Charlie Christian (da minimal técnica de três cordas) e Wes Montgomery entre outros, embora ela também ouvisse Jimi Hendrix e a música de outros artistas de rock. Emily fundiu a alta energia da composição do rock com o jazz. Ela lançou um álbum como líder, intitulado *Firefly*, com apenas 24 anos e, em 1985, ganhou a *Downbeat`s International Poll* para guitarrista do ano—uma proeza quando se considera a juventude dela e a competição. Ela espremeu até à última gota de som através das suas cordas e do seu estilo de tocar de dedilhação rápida.

Então, havia a pianista Mary Lou Williams. O seu nome verdadeiro por si só é interessante—Mary Elfrieda Scruggs. Ela escreveu e tocou com uma grande variedade de grandes nomes do jazz, incluindo Duke Ellington, Benny Goodman, Thelonius Monk, Miles Davis, Charlie Parker, Bud Powell e Dizzy Gillespie; e orientou Melba Liston. O estilo dela será para sempre distinto. Ela começou a tocar com grandes músicos de jazz com apenas treze anos e, portanto, era uma criança talentosa com paixão pelo jazz desde tenra idade. Além de ser uma óptima pianista, ela tinha o dom de arranjar temas e torná-los incrivelmente envolventes. De forma bastante incomum, foi a sua religião e a amizade com um padre chamado Padre O'Brien que levou a uma colaboração onde eles procuravam novos locais para tocar jazz. Ela também trabalhou para uma fundação que ajudava músicos viciados em drogas e álcool a voltarem a tocar. Isso exige coragem e ela era uma mulher corajosa. Ela dava palestras sobre jazz juntamente com o padre O'Brien numa universidade e fez mais de cem gravações na sua vida. Ao ouvi-la tocar, você pode compreender por que razão era ela uma música popular e requisitada.

Carmela Rappazzo, foto de Eliot Kamenitz

O Reino Unido também tem produzido mulheres notáveis. Ivy Benson, saxofone alto e clarinetista, era de Clacton, Reino Unido. Ela liderou uma banda feminina de *swing* e foi importante na década de 1940 como líder, solista, e foi o prato forte no London Palladium em 1944.

Havia a Marian McPartland, que teve uma influência imensa como locutora, pianista e organizadora de eventos; Dinah Washington, Shirley Horn... A lista é longa e repleta de mulheres notáveis que tiveram um grande impacto.

Patti Bown—outra mulher música que se beneficiou duma associação com o líder Billy Eckstine. Dentre os seus parceiros estavam Roland Kirk, Duke Ellington e outros. Ela não apenas se limitou ao jazz mas também gravou com Quincy Jones, Aretha Franklin e o inimitável James Brown. Em 1985, o *New York Times* declarou-a "um espírito livre que não está preso à maneira tradicional de fazer as coisas". Ela podia mudar de números poderosos para interlúdios suaves num piscar de olhos e era uma executante e intérprete verdadeiramente talentosa.

Havia compositoras ganhando mais aclamação também—incluindo Irene Higginbotham, Ann Ronell e Dorothy Fields.

Jo Harrop, foto de Emma Acton

Havia uma saxofonista alto de jazz que enveredou a tocar e a cantar ao extremo, conhecida como 'Vi' Redd. Nascida em 1928 como Elvira Redd, ela era conhecida principalmente como uma executante de bop—sendo o bop um estilo de jazz baseado num forte trabalho solo. Ela tocou com alguns dos músicos mais conhecidos, incluindo Count Basie, Roland Kirk, Dizzy Gillespie e Marian McPartland. Ela também foi vocalista o bastante. Como filha do baterista Alton Redd, o qual tocou com músicos como Kid Ory, Dexter Gordon e Wardell Gray, ela foi fortemente influenciada pelo jazz que ouvia quando ela era ainda criança. 'Vi' fez muito para quebrar imagens estereotipadas de saxofonistas femininas. Ela foi a primeira mulher a ser um dos *headliners* instrumentais no festival de Los Angeles em 1962—um facto relatado no *LA Sentinel* conforme segue,

> *Outra estreia no Festival de Las Vegas em 7 e 8 de julho é alcançada quando Vi Redd, uma jovem e atraente saxofonista, se torna a primeira mulher a ser uma das principais atracções instrumentais num festival de jazz. Na verdade, Miss Redd pode muito bem ser a primeira saxofonista na história do jazz a estabelecer-se como solista importante.*

Talvez a primeira, mas certamente não a última como atesta o nosso próximo capítulo. As mulheres foram e continuam sendo uma força importante na música jazz em todas as frentes, seja como líderes de bandas, instrumentistas ou vocalistas—o lado suavizante do jazz; também o lado perverso, turbulento, vicioso e malicioso do jazz— as mulheres podem ser tudo isto e muito mais. É impossível sequer começar a incluir todas as mulheres importantes. O importante é que estas mulheres forjaram caminhos no inebriante mundo da música jazz, dominado por homens. Elas provaram que estavam décadas à frente em musicalidade, talento e capacidade de se conectar com o público em todo o mundo. Um número incontável de músicos de jazz modernos deve muito às qualidades e estilos musicais delas. Cantoras como Amy Winehouse, cuja clara influência do jazz fez da sua voz uma das mais marcantes do seu tempo; Lady Gaga, mergulhada no jazz de New York; Alison Moyet e, claro, muitos instrumentistas de jazz modernos devem muito a estas mulheres do passado, ao seu carácter, estilo e formidabilidade.

Quando você aprende mais sobre as mulheres que influenciaram o jazz no passado, você percebe algumas coisas:

Primeiro, havia algumas mulheres no jazz desde o início.

Em segundo lugar, muitas delas conduziam os seus negócios com astúcia incrível.

Em terceiro lugar, há nomes que surgem repetidamente nas carreiras de muitas destas mulheres pioneiras do jazz, especialmente no início—muitos destes nomes são pioneiros: Dizzy Gillespie, John Hammond, Earl Hines, Miles Davis, John Coltrane, Billie Eckstine e Chick Webb são apenas alguns. Estes músicos conheciam o talento quando o ouviam, independentemente do género. Eles queriam que estas mulheres músicas fossem incluídas e ouvidas—contra algumas probabilidades bastante íngremes nalguns casos. Eles encorajaram-nas a perseverar e a permanecer fortes. É importante reconhecer que, sem músicos influentes e inovadores dando uma chance às mulheres, apresentando-as a pessoas que poderiam ajudá-las a progredir, além de serem apenas raparigas na banda, muitas mulheres não teriam tido o sucesso que tiveram. No entanto, para muitos delas, mesmo com apoio, foi necessária toda a coragem do mundo e toda a firmeza que possuíam para se exporem e mudarem o mundo. É graças a muitos destes primeiros modelos que as mulheres músicas de jazz actualmente encontram o seu caminho um pouco mais fácil.

Mulheres no Jazz Presentemente

FALAR COM MULHERES na indústria do jazz é uma experiência edificante, profunda e incrivelmente educacional. Eu tenho falado com músicos durante anos e, claro, um bom número deles são mulheres—não são assim tantas no jazz, diga-se em abono da verdade. É difícil descrever o quanto as coisas têm mudado nas últimas décadas—ou, por outro lado, o quanto ainda há a ser feito. As pessoas ainda falam sobre a escassez de mulheres no jazz, as atitudes misóginas, o antiquado tratamento, e às vezes depreciativo, das mulheres. No entanto, algumas pessoas também falam sobre a positividade permanente e a vontade de discutir assuntos que se têm infiltrado no jazz e gradualmente têm mudado toda a essência do negócio.

Algumas discussões ficam um pouco acaloradas. Há pessoas que sentem fortemente que existe este tácito obstáculo bloqueando o caminho das suas carreiras. Outras afirmam que género nunca é um problema. Eu tenho ficado sensibilizada, de coração, por algumas mulheres que têm ficado impedidas e frustradas, aparentemente devido ao seu género, ao passo que com outras eu tenho compartilhado em elação, quando elas estabelecem uma primeira e pequena vitória sobre o preconceito. Contudo, cada discussão é diferente, as mulheres têm muitas opiniões divergentes e a única maneira de chegar ao cerne da situação actual é conversar com as mulheres em profundidade—foi o que eu fiz.

Mulheres acerca de mulheres

Muitas mulheres sentem que há áreas na indústria do jazz que são desafiadoras; mas, por outro lado, algumas têm tido alguns problemas. Algumas têm experienciado *bullying* e antiquadas atitudes por parte dos homens; outras têm-se beneficiado ao iniciar os seus próprios projectos, trabalhando com homens e mulheres. De forma alarmante, talvez, algumas até acham que são as próprias mulheres que estão a impedir o real progresso. Falando sobre tokenismo, uma mulher disse não ter problemas com isso porque, em suas palavras, "pelo menos significa que as mulheres recebem um lugar, mesmo que seja apenas para fazer um evento parecer politicamente correcto". Outra comentou: "Prefiro ser a única mulher da banda. As mulheres podem ser absolutamente vadias umas com as outras. Embora todos tenham direito à sua opinião, conheço muitas mulheres que achariam estes comentários chocantes e completamente fora de sintonia com o pensamento moderno. Parece não haver um consenso forte e rápido.

Questões sexistas—A misoginia ainda está entre nós?

Um facto simples é que, quando o seu género se torna a questão do momento, há pouco que você possa fazer imediatamente. Todas as leis do mundo não o vão proteger ou fazer você sentir-se menos ameaçado ou constrangido naquele exacto momento. Diante do sexismo declarado, não há arma que você possa usar sem parecer superfeminista ou reforçar a mentalidade de alguns homens. Se você discute, é uma mulher temperamental; se sai da situação, fica mal-humorada, não aguenta a pressão; e se você os superar, poderá ficar fora da banda. Os homens também têm uma presença física que muitas mulheres não conseguem conter em situações difíceis. Um homem zangado e gritando é assustador, especialmente quando eles levam você para algum lugar isolado como o camarim. Ninguém quer sentir aquele surto de medo que bate naquele momento, mesmo que a ameaça seja percebida e não real. Essa linha, entre igualdade e simplesmente ignorar o facto de que existem diferenças entre os géneros, é difícil de superar.

Nalguns lugares há sessões brutais de 'cutting'; noutros, sessões de *jam* ou *sit-in*. Um músico (homem) que organiza sessões de improvisação livre recentemente disse-me que achava que as mulheres eram mais adequadas para a improvisação livre, onde elas tinham sessões de *jam* ou *sit-in*, por causa do compartilhamento e da natureza colectiva da experiência. No entanto, a sessão de *cutting* era definitivamente uma coisa mais masculina. As sessões de *cutting* eram—e são—brutais—uma questão de último músico a permanecer de pé ou, como foi dito, quem tem o maior pau. As mulheres não têm ferramentas para levarem a uma sessão de *cutting*. Isto coloca as mulheres em desvantagem e, embora muitas vezes se fale sobre 'as coisas estão mudando', 'as coisas estão diferentes agora' e as experiências das mulheres sendo 'menos sobre o facto de serem mulheres do que sobre a música que tocam', ainda há áreas em que as mulheres no jazz sentem que o género é um problema; e é uma vergonha para a indústria que mesmo algumas jovens músicas têm sentido a presença da misoginia. Perguntei às mulheres se elas tinham experienciado algum problema quando eram mais jovens.

A guitarrista e educadora Mimi Fox diz:

> Eu tinha 22 anos quando comecei na indústria do jazz. Encontrei obstáculos impressionantes. Muitos comentários irónicos e muitas vezes uma experiência hostil em jam sessions e shows.

A vocalista e compositora de jazz Carmela Rappazzo fala sobre o seu início de carreira:

> Eu era muito jovem quando comecei e era uma época muito diferente em New York—muito mais selvagem, muito mais solta. Com certeza isto teve os seus altos, baixos e dificuldades, e eu teria de dizer que, como mulher no jazz naquela época, eu era uma 'chick singer' e isso era tudo. Oportunidades abriram-se-me para cantar e para estar presente, e eu fiquei, e ainda estou, grato por elas, mas tive de 'dar tudo de mim' para ser considerada. As mulheres tinham de ter muito cuidado. 'Nunca

durma com um membro da banda' era uma regra muito boa. Os líderes de banda reclamariam que as mulheres tinham de ir ao quarto de banho com demasiada frequência.

Quando a vocalista Jo Harrop começou, houve alguns momentos em que ela sentiu que a sua feminilidade era vista como algo que as pessoas poderiam usar. Ela recorda:

Houve momentos em que eu era uma cantora jovem e bastante ingénua, em que fui explorada por homens que têm poder e sabem que têm algo que você deseja.

Eu interroguei-me, se alguma coisa havia mudado. É diferente para uma jovem que está a começar hoje em dia? A vocalista Indira May é jovem, mas já tem experiências próprias. Ela diz:

A coisa mais comum é apenas ser sexualizada. Eu tenho tido muitas pessoas mais velhas (incluindo um tutor na universidade) que me dizem: 'Oh, não te preocupes, tu tens a aparência e isso é meio caminho andado'. Acho que isso é o que as pessoas estão a tentar mudar. Também tenho ouvido muitas pessoas dizendo: 'os homens vão gostar muito de ti se tu fizeres isso...' É sempre acerca do olhar masculino. Acho que isso está mudando agora e as mulheres estão realmente forçando os limites das coisas. Por mim, aprecio qualquer pessoa que se conecte comigo num nível pessoal, mas as principais pessoas em quem penso quando estou a estabelecer ligação são as mulheres—é como as mulheres me vêem e o que elas podem levar e colocar nas suas próprias vidas. Eu tenho tido alguns indivíduos que querem colaborar e, porque eu tenho concordado, eles instantaneamente pensam que eu estou interessada neles num sentido romântico, coisa que é muito engraçada porque se tu estivesses no mundo dos negócios e alguém te convidasse para ter uma reunião, tu não presumirias que te desejavam ou algo assim. Então, eu tenho tido alguns destes, 'Vamos fazer música, ah, e a propósito, tu és muito atraente, vamos tomar um copo.' Bem, não, isto ainda é um negócio. Já tenho estado em line-ups onde eu sou a única jovem, e para a maioria, numa situação destas, que são os homens, eles não vão necessariamente perceber como isto te faz sentir, e às vezes é bastante assustador. Ou sou chamada de 'aquela cantora no palco' quando na verdade eu co-escrevi a música e tive tanta contribuição quanto os homens com quem estou actuando.

Quando a pianista e cantora Wendy Kirkland começou, ela notou atitudes diferentes por ser mulher. Ela explica:

> *Eu tenho estado ciente disso desde o início mas não fico surpreendida com isso, pois então, como sou formada em engenharia, eu acho que estou preparada para isso.*

Mimi Fox coloca os seus pensamentos de forma bastante sucinta:

> *As mulheres do jazz enfrentam o mesmo desafio de circunstâncias opressivas que outras mulheres enfrentam em muitos campos.*

Ao que a vocalista Ruby Turner acrescenta:

> *Ser mulher pode ter os seus problemas numa indústria como a nossa.*

A vocalista e apresentadora de programa de rádio Jenny Green comenta:

> *Tenho trabalhado com bandas há muitos anos e sempre tenho sido 'um dos tipos'. Não acho que seja necessário, para eles, terem agir de maneira diferente perto de mim. Mas nos anos 80 havia muita provocação a acontecer. Eu tive que me proteger!*

Trish Clowes relaciona a situação da música jazz à sociedade como um todo e alude à insidiosa natureza da discriminação, num momento em que ela comenta:

> *Como em todas as partes da nossa sociedade, a misoginia e o preconceito em relação às mulheres são reais, nos tempos actuais, muitas vezes não falados e, portanto, mais difíceis de identificar.*

Uma outra dificuldade, penso eu, é onde traçar a linha entre o que é sexismo e o que não é. Às vezes, pode parecer que as linhas têm-se tornado indistintas e as diferenças ou confusões de género podem ser engraçadas. Antes de ser escritora, eu toquei em orquestras, cantei em *shows* e festivais. Eu encontrei pouco no caminho do preconceito exposto.

Quando mais tarde entrei em bandas, algumas das experiências mais engraçadas surgiam onde as pessoas ficavam chocadas com o facto de eu usar fato, chapéu e de ter cabelo muito curto, conforme era a moda na época. Num *show* em que eu estava a actuar com *The Razors* em North London, entrei no quarto de banho feminino antes de subirmos ao palco. De repente, a porta principal abriu-se e ouvi muito barulho do lado de fora do cubículo. Abri a porta e um homem muito grande apareceu e disse: "Oi! Vamos colega, tu não podes estar aqui... ...Oh, oh, desculpa-me!" Alguém lhe disse que tinha visto um gajo a entrar furtivamente no quarto de banho feminino. Então, ele ficou envergonhado porque subitamente era *ele* o gajo que tinha ido ao quarto de banho feminino. Foi engraçado e nós rimo-nos mais tarde (quando ele entregou o dinheiro relativamente ao *show*), mas os membros da minha banda (todos homens) acharam isto hilariante durante bastante tempo, e posteriormente ofereciam-me o primeiro lugar na fila para o quarto de banho masculino no nosso subsequente *show*. Num outro *show*, vimo-nos cercados por pessoas que faziam parte de um dos gangues da região. Eu estava com medo, mas também sentia-me protegida como a única mulher na banda e lembro-me claramente de ter pensado como estava grata por ter quatro gajos corpulentos comigo. Era isso errado? Não me senti assim na época. Em nenhum destes eventos senti qualquer forma de sexismo, embora a situação definitivamente se tenha desenvolvido de maneira diferente para mim porque eu era fêmea.

Às vezes as mulheres têm de lidar com situações com as quais um homem músico dificilmente teria que lidar—e nem sempre vindas de homens. Jo Harrop diz-nos,

> *Eu já fui importunada, mas efectivamente por uma mulher que queria levantar-se e cantar no meu show e estava determinada a sabotar-me—tenho a certeza de que isso não teria acontecido se eu fosse um gajo.*
> *É importante manter-se firme e ser empoderada com conhecimento, desde tenra idade, sobre como lidar com estas situações. Como o jazz é amplamente uma indústria dominada por homens, tu deparas-te com as pessoas no topo—empregadores, críticos, agentes etc., que são homens, e eu tenho tido, às vezes, de lidar com comportamentos de intimidação. As poucas mulheres nestas funções talvez tenham sido um pouco mais compreensivas com as necessidades de uma cantora.*

Então a minha próxima pergunta foi sobre locais de eventos. Alguma das mulheres, na nossa conversa, tem tido a sensação de que os espaços esperam que elas sejam ou se comportem de uma determinada maneira?

Jo ainda fica surpreendida com as expectativas de alguns espaços e diz:

> *Certos locais—quero dizer hotéis, bares e clubes privados, às vezes querem que tu pareças 'glamorosa' como uma cantora feminina para que tu te 'encaixes' no grupo demográfico deles. Infelizmente, tem-me sido dito para me vestir de maneira sexy, andar perto da multidão e talvez cantar para os homens na plateia—ter um 'maneirismo'. Mas eu costumo afastar-me desse tipo de coisa. Em muitos eventos (mais ainda em eventos privados) é-me dito com bastante frequência que preferem uma estereotipada jovem loira, bombástica, em vez de uma cantora mais velha, mais talentosa, embora menos atraente. Portanto, esse tipo de coisa continua, sim. Muitos destes agentes estão mais preocupados em ter uma preluzente imagem e vídeo do que ouvir a qualidade da música.*

Quanto mais conversamos, mais percebo que muitas das mulheres na nossa conversa vêem o que acontece no jazz como um reflexo de entranhadas atitudes na sociedade como um todo.

A trombonista, educadora e compositora Sarah Gail Brand nota:

> *Acho que a expectativa é que os homens sabem o que estão a fazer e as pessoas ficam muito surpreendidas quando descobrem que as mulheres sabem o que estão a fazer. É um pouco como um microcosmo da sociedade. As pessoas pensam que os homens são mais brilhantes do que as mulheres e isso não muda quando se trata de subgrupos da sociedade como ouvintes de jazz, artistas e promotores. Não acho que os homens, que realmente trabalham com mulheres, pensem isso, mas é algo que os homens sentem quando não trabalham com mulheres. Ou pode ser que eles tenham trabalhado com uma mulher que simplesmente não é boa em jazz (e há homens e mulheres que não são), mas se eles trabalham com uma mulher que não é boa, é como, 'bem, aí está, isso significa que nem todas as mulheres podem tocar jazz'. Há o usual absurdo misógino e sexista que tu encontras em toda a sociedade.*

Sarah passa a fazer um ponto importante e que ecoa o desejo de muitas pessoas:

> *Eu realmente gostaria que mulheres no jazz—mulheres em algo—não fosse 'uma coisa'. Eu gostaria que chegássemos a esse dia. Nós não temos livros sobre 'homens no jazz' (a menos que tu consideres todos os livros de jazz), mas não temos um tópico específico sobre 'homens no jazz' e sabemos o porquê—é porque os homens são considerados a norma, o que é loucura! Lembro-me de presidir um painel de discussão e debate no Glasgow Improvised Music Festival e abri o debate sobre este tópico dizendo: 'Eu realmente não quero fazer isto novamente'. Acho que todo o mundo sabe por que é que há poucas mulheres no jazz e isto tem a ver com a misoginia e o sexismo em geral na sociedade.*

Então, que tal a representação das mulheres na mídia e na TV? Sentem as mulheres que a mídia tem alguma responsabilidade por atitudes que talvez prevaleçam? Wendy Kirkland tem uma forte opinião sobre a representação da música ao vivo na TV e diz:

> *Sempre fico deprimida quando vejo música ao vivo na televisão e vejo que as únicas mulheres na banda são as cantoras. Isto precisa de mudar. Até que haja pelo menos um terço de mulheres na banda, eu não ficarei feliz.*

A vocalista internacional Tina May também comenta acerca disto, e da falta de modelos discutidos anteriormente, quando ela diz:

> *Inegavelmente, ver mais mulheres instrumentistas no palco tem levado tempo—estou convencida de que houve uma 'falta de visibilidade' na televisão, etc. É como se as jovens mulheres simplesmente desistissem de ser músicos profissionais porque não há muitos modelos em evidência. Compreensivelmente, existem maneiras mais fáceis de ganhar a vida.*

A pianista e compositora Joelle Khoury comenta sobre a sua experiência como líder de banda:

> *Como eu tinha o meu próprio quinteto de jazz (In-Version), nós tocávamos e gravávamos as minhas composições. Eu era a única mulher do grupo. Os membros masculinos, embora eu acredite que eles me respeitavam pela minha criatividade, realmente incomodavam-me. Por exemplo, se eu fizesse um comentário, eles ficariam zangados e ofendidos.*

A mesma observação, feita pelo meu marido (e baixista), seria bem-vinda. Além disso, para mantê-los de bom humor e boa disposição, eu teria que ser imensamente agradável e 'feminina'. Eu deveria sorrir, elogiar, fazer sanduíches, etc.

Joelle Khoury. Foto de Joelle Khoury

Portanto, parece que, mesmo quando estão na posição de líder, às mulheres pode ser estipulado um papel de suporte. O interessante acerca dos comentários de Joelle é que ela, para manter a paz e a cooperação, desempenhava o papel de fazedora de sanduichíches e levantadora de ânimo. É esta a rotina cultural profundamente arraigada que muitos sentem ser necessário mudar—e ainda assim, muitos de nós encontramo-nos caindo na armadilha de desempenhar papéis "femininos". Às vezes os pacificadores toleram o comportamento dos homens, o qual é, na melhor das hipóteses, indelicado e, na pior das hipóteses, sexismo ignorante e impensado.

A vocalista de jazz Debbie Gifford diz:

A cena do jazz sempre tem sido dominada por homens. Descobri que, apesar de ter sido formada na área da música e ter graduação em educação musical e mestrado em performance, sempre havia algum gajo na banda ou num gig que não me tratava como igual.

Conversando com as cantoras de jazz, fica claro que elas percebem outro tipo de discriminação que é mais subtil. Trish Clowes insinuou este tácito preconceito anteriormente e agora a renomada saxofonista Jane Ira Bloom explica melhor:

> A verdade é que o tipo de discriminação que encontrei nem sempre foi tão claro. Uma forma encoberta de discriminação; os telefonemas que tu não recebes, a ausência de inclusão é muito mais insidiosa. Isto nunca me impediu de seguir o caminho que estabeleci para mim, mas com certeza acrescentou em anos.

Georgia Mancio. Foto de Carl Hyde, 2015

Kim Cypher dá outro exemplo desta discriminação mais subtil. O seu marido Mike é baixista na banda de Kim, e Kim explica:

> Tem havido ocasiões em que tenho entrado em contacto com um agente e não recebo resposta. Quando Mike entrou em contacto com o mesmo agente na qualidade de 'my manager' (e homem), ofereceram-nos um gig imediatamente.

Kim não está sozinha quando reconhece que a presença de um membro masculino da banda, apoiando você, é útil. Líder de banda, saxofonista soprano, flautista e educadora, a opinião de Jane Bunnet é:

> Eu tenho sido, quase toda a minha profissional vida musical, a única mulher no grupo. Tenho tido muita sorte em ter o meu parceiro, que é trompetista (Larry), ao meu lado.

É Larry, aliás, quem fornece fotos, responde a e-mails e escolhe as citações de Jane, pelo menos inicialmente.

A vocalista Georgia Mancio diz:

> *Pessoalmente, raramente tenho encontrado dificuldades de preconceitos, vindo de outros músicos... No entanto, tenho notado que praticamente todos os proprietários de clubes, promotores, agentes, jornalistas e engenheiros de som são homens e isto tem levado a algumas situações mais difíceis.*

A cantora e radialista Grace Black está em condições de ser parte significativa de duas áreas distintas do jazz. Ela é cantora e também apresenta um programa de rádio. Ela comenta:

> *Como vocalista eu nunca me deparei com nenhuma misoginia, mas acho que ainda é muito difícil para as mulheres que tocam instrumentos serem reconhecidas no mesmo nível que os homens, embora isto esteja a mudar lentamente no Reino Unido com músicos como Karen Sharp e Georgina Bromilow obtendo um bom reconhecimento. Na minha opinião, género não deveria ter importância e esta deveria ser sobre a qualidade do músico e a sua habilidade de interpretar a boa música.*

E as mulheres não performáticas—o que pensam elas? Mulheres em posições únicas para observar como as coisas estão na indústria do jazz sem serem elas próprias mulheres músicas? Mulheres cujo trabalho as leva para o mundo do jazz em papéis que não as impulsionam para o palco. Parece que aqui as coisas têm mudado, embora não muito. Amanda Bloom, gerente de relações públicas e mulher música, conta-nos:

> *Sempre tenho apreciado a autenticidade do jazz, pois está em constante evolução e a música é altamente individualista. Os músicos de jazz esforçam-se para criar o seu próprio som e estilo, e não apenas se esforçam mas também ultrapassam os limites da música e da improvisação. Por estas e outras razões, eu considero o jazz um género realmente gratificante de se promover.*
>
> *Onde estou, no lado promocional da indústria da música, eu ainda não experimentei atitudes negativas devido ao facto de ser mulher. Tenho a sorte de o meu chefe e mentor, Max Horowitz, ser socialmente consciente e desde o início me ter ensinado como ter um lugar neste negócio sem sentir que eu estaria em qualquer tipo de desvantagem. Tenho tido*

> *muita sorte a este respeito, mas há, no entanto, muitas mulheres que enfrentam dificuldades e vieses negativos.*

A assessora de imprensa Ellie Thompson comenta:

> *Costumo achar que os actos masculinos têm mais oportunidades do que as mulheres. Se elas não tiverem prévio crédito em seu nome, as mulheres são frequentemente descartadas como sendo 'amadoras', enquanto os homens recebem rótulos como 'DIY' ou 'Underground'.*

A gerente de marketing do *606 Club* de Londres e fotógrafa Emma Acton acrescenta:

> *Nunca fui vítima de nenhuma atitude detrimentosa por ser mulher. Contudo, isto não significa dizer que tal não ocorra dentro da indústria. Embora os tempos estejam a mudar lentamente e esteja a tornar-se mais aceitável falar ousadamente, haverá muitos casos de discriminação que passam despercebidos.*

Anthea Redmond, co-proprietária e apresentadora da *Jazz Bites Radio*, foi publicitária durante muitos anos antes de co-financiar uma estação de rádio, então tem uma boa ideia de como a criação de perfil e a apresentação podem fazer ou quebrar carreiras. Ela oferece a sua opinião:

> *A rádio tem sido um grande processo de aprendizagem para mim, e lendo a história do jazz nos últimos anos tem-me ensinado muito—especialmente a luta vivida por aquelas mulheres que cantaram e tocaram jazz desde o seu início, há mais de cem anos. As coisas são muito diferentes hoje e nós temos verificado algumas excelentes vozes femininas de jazz em ambos os lados do Atlântico, mas ainda sinto que as mulheres músicas de jazz merecem um perfil mais alto, de modo geral, na mídia do jazz. Mais elogios onde é devido, junto com crédito pelas suas individuais capacidades de escrita, habilidade artística e criatividade. Para mim, isto é uma progressão lógica, a única direcção a seguir.*

Portanto, estas mulheres da rádio, do marketing e das relações públicas, embora não experimentem aberta misoginia, estão cientes da presença desta na indústria do jazz.

O género, é claro, também não é mais definido. Eu estive recentemente num *Jazz Meet Up*—um evento maravilhoso em muitas cidades onde as pessoas que querem ir a *shows* encontram-se com antecedência e vão em grupo. No mesmo local houve um muito maior *meet-up* LGBT, onde as pessoas começaram a adorar a música. O músico executante disse-me que muitas vezes sentem-se deslocados nos *shows*, então ela ficou muito satisfeita por um grupo tão grande ter estado aqui. Há uma maior indefinição das linhas e isto não é mais tão simples quanto masculino e feminino. Trish Clowes observa:

> *Existem muitas maneiras diferentes de tu seres quem és nesta música, e certamente não falo por todas as mulheres. Eu acho que deveríamos preocupar-nos mais em desafiar os termos feminilidade e masculinidade. Não é binário. Sim, mulheres e homens são fisicamente diferentes (e para uma certa percentagem de pessoas isto também não é claro, por questões de genética, ou escolha... enquanto sociedade, nós estamos aprendendo a recuperar o atraso aqui), mas esta ideia, de que as mulheres são essencialmente femininas e os homens são essencialmente masculinos, é uma loucura. Em última análise, eu só quero que as pessoas ouçam a minha música e gostem de como eu interajo com os músicos no palco. Tudo o resto é uma distracção... Obviamente as pessoas têm escolhido vir ao gig em primeiro lugar, ou comprar o disco ou qualquer outra coisa, e por que razão têm elas feito isso, às vezes pode ser porque eu sou uma novidade para elas... Mas seja o que for. A vida é muito curta.*

Ecoando alguns destes pensamentos, a baterista, educadora e compositora de classe mundial Terri Lyne Carrington comenta:

> *Género não é mais tão binário. Eu gostaria de ver todas as formas de música abraçarem mais essa ideologia também. Fomos socializados de uma certa maneira, mas tudo isso tem mudado. Porém, ainda leva tempo para ver os resultados disso e para alguns homens aceitarem isso. Estamos nessa fase agora.*

A líder de banda, pianista/guitarrista e cantautora Faye Patton tem opiniões ligeiramente diferentes e acredita que há vantagens em confundir as linhas de género. Ela diz:

Existem festivais LGBT e oportunidades para se apresentar no Pride, e algo chamado Queer and Unsigned... Para uma grande maioria das pessoas, género resume-se de facto a questões binárias e tem de se escolher. Como abordo isto, como desempenho este papel enquanto homem ou mulher, e em qual deles a sociedade me está a tratar actualmente? Sou o tipo de pessoa LGBT que experiencio o mundo (do qual o jazz é apenas uma parte) de ambas as perspectivas de género e em algum lugar intermediário. As mulheres podem beneficiar-se ao dizer numa situação—o que eu faria se fosse (tradicionalmente inculturado como) um 'homem'. Talvez: luta mais, erra e não te importes, não dês a mínima, nunca te desculpes ou expliques, comanda, não perguntes, fica relaxado, sê indiferente, fecha o negócio com confiança. Quer tu sejas homem ou mulher ou algo intermediário, tu precisas de saber quando deves manter-te num padrão punitivamente alto apenas para provar que tu podes tocar absolutamente- e quando deves reconhecer que tu és o suficiente. Às vezes, as qualidades 'femininas' tradicionais ganham o dia—para qualquer músico, independentemente do género, sê aquela pessoa extremamente agradável e doce com quem todo o mundo quer trabalhar. É uma lufada de ar fresco! Luta se for necessário pela plataforma, mas quando tiveres a palavra—relaxa, confia, aproveita, deixa o público entrar e deixa a música falar por si mesma.

Terri Lyne Carrington, foto de John Watson

Então, o que pensam as mulheres sobre o papel de escritora, jornalista e editora? Estamos nós a fazer o suficiente, a fazer tudo sobre a igualdade, ou não devemos nós fazer isto, acerca da luta pela igualdade, mas apenas concentrar-nos no talento? Estão os editores preocupados em tomar partido, ou em parecer fazê-lo? Alguns anos atrás eu escrevi um artigo sobre mulheres na música que foi publicado com a ressalva 'Op:Ed'—algo que os editores colocam ao lado de um artigo para mostrar que não concordam necessariamente com o que está escrito. A peça discutia a campanha 'MeToo' e a influência que esta tem tido, designadamente a de empoderar as mulheres para sentirem que podem falar sobre as pessoas que as tinham intimidado. Discuti a mudança de atitudes na indústria da música—e em lugares onde o esforço era necessário. Como isto cobria áreas fora da música, também dei um exemplo da minha própria experiência em que eu teria falado se isto tivesse acontecido hoje, embora naquela época não. A peça também incluía passos positivos que estavam a ser dados. Esta foi lida milhares de vezes e o *feedback* foi incrivelmente positivo. Os trechos estão aqui:

> *A campanha 'Me Too' empoderou as mulheres (e os homens que as defendem) para poderem falar e dizer como se têm sentido discriminadas. Também teve o benefício de destacar o poder que as mulheres têm e que isto está a crescer ....*

> *Os papéis vitais e as injustiças cometidas contra as mulheres foram destacados pela campanha, mas na verdade a influência sempre esteve lá. É só agora que é reconhecido e alguns homens—os valentões e os pervertidos – têm pedido desculpas ou têm sido envergonhados. A triste verdade é que estes homens provavelmente seriam valentões onde quer que o seu poder estivesse, conseguindo o que queriam como bem entendessem. A única coisa é que agora eles serão responsabilizados ......*

> *Se essa discriminação é percebida, real, deliberada ou apenas impensada e não intencional. Já tenho ouvido músicos perfeitamente respeitáveis falarem sobre as suas mães serem 'tipicamente esposas', seja lá o que isso signifique, e já tenho ouvido músicos discutindo os méritos físicos tanto dos artistas quanto do público. ....*

Afinal, a música não conhece limites. Temos feito um começo; a pedra está rolando e ganhando impulso. Um problema está a caminho de ser resolvido em pequenos passos—talvez. (Agora, só temos que trabalhar o resto da lista).

Quase dois anos depois—depois de me ter separado da magazine que publicou este artigo – eu publiquei um *tweet* no qual salientei que, quando o artigo foi publicado pela primeira vez, o editor foi corajoso em publicar mas também sentiu a necessidade de adicionar o 'Op:Ed'; e que hoje em dia não seria necessário, pois mais pessoas estão falando sobre os assuntos abertamente. O artigo foi excluído do *site* quase imediatamente, o que me surpreendeu. Ainda é preciso um editor particularmente corajoso para publicar um artigo que aborde estas questões e talvez eles tenham excluído o artigo porque ficaram sem espaço ou porque eu não escrevi mais para eles, embora, curiosamente, eles tenham deixado muitos dos meus artigos no ar. Então, foi excluído porque chamou a atenção para o problema novamente? Isto conduziu às minhas próximas perguntas para as mulheres ao redor da nossa mesa—e estas são, devemos escrever e publicar mais sobre o assunto? A imprensa tem responsabilidade? Eles apresentam músicos femininos de forma justa?

A opinião de Trish Clowes é:

> *Jornalistas e editores têm uma responsabilidade aqui. Eu geralmente gosto de focar na minha música quando estou dando uma entrevista para uma revista ou reportagem. É injusto que as mulheres sejam as únicas pessoas que são questionadas sobre gênero e esses espaços de entrevista são extremamente valiosos para a música que estamos fazendo. No entanto, há momentos em que tenho feito comentários sobre o debate que não têm sido impressos porque não são suficientemente sensacionais ou provocativos, ou porque desafio a 'masculinidade' de alguma forma. Também tenho visto comentários, de outras mulheres, exagerados ou fora de contexto, distorcendo o seu significado. Portanto, se as pessoas quiserem falar mais sobre qualquer uma destas questões muito delicadas, elas devem ser tratadas com sensibilidade por quem quer que esteja no controlo de divulgar os seus comentários.*

Provando um Ponto

Florence Halfon, foto de George Talbot

Uma frequente observação das mulheres com quem falo no jazz é a sensação que elas têm de que devem provar-se a si próprias, mais do que os seus colegas do sexo masculino. Elas concordam que há mais mulheres na indústria do jazz e que elas desempenham mais papéis do que no passado. Gratamente, não se espera que elas se vistam como bonecas ou permaneçam como a estrelinha sempre agradecida, mas as mulheres músicas de jazz sentem que devem ofuscar os homens?

Kim Cypher respondeu:

> *Eu acho que, sendo uma mulher, tu talvez tenhas de te colocar mais à prova. Digo isto apenas porque tenho tido incidentes em que as pessoas têm feito comentários como 'você pode realmente tocar!' Ser mulher e artista independente não é tarefa fácil.*

Jo Harrop diz:

> *Como cantora sinto que tenho de continuar a provar a mim própria para ter a certeza de que posso trabalhar. Eu acho que, como cantora, talvez não seja tão difícil encontrar trabalho quanto, digamos, uma baixista ou baterista, mas há algumas mulheres maravilhosas provando que as mulheres são tão boas quanto os homens fazendo o que tem sido um papel predominantemente masculino na indústria.*

Florence Halfon é executiva de uma editora discográfica Warner Jazz e, quando lhe perguntei se é difícil para uma mulher tornar-se executiva de uma gravadora, ela respondeu:

> Não tanto agora que o meu trabalho é mais conhecido mas tenho presente que os homens da indústria têm ficado surpreendidos por eu saber tanto sobre jazz. As mulheres sempre têm que comprovar tudo.

Joelle Khoury acrescenta:

> As coisas têm mudado mas o caminho foi excessivamente difícil. Eu tive que fornecer muito mais provas do que qualquer homem que conheço para que eu fosse levada a sério. Isto leva anos, depois disso tu podes, às vezes, ficar tão desgastada que não tem mais vontade de o fazer.

Alguns (homens) simplesmente não conseguem contornar isto

Para alguns homens parece haver uma espécie de oclusão nos seus cérebros entre o que eles sabem ser verdade e o que a sua arraigada mentalidade lhes conta. Apesar de verem e ouvirem mulheres músicas brilhantes, eles não conseguem aceitar a sua igualdade. Kim Cypher relata um incidente em que dois membros masculinos da audiência estavam a discutir a *performance* dela. Ela relata a conversa com alguma diversão:

> Eles decidiram que eu devia estar a fazer mímica porque aquilo soava muito bem.

Ellie Thompson acrescenta:

> Sinto que muitas vezes é expectado que tu sejas 'adorável' como mulher; tu não podes ter o teu próprio carácter individual. Isto significa que eu tenho tido clientes que me perguntam se sou "séria" o suficiente para lidar com a campanha deles, mesmo antes desta ter começado, o que é realmente pernicioso. Esses tipos de reacções podem ser extremamente desencorajadores para algumas mulheres na indústria. Acho que tenho de ser insensível e determinada para ser ouvida em algumas situações. Além disso, depois de atender o telefone, eu sempre sou referida como 'a secretária' em e-mails no seguimento dessas conversas, enquanto os meus colegas do sexo masculino não são. Mais uma vez, isto é irritante. As mulheres ainda são consideradas como estando a trabalhar nos cargos

> *mais subalternos duma empresa, o que torna a vida quotidiana na indústria mais difícil e pode afastar as mulheres da busca por cargos mais elevados.*

Por vezes os homens reconhecerão alegremente o virtuosismo de uma mulher mas não resistem à necessidade de qualificar os seus comentários com algo um pouco mais revelador. Wendy Kirkland conta algumas experiências em que os homens involuntariamente têm colocado os pés nisto e revelaram uma atitude sexista. Um pianista de jazz, de cinquenta e poucos anos, disse-lhe: "Tenho ouvido dizer que você é uma óptima cantora e toca um pouco de piano". Um outro homem, desta vez um baixista de vinte e poucos anos, disse-lhe: "Você acha que pode tocar esse *pad* do cantor? É difícil, sabe."; e então, de um senhor recém-aposentado de cerca de sessenta anos: "Posso eu apenas dizer que faz muito tempo desde que ouvi um pianista com um toque tão bom? Bem, para uma mulher, em todo o caso". E de qual indústria este cavalheiro se aposentou recentemente? Você adivinhou—música!

Mimi Fox compartilha uma história que aconteceu no início da sua carreira:

> *Quando eu tinha apenas 28 anos e o meu primeiro álbum foi lançado, eu tinha um empresário que estava a ajudar-me. Quando ele enviou o meu álbum para potenciais promotores, um deles dirigiu-se para ele e disse que não acreditava que fosse uma mulher a tocar no álbum.*

Sarah Brand olha para os dois lados quando comenta atitudes em relação às mulheres:

> *Depende de quem mantém as atitudes. Os homens com quem trabalho nunca consideram o meu género algo a ver com a minha capacidade. Em geral, porém, existe a noção (como acontece com muitas formas de arte que exigem compreensão intelectual do processo pelo qual avançamos) de que as mulheres talvez não sejam inteligentes o suficiente para entender os requisitos técnicos em termos de harmonia, forma, composição e esse tipo de coisa. Além disso, no jazz tu precisas de ser confiante e as pessoas não esperam que as mulheres sejam confiantes. Acho que, para ser sincera, as atitudes são mantidas mais por promotores e pela audiência. Tem-*

me sido dito: 'Oh, temos mulheres suficientes na lista este ano', o que é extraordinário. Nunca me tem sido dito que as mulheres não podem tocar jazz, mas certamente tenho a sensação de que algumas pessoas pensam que uma mulher no jazz é uma pianista ou vocalista e que não se espera que ela compreenda as exigências técnicas de tocar jazz.

Sarah Brand, foto de Ryan Dean Bedingfield.

Acho que esta resposta inclui muitos dos problemas enfrentados pelas artistas actualmente. Alguns ainda acham que as mulheres só podem ser vocalistas ou pianistas. Os festivais apimentam as suas contas com mulheres suficientes para serem 'politicamente correctos' e depois param em algum ponto que os faz sentir que tenham conseguido isso. Quem decide onde fica esse ponto? Qualquer decisão na música deve ser baseada em ter 'suficiente' de qualquer tipo de executante? Será que chegará o dia em que se trata de seleccionar actos com base no talento e não tanto em apresentar uma face politicamente correcta ao público, mesmo quando isso significa que alguns actos serão perdidos devido ao género?

Eu tenho observado Sarah a transformar sozinha uma audiência, baseada numa multidão de observadores meio interessados, numa onde eles estavam engajados e lançando ideias para Sarah improvisar—gaivotas, patos, tractores e ovelhas sendo apenas algumas das ideias. Os festivais que param num determinado número de actos, por qualquer motivo, devem prestar atenção.

Organizei o *London Jazz Platform* em 2017—um evento patrocinado pela estação americana Jazz Bites Radio—que apresentou catorze artistas do Reino Unido, Europa e um de New Orleans. Género nunca passou pela minha cabeça—seleccionei bandas que eu sabia que seriam boas. Como se viu, dos mais de quarenta músicos a tocar, pouco menos de metade eram mulheres.

As coisas estão a mudar

Embora os obstáculos permaneçam, há uma sensação real de mudança a acontecer, se bem que lentamente. O número de mulheres a aparecer na cena do jazz está definitivamente a aumentar e parece ter aumentado rapidamente nos últimos anos. As mulheres estão cientes de si próprias da mesma forma que uma pessoa reconhece a sua própria etnia ou idade e, enquanto algumas pessoas se apegam a preceitos misóginos desactualizados, a maioria está simplesmente procurando colegas músicos que possam ocupar um lugar na banda—e muitas mulheres encaixam-se bem. É preciso tenacidade e um espírito forte, mas as mulheres estão a tornar-se poderosas e confiantes. Deste ponto de vista de escritor, esta mudança é positiva e bem-vinda. Ora, quando vou a um *show*, geralmente há mulheres lá—e não apenas algumas. É verdade que usualmente nós notamo-nos umas às outras porque somos poucas, mas o facto é que elas estão lá. Perguntei às mulheres se elas também têm notado a mudança, e se isto significa mais oportunidades para as mulheres no jazz?

Debbie Gifford diz:

> *Ao longo dos anos eu tenho visto mais mulheres músicas de jazz sendo reconhecidas pelos seus talentos, tanto como instrumentistas quanto como*

vocalistas. *Acredito que este reconhecimento está ajudando a mudar atitudes e mais oportunidades estão sendo aproveitadas por mulheres músicas.*

Trish Clowes também é positiva. Ela comenta:

> *Os tempos têm mudado, não há dúvida. A biografia de John Fordham sobre Ronnie Scott detalha a misoginia na cena do jazz no passado, mas tive a sorte de tocar com o saxofonista Pete King, algumas vezes no ano passado, e ele tratou-me tal como o faz com todos os outros, e ele costumava contratar a pianista Nikki Iles para a sua banda no Ronnie's numa época em que tu realmente não vias muitas mulheres no palco. Então, o que quer que esteja a acontecer em geral, sempre há pessoas que se preocupam apenas com a música e ao longo da sua vida tu gravitas em torno delas, não importa quem tu sejas. O problema é que, embora seja óptimo fazer parte de um momento em que estas questões estão sendo mais discutidas na sociedade, quando se trata do meu próprio trabalho na elaboração/criação de música, etc., eu tento não me debruçar sobre estas coisas potencialmente negativas. Eu só quero concentrar-me em ser boa no que faço e não tenho tempo ou energia para me interrogar ou me preocupar com o que alguém pode pensar sobre mim. Há todos os tipos de razões pelas quais tu podes sentir uma vibração estranha de alguém, não é necessariamente porque eu sou mulher num ambiente predominantemente masculino e essa pessoa é sexista. Ocasionalmente encontro comentários ou comportamentos sexistas de outros músicos ou (mais frequentemente) de outras pessoas no ramo ou membros da audiência. Em raras ocasiões eu tive que me posicionar verbalmente (isto vai além de um revirar de olhos), mas considero-me muito afortunada por nunca ter sido fisicamente intimidada ou agredida por alguém. Talvez se possa dizer que, como mulher, eu tenho menos probabilidade de trabalhar com homens que têm atitudes sexistas, principalmente como líder de banda e compositora. Todas as pessoas com quem trabalho têm a mente aberta e são respeitadoras e, quando sou contratada por músicos homens, duvido que eles também tenham atitudes sexistas.*

O jazz é frequentemente falado como um género musical que reflecte a sociedade. Isto transparece em conversas com músicos masculinos e femininos. Quando entrevisto músicos, eles costumam comentar como a música muda de acordo com o que está acontecendo socialmente. Quando a sociedade se torna monótona e chata, a música reflecte isto até que algum inovador decida adicionar algo à mistura para torná-la interessante e criar algo novo. Quando a sociedade está inquieta e muitas mudanças estão acontecendo, a música também reflecte isto e as mudanças acontecem rapidamente. A vocalista e organizadora do festival Beverley Beirne expressa a sua opinião quando diz:

> *Acho que as atitudes da sociedade em relação às mulheres têm mudado, isso reflecte-se no mundo do jazz. Mas ocasionalmente tenho pensado que o jazz é como o último bastião, a fronteira final. Mas está encontrando o seu caminho. Há muitas grandes mulheres no jazz para comemorar. Acho que se as mulheres, que são atraídas pelo jazz, continuarem a criar boa música, isso fala por si. A grande arte sempre encontra um caminho.*

Para muitas mulheres existe um desejo de que o género não seja visto como um problema. Elas querem ser vistas simplesmente como músicos, peças numa banda, partes do quadro geral, e o género não deve ofuscar as possibilidades. Para algumas, nada, género incluído, vai atrapalhar a vida.

A cantora, actriz e artista Patti Boulaye fala sobre as suas experiências:

> *Em primeiro lugar, não acredito que alguém tenha poder sobre o meu destino, excepto Deus e eu. Ninguém me deve nada por eu ser mulher. Ninguém pode desempenhar o papel de Deus com a minha vida. Se uma porta se fecha, eu procurarei uma porta aberta. Se não conseguir encontrar uma, eu vou criá-la e atravessá-la. Eu acredito na lei da selva onde cada dia o leão tem de apanhar a gazela mais lenta para se alimentar, e a gazela tem de ultrapassar o leão para sobreviver. Sou mulher e sou negra. Se alguém tem um problema com isso, então o problema é deles, não meu. Eu não sou uma escrava do homem ou do dinheiro. Dessa forma, nenhum dos dois pode desempenhar o papel de Deus para mim ou na minha vida. Eu sobrevivi a um genocídio, assim tenho um saudável respeito pela minha vida e pelo meu Criador, mas quanto ao meu semelhante, ele e eu somos facilmente dispensáveis.*

> Sou incomum porque não me considero uma mulher no jazz, mas sim uma animadora no jazz. Eu não sou preciosa sobre o que eu faço. Tem havido melhores performers tal como Bessie Smith, Ella Fitzgerald, Billie Holiday, Nina Simone, Sarah Vaughan, Peggy Lee, e na minha opinião, nos últimos tempos ninguém tem chegado perto dos antigos grandes nomes do jazz.

Eu concordo com estes sentimentos. A vocalista Alicia Renee, *aka* Blue Eyes, coloca de forma simples:

> Eu sempre quis ser vista como um instrumento, nada mais.

Assuntos Corporais & Perguntas Difíceis:

As mulheres músicas, usam sempre a sua feminilidade a seu favor? E pode isto ajudar, sendo fêmea?

Os corpos das mulheres são construídos de forma diferente da dos homens. Facto. Muitos instrumentos são pesados e estar na estrada é exigente e cansativo. Eu interroguei-me como se sentiam, as mulheres com quem falei, sobre a fisicalidade de ser-se fêmea.

Kim Cypher pensou acerca disto:

> Talvez ser mulher nesta indústria seja um pouco mais difícil por causa da fisicalidade de carregar todo o equipamento e lidar com todo o estilo de vida de estar na estrada. Às vezes acho stressante ter que me preocupar com cabelo e maquilhagem e precisar de tempo para me preparar para um gig, enquanto talvez os homens estejam um pouco menos preocupados com isto (certamente os homens com quem trabalho). Isso não quer dizer que eles não pareçam adoráveis, mas certamente estão mais interessados em comerem antes de um gig do que em se aprontarem, ao passo que eu me aprontaria primeiramente em qualquer dia.

Eu sei que isto é como uma batata quente quando se trata de discutir jazz. Às vezes é o elefante na sala. Há pessoas que acusam algumas artistas de usar os seus encantos femininos *às* vezes para conseguirem o que querem. Algumas mulheres vestem-se elegantemente em integral atavio—

maquilhagem, salto alto, saias justas, skinny jeans, as produções. Elas têm óptimo aspecto, e por que não? Todavia, algumas definitivamente mudam quando discutem tecnicalidades musicais com mulheres ou homens. É assustador quando você vê uma capacitada mulher fingindo que sabe muito pouco acerca dos detalhes técnicos da música, embora você reconheça que ela sabe muito. Parece um retrocesso, no entanto, eu tenho observado músicos irascíveis e mal-humorados a derreterem-se quando uma mulher lhes pede para explicar algo ou mostrar a bateria. Eu interroguei-me se isto era aceitável, ou mesmo se as mulheres estavam conscientes disso.

Debbie Gifford comenta:

> *Não acho que usar a minha feminilidade seja uma vantagem tanto quanto como actuar para a satisfação da audiência e incluí-lo na magia. Eu comecei a minha carreira artística aos quatro anos cantando um solo numa produção de teatro musical e foi durante essa canção que aprendi o quanto é importante fazer a conexão com a audiência. ... a audiência é o meu espelho—se eles reflectem as emoções que eu transmito na minha performance, então eu sinto a magia e eles também.*

Mas algumas mulheres também não são convenientes. Eu tenho visto mulheres fortes interpretarem a mulher indefesa, assim que um homem aparece, e algumas que fazem movimentos coquetes, dignos de constrangimento, junto de homens com idade suficiente para serem pai delas, porque elas querem tocar na banda deles. É uma ferramenta, talvez, mas o uso excessivo pode simplesmente confirmar o que alguns homens pensam—que as mulheres estão ali para parecerem belas e não pelos méritos musicais delas. Uma cantora disse recentemente a Wendy Kirkland:

> *Eu gosto que os músicos da minha banda sejam homens. Ter outras mulheres na banda simplesmente não parece certo.*

Por outro lado, Carmela Rappazzo diz:

> *Nunca fui considerada uma das 'raparigas bonitas'. Eu gostava de ser considerada um membro da banda.*

Kim Cypher acrescenta, com humor:

> *Isto (sendo mulher) tem a vantagem de se poder conversar com o barman enquanto se toma um copo de vinho.*

Como escritora tenho descoberto que ser mulher tem ajudado ocasionalmente. Alguns homens reagem melhor às mulheres entrevistadoras do que aos entrevistadores do sexo masculino. Um músico que durante oito anos não tinha dado nada à imprensa concedeu-me uma entrevista, depois de termos tomado um café e conversado sobre a vida em geral enquanto ele contornava a questão da música. Logo que se abriu, ele disse-me que se sentia muito mais feliz falando comigo do que com um homem.

Às vezes as diferenças físicas entre homens e mulheres entram em jogo—especialmente quando se trata de segurança. Eu estava num *show* alguns anos atrás quando um homem ligeiramente bêbado decidiu enfiar a mão no bolso de trás dos meus *jeans*. Quando me virei, uma bengala pousou pesadamente no ombro do homem e um músico que eu tinha entrevistado recentemente disse-lhe: "Colega, se ela não te arriar, serei eu a arriar-te." Eu também tenho tido o meu próprio perseguidor na *internet*, e tive que pular para dentro dum táxi quando fui seguida a caminho de um hotel em Londres. Seria um homem seguido a partir de um show até casa? Então, com as limitações que a natureza impõe fisicamente, há mais alguma coisa que as mulheres gostariam de acrescentar sobre feminilidade ou oportunidades? Esta questão dá às mulheres muito a considerar e as suas respostas são avaliadas.

Wendy Kirkland disse:

> *Acho que algumas mulheres podem usar a feminilidade de maneiras que eu não usaria. Talvez pudesse ter sido útil se eu tivesse mostrado mais decote, fingido ser estúpida, adejado as minhas pestanas ou coisa pior, mas simplesmente não consigo. Sou uma mulher inteligente e experiente, por amor de Deus. Por que deveria eu comportar-me como um inferior para conseguir o que quero?*

Perguntei a Patti Boulaye se ela achava que ser mulher tinha vantagens e ela respondeu com honestidade:

> *A minha feminilidade dá-me poder e, se Deus quiser, alguma sabedoria e melhor compreensão do carácter humano e, sim, eu uso isto a meu favor.*

Jo Harrop acrescenta:

> *Não há razão para que as mulheres não devam sair-se tão bem quanto os homens agora, se elas trabalharem duro e tiverem o talento, a motivação, a crença. Faz algum tempo que não encontro nenhuma jovem a brincar com a sua feminilidade. Não tenho a certeza se alguma conseguiria um show apenas vestindo-se bem e flertando com o booker!*

A compositora, saxofonista e educadora Camille Thurman diz:

> *Eu não olharia para isto como uma vantagem ou desvantagem, ser mulher. Só posso falar por mim mas o meu objectivo, sempre que eu toco, é ser o melhor que posso—soar bem, divertir-me e deixar a música falar por si—alguém que ama a música, assume o comando e soa incrível, independentemente do género.*

Emma Acton complementa estes comentários dizendo:

> *Dentro do mundo do jazz há muito pouca promiscuidade. É sobre a música, a comunidade e as pessoas, assim, quando se trata de 'usar a própria feminilidade', isto não é tão relevante e apropriado quanto seria noutros géneros musicais. Acredito que a única maneira dentro do jazz de tocar na feminilidade é com a inocência feminina. Uma imagem delicada. Mas cada artista tem uma maneira de se estilizar, então não acredito que isto possa necessariamente ser percebido como uma coisa negativa dentro da indústria do jazz.*

Patti Boulaye aponta que:

> *Eu acredito que sou um ser superior porque fui criada com a capacidade de trazer a vida à existência. É isso que eu amo em ser mulher. O resto é uma viagem e um jogo e só eu posso escolher como quero jogar o jogo e viajar pela vida. Aposto que não era a resposta que tu esperavas! Para mim, ser mulher é o perfeito estado do ser porque eu não conheço outro jeito."*

Mudança Contínua de Atitudes

Primeiro alguns factos: Tomei a *Oxford University Jazz Orchestra* (OUJO) como referência principal e é bastante típico da situação actual. A OUJO tem dois músicos femininos entre vinte membros. Numa turné por Bangladesh em 2017, a big band *Donut Kings* era composta por três mulheres e dezasseis homens. Em dois dos principais conjuntos de jazz de Oxford, há apenas vinte por cento de representação feminina. Isto é actual e deveria ser diferente. Oxford como um todo está tentando contrariar a sub-representação das mulheres no jazz, mas o facto é que, quando as jovens atingem a idade pós-escolar, o seu número já é menor do que o dos homens no jazz. Ainda assim, estes rácios mostram um pequeno aumento, pois anos atrás os números eram ainda menores—está a demorar tanto.

À medida que mais mulheres entram no jazz, mais seguem. De repente, existem modelos, mulheres em posições de poder, fazendo as escolhas. Os números tanto no palco quanto nas plateias estão aumentando. Tenho observado mudanças positivas nas atitudes em relação às mulheres na indústria do jazz e queria saber se as mulheres nesta conversa também têm visto isso. Sarah Brand tem notado mudanças:

> *Nos meus primeiros gigs definitivamente havia mais homens do que mulheres—com apenas 3 instrumentistas numa big band de 15 membros, por exemplo. Agora é diferente. Vejo mais mulheres e pessoas mais jovens à medida que envelheço. Há mais mulheres. Tende a ser mulheres com homens, mas algumas estão sozinhas ou em grupos femininos. Não há uma mudança dramática. Pesquisei há cerca de 6 anos nesta área e nenhum dos voluntários era mulher. Há mais mulheres na plateia do que no palco.*

A sempre perspicaz Terri Lyne Carrington diz:

> *Elas (reacções às mulheres) têm mudado mas não o suficiente. Algumas pessoas ainda ficam surpreendidas, mas se tu és mundana, tu vês estas mudanças e aceita-las ou ficas para trás eventualmente. Com a liberação das mulheres, acho que podemos fazer qualquer trabalho que quisermos e buscar a felicidade como quisermos – o mesmo que os nossos colegas homens. Fomos socializadas de uma certa maneira mas tudo isso*

tem mudado. Mas ainda leva tempo para ver os resultados disto e para alguns homens aceitarem-no. Estamos nessa fase agora.

Faye Patton, foto de Benjamin John

Sobre a situação actual das mulheres, Faye Patton comenta:

> *Isto é bastante bom—existem organizações como Women in Jazz, (womeninjazz.co.uk), há Tomorrow's Warriors, (https:// tomorrowswarriors.org/). Também há artistas como Georgia Mancio, que estão fazendo campanha para manter a indústria do jazz e a imprensa mais responsáveis, e lutando pela igualdade na cena ao vivo. A educação está a melhorar um pouco mas é preciso fazer mais. Conheço apenas um clube administrado por mulheres—The Green Note (clube de jazz em Londres). Clubes e espaços pertencentes a mulheres são essenciais... Muitos homens simplesmente não parecem gostar de lidar/ conversar com mulheres artistas ou mulheres em geral.*

Curiosamente foi num *show* recente de Faye Patton em Londres, onde ela, eu e três mulheres da audiência tivemos uma longa discussão sobre como as mulheres são representadas na música e em outras indústrias. A discussão foi muito animada e ficou claro que as mulheres tinham opiniões muito fortes sobre as atitudes em relação às mulheres nas suas profissões. Elas ficaram surpreendidas quando eu lhes contei como algumas orquestras estão agora a escolher músicos usando audições às cegas, e como isto está mudando a proporção de mulheres nos seus espectáculos. Embora as suas actividades tivessem dado grandes passos em questões de igualdade e elas sentissem que as coisas estavam definitivamente indo na direcção certa, elas notaram como havia poucas mulheres músicas de jazz em comparação com os homens e estavam um pouco confusas sobre como poderia isto ainda ser assim no nosso tempo. Elas também falaram de como gostavam de ver as mulheres actuando tão bem quanto os homens, elas apenas desejavam que houvessem mais.

Kim Cypher comenta:

> A minha experiência geral é muito positiva como mulher no jazz. Trabalho com pessoas muito respeitadoras e sou considerada como igual. Eu acho que é um momento emocionante para as mulheres no jazz agora. Estamos a viver numa época em que qualquer um pode fazer qualquer coisa e as mulheres são empoderadas conforme nós continuamos a afastar-nos duma indústria tradicionalmente dominada por homens. É emocionante ver tantas cantoras de jazz incríveis em cena, especialmente em termos de instrumentistas.

Na América, Carmela Rappazzo tem estado na cena do jazz, em New York e agora em New Orleans, durante muitos anos. Ela comenta:

> As atitudes em relação às mulheres têm mudado com o tempo lentamente, lentamente, ainda não é tão fácil para as mulheres.

A vocalista Tina May acrescenta:

> Eu trabalho com muitas mulheres: Nikki Iles (piano), Karen Sharp (sax tenor), Julie Walkington (contrabaixo), Patricia Lebeugle (contrabaixo), Kathy Stobart (sax tenor). Gradualmente nós vemos mais mulheres no palco. Eu escolho músicos pelo seu modo de tocar, não pelo seu género. Fico feliz por estar no palco com o músico certo para a música—homem ou mulher.

Faye Patton fala de uma rede de apoio que é importante para *performers*, especialmente mulheres. Quando conversámos acerca disto, ela disse-me:

> Tenho uma dívida de gratidão para com a cantora Sue McGreeth, que me

deixou abrir para ela, muitos anos atrás, e escreveu resenhas sobre mim e Juliet Kelly (a qual me apelidou de 'Nu Jazz' e me contratou para tocar. Também Toni Kofi, que conheci no The Spice of Life quando abri para o gig que ele tocou. Ele tem-me encorajado desde então. Também Larry Batley, um contrabaixista, o qual publica muitas coisas boas nas redes sociais defendendo as mulheres e a história negra. O DJ, apresentador de programa da rádio, Ron Hector, e Laurie na Jazz London Radio, apoiam as mulheres sem dar muito alarido—o que é óptimo e muito bem-vindo. Nolan Regent, do Toulouse Lautrec Jazz Club, também é um firme aliado das mulheres e artistas LGBT.

Então, eu interrogo-me se Faye sente que os homens a consideram como igual? Ela respondeu:

Sim e não. Depende se tu estás a falar de músicos, promotores, bookers. Depende da idade, dados demográficos, etc. Tenho alguns homens incríveis do meu lado. Alguns dos jovens com quem trabalho apenas têm uma expectativa natural de que eu seja boa e não ficam surpreendidos por eu tocar bem, nem desapontados se eu errar, eles são realmente tranquilos. É uma boa lição. Músicos do sexo masculino têm sido educados para poderem cometer erros e até mesmo serem bastante medianos e não se sentirem constrangidos com isso. Promotores/gerentes de locais/directores de festivais, mais velhos, são mais problemáticos. Eu tenho sido consistentemente ignorada e levada a sentir-me invisível, como se as minhas histórias/músicas/interpretações da vida e do jazz simplesmente não interessassem. Além disso, o meu visual (fato e gravata) não é nada conforme o que eles tenham lidado anteriormente. Eu não sou a 'cantora' usando vestido de coquetel, eu sou um da banda, liderando com um instrumento, e todos nós usamos fatos/gravatas. Eu visto-me como os rapazes—é um estilo lésbico bem conhecido, e não ter nenhuma compreensão disto, para mim, passa junto da ignorância na melhor das hipóteses. Potencialmente homofóbico, mas é claro que eu não posso provar isto. Às vezes os membros masculinos da minha banda precisam de indicar ao engenheiro de som que eu sou a chefa. Eu pareço jovem e talvez eles não achem que eu seja um séria competidora no mundo profissional adulto.

Mulheres fazendo isto por si mesmas

As mulheres no jazz tendem a gravitar em conjuntos e situações em que se sintam confortáveis. Estes podem ser grupos criados por elas mesmas ou aqueles que elas experimentam e percebem que estão entre pessoas que estão felizes na sua própria pele e não sentem a necessidade de se impor, seja qual for o problema. Há também um sentimento de apoio entre a maioria das mulheres músicas no mundo do jazz, bem como um sentimento de júbilo pela presença de um número crescente de mulheres. Muitas mulheres do passado ganharam popularidade formando bandas só de mulheres, às vezes porque não havia outra oportunidade para elas. Pergunto se isto é uma coisa boa actualmente, ou não, e as opiniões divergem. Sarah Brand comenta:

> *Houve muitos grupos só de mulheres no passado e há alguns hoje. Não sou fã de todos os projectos de mulheres. Isto tende a guetizar-nos e implica que apenas as mulheres podem tocar juntas. Deveria ser mais igual, 50:50, 60:40 tanto faz. Mulheres e homens devem trabalhar juntos o máximo possível para mostrar que isso é normal, nada demais.*

Trish Clowes diz:

> *Quando me sinto desconfortável, eu fico longe e procuro situações ou pessoas que não me deixem desconfortável. Estou a perder? Não faço idéia. Mas eu sinto-me muito realizada no meu trabalho, então, quaisquer que sejam os desafios que tenham havido, eu tenho conseguido fazer as coisas funcionarem para mim. Numa nota um pouco diferente, sempre me tenho divertido muito, observando a mudança na atitude de alguém em relação a mim antes e depois de tocar.*

Kim Cypher explica o seu prazer pela música jazz:

> *O envolvimento neste livro é uma grande oportunidade para celebrar o facto de ser uma mulher no jazz. Eu absolutamente amo o que faço. Sou uma pessoa criativa e preciso de uma saída para a minha criatividade. Trabalho com pessoas incríveis e tenho muito orgulho em fazer parte duma grande irmandade. O apoio entre as mulheres do jazz que eu conheço é incrível. Estamos lá umas para as outras, para nos apoiarmos*

> *após os contratempos, para nos apoiarmos e nos aconselharmos umas às outras e para celebrar o sucesso de cada uma de nós.*

Beverley Beirne diz que encontra apoio entre outras vocalistas. Ela comenta:

> *Tenho alguns amigos cantores de jazz e adoro-os. Quero dizer, afinal, quem mais pode entender-te melhor, e com o que tu estás a lidar, do que um outro cantor de jazz? Temos muitos bate-papos e risadas, especialmente uma outra cantora de jazz.*

Camille Thurman acrescenta:

> *Eu acredito que há mais atenção para as instrumentistas, o que é bom (oportunidades de exposição, reconhecimento, etc). É um trabalho em progresso. Acredito que ainda temos um caminho a percorrer. Em certo grau, trata-se de talento mas tu ainda vês um desequilíbrio na representação de mulheres líderes de banda ou sidewomen nos principais festivais/eventos de jazz. Em alguns casos, isto nada tem a ver com talento e é apenas o cumprimento de uma 'fascinação' que anula o propósito de realmente contratar e respeitar uma pessoa pela sua capacidade e habilidade.*

Terri Lyne Carrington tem uma visão para o futuro do jazz, e particularmente para as mulheres dentro da indústria do jazz – e ela tem dedicado a sua considerável influência para fazer algo muito positivo para ajudar. Ela diz:

> *Estou muito esperançosa acerca do futuro do jazz. Eu apenas sinto que a cultura tem de mudar para aceitar compositoras e mulheres músicas de forma mais igualitária e não torná-las, ou as suas contribuições, invisíveis. Acho que a mudança está a acontecer lentamente, ainda não está onde deveria estar, então é por isso que eu tenho decidido realmente trabalhar neste problema e dedicar grande parte da minha energia a este assunto ao iniciar o novo instituto na Berklee. Existem iniciativas como 'Women In Jazz', que é um colectivo de músicos que destacam os equívocos com os quais as artistas femininas devem lidar. Eles organizam eventos ao vivo, workshops e programas de rádio.*

A saxofonista soprano e compositora de jazz Jane Ira Bloom diz:

> *Ao longo dos anos eu tenho aprendido sobre as qualidades dos músicos que ajudam a dar vida à minha música. É apenas algo que tu aprendes se prestares atenção a todas as tuas experiências de actuação num modo investigativo. Eu tinha estado a trabalhar principalmente com homens nos meus grupos até conhecer a pianista Dawn Clement, anos atrás, em Seattle. Ela conectou-se instantaneamente com o tipo de composição e improvisação que eu estava a fazer. Algo simplesmente clicou e eu tenho trabalhado com ela desde então. A música conectou-nos e é fantástico trabalhar com uma outra mulher.*

Alguns achavam que a impregnada misoginia servia-os melhor do que eles poderiam ter pensado primeiramente. Para Debbie Gifford, o encontro com uma constante falta de respeito inspirou-a a formar a sua própria banda. Ela conta a história:

> *A cena do jazz sempre tem sido dominada por homens. Eu descobri que apesar de ter sido formada na área da música (Licenciatura em Educação Musical e Mestrado em Performance) sempre havia algum sujeito na banda, no show, que não me tratava como igual. Eu era desprezada como se eu não fosse um músico, apenas a 'cantora' que não sabia nada de música, só abria a boca pra cantar. Esta atitude era amplamente espalhada e levou-me a criar a minha própria big band e conjuntos mais pequenos. Construí a minha reputação como vocalista e líder de banda respeitando os talentos de outros músicos e tratando-os como gostaria de ser tratada dentro e fora do coreto. Sou um músico profissional e sendo profissional sempre tenho todas as minhas músicas transpostas no meu tom para cada executante, uma set list para a performance e, se necessário, todo o equipamento de som imprescindível.*

Apenas a cantora, realmente!

Reacções a Mulheres de Sucesso

Então, dada a variação em como as mulheres músicas se sentem acerca do tratamento que receberam e as reacções que obtiveram quando elas começaram, será que isto muda no momento em que elas se tornam experientes e, talvez mais revelador, quando elas se tornam mais poderosas no mundo do jazz? Acho que, pelas minhas observações, é verdade que um respeitado músico pode ter uma noite má e ainda assim ser respeitado—eles têm história, a audiência conhece a música deles e do que eles são capazes. Para um recém-chegado, uma noite má é mais arriscada e pode matar uma carreira antes mesmo desta começar. Eu interroguei-me se isto era verdade transversalmente. Tem alguma das mulheres nesta conversa experienciado uma mudança na forma como foram tratadas e olhadas depois de alcançar o seu sucesso?

Rubi Turner diz:

> *A atitude das pessoas pode mudar quando tu obténs algum sucesso. Mas tu deves estar ciente de que nem sempre é genuíno. Pode ser pretensioso e superficial, benéfico para quem precisa de estar na tua companhia. A menos que tu permaneças 'no topo do teu jogo', como dizem eles, isto torna-se de curta duração. A fama é temporária, então certifica-te de estares confortável com quem tu és, em ascensão, negociando no meio ou lutando no fundo. Quando o teu sucesso e o chamado poder te abandonarem, é melhor ficares feliz por seres justamente tu.*

Wendy Kirkland acrescenta:

> *Acho que alguns homens sempre reagirão negativamente a mulheres bem-sucedidas/poderosas em qualquer sector; aqueles que têm medo de mudanças ou que construíram as suas próprias carreiras usando o bullying ou que têm sérios problemas com a sua própria autoconfiança. É um bom trabalho, eu sou uma obstinada, franca e por aí fora.*

Beverley Beirne concorda:

> *Sempre há 'algumas' pessoas que se debatem com mulheres de sucesso no jazz, mas talvez seja apenas uma reação humana normal e não uma questão de género. É um negócio competitivo. Eu diria que, no geral, a maioria das pessoas na indústria apoiam-se incrivelmente.*

Patti Boulaye observa:

As pessoas reagem de maneira diferente a qualquer pessoa de sucesso no jazz ou em qualquer outro género. Eu nunca me considero uma mulher poderosa, pois eu estaria a brincar em ser um deus e o orgulho sempre vem antes da queda. Quando se trata de poder, eu só acreditarei que uma pessoa é poderosa se ela puder viver para sempre. Na minha opinião, se elas não podem viver para sempre, então elas não têm nenhum poder.

Beverley Bierne, foto de Goat Noise Photography

O sucesso, sem dúvida, tem os seus benefícios. Pedi a Jane Ira Bloom para compartilhar algumas das suas conquistas que significam muito para ela pessoalmente e ela disse-me:

> Houve muitos destaques para mim—a experiência de ser comissionada pelo programa de arte da NASA, ter um asteróide com o meu nome— embora com uma órbita um tanto excêntrica[3] e ser o homónimo do primeiro festival Bloom em 2009 no Brooklyn apresentando tecnologia de ponta, mulheres, novos artistas da música e tendo o trabalho pioneiro que fiz como um modelo para jovens mulheres líderes.

3   O asteroide em questão é um asteroide 6083 Janeirabloom.

Onde se encaixam os homens?

Muitas mulheres do jazz do passado, que obtiveram sucesso, tiveram atrás de si homens que as apoiaram. Alice Coltrane teve John; *The Sweethearts* tiveram Laurence Jones e Maurice King; Betty Carter teve Ray Davis e Dizzy Gillespie; Sarah Vaughan teve Billy Eckstine e Dizzy Gillespie; e Melba Liston teve Dizzy Gillespie e Randy Weston. Portanto, embora o talento delas fosse prodigioso, a sua ascensão à fama foi ajudada por homens influentes que as defenderam.

Também é importante reconhecer que alguns homens estão muito à frente do campo, viram os sinais de mudança anos atrás e apoiaram as mulheres no jazz. Há espaço para mencionar apenas três aqui, embora haja muitos mais que sentem que a igualdade não deve ser um futuro tão distante quanto às vezes parece. Como escritora, raramente me senti menos respeitada por ser mulher. Tive pessoas que mudaram a sua linguagem e abordagem em e-mails e postagens em redes sociais quando perceberam que eu não sou um homem (Sammy é um nome unissexual), mas, geralmente, nunca senti homens posicionando-se contra, por eu ser mulher. Outros escritores, por outro lado, têm sido protectores, aconselhando-me sobre as atitudes que posso encontrar ao entrevistar esta ou aquela pessoa, mas acho que geralmente, se você for honesto com o entrevistado ou músico cujo trabalho você está a revisar, o género nunca é um problema.—eles estão, é claro, obtendo exposição com isso, então quantificar isto é difícil.

33 Jazz Records é uma editora discográfica do Reino Unido que viu o desequilíbrio entre artistas masculinos e femininos, já em 1989, e decidiu fazer algo para corrigir isso. Paul Jolly, o produtor executivo da *label*, explica:

> Durante a última parte da década de 1980, após dez anos do 33 Jazz Club, foi decidido que o Luton Community Arts Trust deveria formar um braço comercial para cuidar do desenvolvimento comercial do clube e do 33 Arts Center. Dentro do briefing da nova empresa, a 33 RPM,

decidiu-se desenvolver uma editora discográfica para potencializar a programação. Em 1989-1990, a 33 RPM lançou os seus primeiros álbuns, apresentando as cantoras de soul Sister Rose e Cuttie Williams. Seguiram-se os primeiros lançamentos de jazz, incluindo trabalhos de Sketch e os grupos de guitarra do New Noakes Quartet e dos Kimbara Brothers. Sublinhando a filosofia da editora e tendo por base a programação do clube, era fundamental que a editora se focasse em levar o trabalho de cantoras e vocalistas a um público mais alargado. O quinto lançamento da gravadora contou com a participação da cantora Tina May, que deu origem a uma parceria criativa que já dura quase há 30 anos e envolveu dezassete lançamentos de uma cantora que muitos consideram a principal vocalista de jazz da Europa. Era óbvio, naquela época, que muitas artistas femininas de jazz estavam sendo ignoradas pelas gravadoras e clubes dominados pelos homens, então a '33' enveredou por trazer equilíbrio para a label lançando os primeiros álbuns de artistas como a pianista Andrea Vicari, as saxofonistas Clare Hurst e Karen Sharp, as cantoras Estelle Kotot, Maggie Nicols, Jamila Gorna, Louise Gibbs e Anita Wardell. À medida que a label crescia, a '33' manteve a sua devoção às artistas femininas de jazz, tanto do Reino Unido quanto internacionalmente, lançando álbuns das vocalistas americanas Deborah Brown, Leslie Paula, Shaynee Rainbolt e Joan Viskant, da pianista italiana Aisha HR, dois álbuns da baixista italiana Silvia Bolognesi (agora a trabalhar com o Art Ensemble of Chicago). Outras artistas do Reino Unido lançadas com a '33' incluem as saxofonistas Alison Neale e Charlotte Glasson, a pianista Kate Williams e as vocalistas Kaz Simmons, Nia Lynn, Clare Foster, Diane Nalini, Jacqui Hicks, Julie Dunn, Joanna Eden e Karen Lane. Os lançamentos fora do jazz também apresentaram artistas femininas—a baixista Daphna Sadeh, a pianista japonesa Taeko Kinishima, a artista polaca Aleksandra Kwasniewska e a poetisa britânica Paula Rae Gibson.

Posso garantir a veracidade do apoio da 33 às artistas femininas, que se estende às redes sociais e *shows* que envolvem a colaboração de muitos artistas femininos. Paul Jolly é um defensor das mulheres músicas e apoia-as em grupos e como artistas solo. Ele também apoiou (e tocou em) o meu próprio evento de jazz—*The London Jazz Platform* mencionado anteriormente.

O produtor/teclista e compositor Jason Miles tem produzido muitos renomados artistas femininos e diz:

> Tenho sido sempre um grande apoiador de mulheres que tocam música ou que estão no ramo da música. Se olharmos ao longo da história da música, e especialmente do jazz, veremos que a música realmente teve algumas mulheres incríveis expressando as suas vozes musicais. Não sou alguém que trata uma mulher, com quem esteja a trabalhar, de maneira diferente do que trataria um homem. Tu entras na situação, és julgado pelo teu talento, não pelo teu sexo. Eu nunca disse: 'Ela é uma boa executante, para mulher'. Isto simplesmente não funciona se tu realmente desejas tocar música naquele plano superior. Se tu olhares para a história do jazz poderás ver onde as mulheres foram apresentadas pela primeira vez como vocalistas, como Ella (Fitzgerald), Sarah (Vaughan), Carmen McRae, Billy Holiday. Com o passar do tempo, nós fomos apresentados a mulheres que podiam dar-se bem com qualquer homem, como a baixista/guitarrista Carol Kaye, a qual tocou em tantos sucessos com o Wrecking Crew, as pianistas Marian McPartland e Barbara Carrol, e agora uma formação de algumas senhoras muito importantes como Terri Lyne Carrington, Tia Fuller, Allison Miller e uma nova geração mais jovem como Hailey Niswanger e Linda May. Não se trata de ser homem ou mulher, mas sim de dedicação ao seu ofício.

> No momento, nós precisamos de mais engenheiras de gravação e produtoras para romper com o domínio masculino do ofício. Isso virá, mas tem levado muito tempo. A diversidade sempre trouxe grande criatividade. As mulheres trazem uma perspectiva diferente e bem-vinda para a música. Tivemos grandes cantoras durante décadas. Esta próxima fase traz um círculo completo para líderes de bandas e instrumentistas que podem ficar cara a cara com os homens. É assim que a música deve ser—sempre evoluindo.

Da mesma forma, os organizadores de eventos estão a tornar-se mais conscientes da necessidade de incluir as mulheres, evitando o temido tokenismo que pode acontecer em alguns festivais, onde as mulheres músicas são incluídas por uma questão de correcção política, e logo que a quota é atingida elas são informadas: 'Nós temos mulheres suficientes na lista agora, obrigado'. John Russell organiza os lendários eventos de free jazz *Mopomoso* no *Vortex Jazz Club* de Londres e também co-dirige a editora discográfica *Weekertoft*. Ele disse-me:

> *Sinto que ainda há um longo caminho a percorrer, mas certamente a atmosfera nos concertos é muito menos severa e muito mais acolhedora e sinto que isso se deve, em grande parte, ao aumento do interesse pela música por parte das mulheres, tanto como intérpretes quanto como membros da audiência. No Mopomoso, nós tentamos activamente não discriminar sem que isso pareça tokenístico. Ainda há algum caminho a percorrer, mas em geral é possível garantir que haja algumas mulheres em cada programa e eu estou convencido de que isso influencia como a música é percebida pelo público.*
>
> *Há tantas boas mulheres músicas na cena da improvisação livre, hoje em dia, e as novas parecem aparecer quase diariamente. Acho que isto mostra tanto a força da cena quanto a força dos músicos, criando uma situação em que todos saem a ganhar, em prol da música e dos músicos. Há também mulheres músicas envolvidas na organização de eventos, o que novamente é um sinal muito saudável de uma cena florescente.*

Equidade & Mulheres — O Que Elas Nos Dão.

A igualdade no jazz trará enormes benefícios para a música e para a indústria. Homens e mulheres têm poderosos recursos que são colocados em prática em sociedades bem-sucedidas e não há razão para que isto não se aplique ao jazz. Quando as mulheres são excluídas, o seu talento também é excluído. Tanto Jason Miles quanto John Russell falaram sobre as qualidades, que eles sentem, que as mulheres trazem para os eventos e para o jazz. Mas o que pensam as mulheres?

A cantora, produtora, multi-instrumentista e compositora Arema Arega diz:

> *A força de 'O Feminino', a meu ver, é a tenacidade e a constância, porque*

> *nós estamos a abrir caminho num mundo muitas vezes contaminado pelos estereótipos do que se deve fazer ou ser, enquanto mulher. O papel de produtor musical, por exemplo, é concebido para ser apenas para a figura masculina e já me encontrei em situações em que me chamam de 'cantora', quando tenho sido produtora, arranjadora e compositora de música. Adoro o facto de que cada vez mais mulheres estão a traçar o seu próprio caminho, como vocalistas ou líderes de banda, sem a necessidade de serem apoiadas por figuras patriarcais, adoçando o conteúdo da arte delas, o que pode acabar destruindo a sua essência.*

Wendy Kirkland observa:

> *Vejo mulheres mais jovens do que eu falando o que pensam, sendo confiantes, e penso, 'bom para vós'. Eu não gostaria que tivesse sido assim para mim, pois não era assim que as coisas se passavam naquela época. Sou uma pessoa teimosa e indignada quando penso que a injustiça está a ser cometida, por isso esforço-me. Às vezes isto não me tem ajudado a ganhar amigos, posso dizer-te.*

Jane Ira Bloom diz:

> *O que mais me anima ao ver jovens mulheres entrando no mundo do jazz actualmente é o quão confortáveis elas se sentem consigo mesmas e com as suas capacidades, e como são enquanto mulheres. Elas parecem à vontade consigo mesmas e com o seu status no mundo da música. É assim que deve ser.*

Parece que algumas mulheres, especialmente as das gerações mais recentes, trazem consigo confiança, segurança e uma crença inquestionável no seu direito de estar presente. Muitas delas também estão muito conscientes de que esta geração está a beneficiar-se das bases estabelecidas pelas mulheres que vieram antes delas.

Camille Thurman diz:

> *Sei que as gerações anteriores a mim falaram de experiências mais duras (recontros frontais deixando claro que as mulheres não eram desejadas). Algumas falaram que a cena era muito mais desafiadora de tocar devido às severas interacções com músicos do sexo masculino nas sessões. Quando*

comecei, havia algumas mulheres em cena. Algumas destas mulheres eram respeitadas pelas suas actuações (Tanya Derby, Tia Fuller, Sharal Cassidy, Lauren Sevian). Eu era tímida e hesitante para entrar e apenas tocar numa sessão porque isto era realmente sobre quem tu conhecias. Se tu conhecesses um ou outro músico lá (que fosse respeitado) e fosses vista na companhia deles, e fosses ouvida a tocar com eles, era mais provável que a situação fosse um pouco mais fácil para tocar e mais a teu favor. Eu sempre tentei manter a minha cabeça erguida, não obstante o que eu estivesse a sentir interiormente, e sempre tentei manter uma cara séria/confiante, a todos os momentos em que eu estivesse fora de casa em sessões, como minha armadura. Foi útil ter figuras masculinas como Abraham Burton, Eric McPherson, Charlie Persip e Valery Ponomarev contratando mulheres ou permitindo que elas dividissem o coreto com eles em shows e sessões. Acredito que estas acções ajudaram as pessoas a ver e a compreender que estas mulheres sabiam tocar e eram respeitadas por estes homens (e o público deveria respeitá-las também).

Muitas vezes eu posso ser a única mulher na banda. Não me sinto deslocada agora. Eu apenas tento reivindicar o meu espaço através da minha execução. Quando eu era mais jovem sentia-me deslocada e intimidada (e ficou claro para mim que eu não era bem-vinda). Eu estava muito constrangida sobre ser uma mulher e sobre o que os outros pensariam de mim ou qual seria a maneira 'certa' de me apresentar, etc. Agora que estou mais velha, eu percebo que o valor está no executante, não no que as outras pessoas pensam de ti por causa do teu sexo. Acredito que isto dá uma oportunidade de ver como tu podes colocar-te na situação e criar o teu próprio nicho, não se moldar às expectativas da sociedade. Ver as coisas desta maneira dá-me esperança/confiança para trilhar o meu próprio caminho, do meu jeito, sem pressão.

Mimi Fox acrescenta:

Sinto-me encorajada por todas as jovens que estão a abrir caminho nesta indústria muito competitiva e dominada por homens. A sociedade muda. Espero que fique mais fácil para as mulheres músicas de jazz.

É claro que subjacente a tudo o que foi dito acima está o facto de que o jazz é uma indústria. É preciso vender música, sejam *shows* ao vivo,

CDs, vinis, livros, contratos de rádio ou qualquer que seja o produto. Carmela Rappazzo coloca isto de forma simples quando diz:

> *Acho que a indústria é sobre quem ganha dinheiro, o que vende, o que é comercializável, não importa o género. É um negócio. O que estamos a discutir é o porquê de certas coisas venderem e o porquê de certas pessoas sentirem que ainda não têm permissão para entrar na loja, seja como vendedor ou como comprador. Ainda há muita gente para quem a questão de género é uma coisa real e presente, o que torna difícil tentar colocá-la em termos de negócios.*

Jenny Green acrescenta a isto, quando ela diz brutalmente:

> *Para ser sincera, eu tive problemas nas audições. Embora eu tivesse a voz, era sempre a loira de pernas longas que me ultrapassava, ainda que a minha voz fosse melhor. Sexo vende e nada tem mudado.*

As mulheres estão presentes e a aproveitar para levar o jazz adiante – talvez esperneando e gritando um pouco, mas ainda avançando – em busca da igualdade. No entanto, elas não querem gritar a linha feminista ou ser abertamente agressivas—o jazz não é assim. As mulheres estão a desafiar algumas das atitudes antiquadas. Muitas estão a criar os seus próprios colectivos, fornecendo plataformas para executantes e sendo notadas. Tem havido *shows* com foco feminino, incluindo, em 2018, *workshops* para mulheres no *London Jazz Festival*, e exposições dedicadas a mulheres no jazz como a *Women In Jazz—A Celebration of The Past, Present and Future*, de 2018, no Barbican Centre em Londres – a qual foi lamentavelmente pequena, ocupando apenas uma parede da biblioteca.

Um aparte interessante: se você está procurando livros sobre música jazz na British Library em Londres, estes não ficam na sala de leitura de música. O jazz é encontrado em Humanidades 2—quase escondido ao lado de um armário bastante grande. A secção tem cerca de quatro prateleiras, e das centenas de livros presentes cerca de meia dúzia são sobre instrumentistas e cantoras de jazz.

Estações de rádio como a *Worldwide FM* têm apresentado séries concentradas inteiramente em músicos do sexo feminino, e a estação americana *Jazz Bites Radio* tem tido várias séries dedicadas às mulheres no jazz ao longo dos tempos, com a minha curadoria e a de Anthea Redmond. As atitudes podem ter algum caminho a percorrer mas a velha suposição de que as mulheres nas bandas devem ser vocalistas é refutada em todas as frentes. Tem havido vários festivais onde as mulheres têm sido destaque no cartaz e muitas mulheres são parte da expansão dos limites do jazz através das suas inovadoras e originais demonstrações. Há uma lista cada vez maior de importantes músicos femininos aparecendo—e permanecendo—nos *line-ups* dos eventos de jazz e estamos a caminhar para o dia em que o jazz será música primeiramente, e o género, a origem, a cor ou apolítica, será secundário.

O jazz continua a reflectir essas mudanças que testemunhamos na sociedade em geral. As atitudes em relação ao género estão a mudar, às vezes auxiliadas por vitórias legislativas, mas cada vez mais por atitudes adquiridas de grupos de colegas e pela própria essência da música. Às vezes é difícil encontrar a linha divisória entre um aumento natural de mulheres entrando na indústria do jazz e uma inclusão 'tokenística', criando um potencial para acusações de que as mulheres estão a conseguir vagas simplesmente porque são mulheres e não por mérito. Parece que as pessoas reconhecem que as coisas não são ideais e precisam de mudar em termos de equilíbrio masculino/feminino, mas não têm certeza de como fazer isto da maneira certa.

Wendy Kirkland resume isto talvez quando ela diz:

> *Como há mais mulheres na indústria do jazz, eu espero que as questões em torno das mulheres no jazz se tornem obsoletas.*

Jenny Green acrescenta:

> *É um mundo dominado por homens no Jazz, mas algumas grandes mulheres músicas estão a surgir e não seremos ignoradas. Eu acho que, por haver mais mulheres ganhando prémios no jazz, nós somos uma força a ser reconhecida.*

Ellie Thompson aponta:

> *Acho que a consciência do sexismo dentro da indústria significa que*

> *estão a ser feitos esforços para criar mais oportunidades para as mulheres bem como recursos educacionais, o que está ajudando. Acho que os jovens estão começando a perceber que não precisam de se encaixar na categoria tradicional de um género para ter sucesso, o que também é maravilhoso.*

Ajuda

Há uma série de programas e eventos inovadores que procuram garantir a inclusão de mais mulheres no jazz.

THSH (Town Hall, Symphony Hall) é uma instituição de caridade para as artes, com sede em Birmingham, Reino Unido, que tem um braço específico para incentivar o desenvolvimento de mulheres no jazz. O programa *Women in Jazz* visa apoiar jovens músicas de jazz (16-25) no seu desenvolvimento musical e profissional. É um programa, durante todo o ano, que oferece aos participantes a oportunidade de desenvolver as suas habilidades por meio de *master classes*, *workshops* e oportunidades de *performance* de alto nível. Também inclui sessões de orientação e desenvolvimento profissional com foco em capacidades essenciais de carreira e indústria e, o melhor de tudo, se você mora perto de Birmingham, isto é grátis. A maioria dos eventos solidários acontece em Londres, por isso é inspirador ver eventos como este. Há também o *Women in Jazz Program*, financiado pela *Esmée Fairbairn Foundation* com sede em Londres. Esta fundação oferece subsídios para vários projetos, incluindo projetos musicais e de acção social.

A *Women in Jazz Organization* é um colectivo de músicos profissionais de jazz que se identificam como mulheres ou género não-binário. A *WIJO* trabalha para capacitar os membros e para criar igualdade no Jazz.

Alguns acreditam que um modo é obter legislação para impor a igualdade. Comentários de Faye Patton:

> *Festivais, clubes, promotores, programadores devem ser legalmente obrigados a ter uma representação 50/50 no seus registos em qualquer*

altura, o que significa contratar e recontratar artistas do sexo feminino para que tenhamos uma chance de manter o entusiasmo aos olhos do público. Se os espaços dizem que não conhecem nenhuma artista feminina de jazz, isso é apenas preguiçoso, ignorante e sexista. Eu digo—faça a sua pesquisa.

Os EUA também têm órgãos de apoio regional. A *Seattle Women in Jazz* apresenta concertos com talentosos artistas femininos. A *SWiJ* é fiscalmente patrocinada pela *Shunpike* e é a primeira organização desse tipo a destacar especificamente alguns dos melhores artistas e grupos de jazz de Seattle liderados ou compostos por mulheres. Também conecta-se com a juventude e visa alcançar novas audiências e ajudar aqueles que de outra forma não poderiam vir a um concerto de jazz. A SWiJ realiza concertos ao longo do ano, incluindo o *Jazz Shout*—sempre no mês de Março em reconhecimento ao Women`s History Month.

Women In Jazz—conhecido como *WinJazz* é um projecto internacional para promover o crescimento e a mobilidade de jovens mulheres músicas de jazz na Europa. O projecto foi criado e dirigido pela associação italiana *Mulab*, em parceria com *Collage Arts* no Reino Unido, *Prostor Plus* na Croácia, *Fundacja Arteria* na Polónia e financiado pelo *MIBACT*—o Ministério da Cultura de Itália.

Kim Cypher resume tudo:

> *As mulheres estão definitivamente reivindicando o seu lugar nesta indústria e, com esta crescente aceitação, nascerá uma nova geração de excitantes e talentosas mulheres músicas.*

Agarrando a Oportunidade

TAQUELE MOMENTO EM QUE você firma a sua primeira série de agendamentos, ou lança o seu primeiro álbum, pode mudar a sua vida. Obter a sua primeira publicação significa que há documentação da sua música. É preciso uma certa combinação de tempo, das pessoas certas e do lugar certo, muitas vezes junto com uma dose de dinheiro e, nem é preciso dizer, uma grande quantidade de talento. Para as mulheres, é isto mais difícil?

Algumas mulheres têm encontrado reconhecimento e têm alcançado os maiores elogios que a indústria do jazz pode dar. Conseguir uma oportunidade é a primeira parte e muitas vezes a mais difícil. A pesquisa nas redes sociais fornece uma visão geral de quantos aspirantes a músicos de jazz estão procurando o seu primeiro contrato. Muitas mulheres são profissionais e algumas têm feito o avanço para se tornarem internacionalmente famosas. Para algumas, o caminho tem sido mais fácil do que para outras. Perguntei às mulheres por que escolheram elas o jazz e como conseguiram a sua oportunidade. Muitos dos músicos, com quem conversei, tocam outros géneros além do jazz, mas para um número igual, o jazz tem-se tornado a sua música especializada. Esta era uma área sobre a qual muitas mulheres queriam falar. Elas pareciam ansiosas para compartilhar as suas experiências com outras e ajudá-las nas suas próprias jornadas.

A jornada para obter uma oportunidade no jazz pode seguir vias diferentes. Alguns vão directamente da faculdade para a actuação, promoção, gerenciamento ou outra função; outros abrem caminho para bandas por meio de amigos, tocando juntos, sentando e fazendo *networking* social e musicalmente. Eu tenho testemunhado o surgimento de colaborações quando uma mensagem de rede social sai de uma banda a perguntar se alguém pode aparecer e tocar em determinado evento porque o seu baixista ficou doente ou algo semelhante. Um baixista vê, faz o *show*, encaixa-se bem com a banda e uma nova relação profissional pode desenvolver-se. Nas *jam sessions* no andar de cima do Ronnie Scott's, os músicos encontram-se, tocam juntos e relacionam-se. Espaços como este são vitais para que novas colaborações aconteçam. Nalguns *shows*, os executantes ficarão sentados por um tempo. Eu tenho estado em alguns eventos em que os membros da audiência têm sido convidados a trazer instrumentos e a banda chama-os para tocar um ou dois números. Às vezes coisas maravilhosas acontecem, como quando vi uma tranquila jovem sendo convidada a subir ao palco por uma banda. Depois de um começo pouco confiante, ela respirou fundo, fechou os olhos e mergulhou em total envolvimento com o saxofonista tenor. Ela foi incrível e ficou no palco com a banda durante o resto do *show* enquanto outros músicos iam e vinham. Mais tarde ouvi dizer que a mesma violinista havia sido convidada para uma turné com um conjunto espanhol de jazz cujo baterista estava na plateia naquela noite.

Sempre tenho suspeitado que existem diferentes circuitos no mundo do jazz, cada qual interagindo mas, em grande parte, cada um operando como entidade quase separada. Alguns músicos tocam num circuito local, outros nacionalmente e ainda outros que tocam em todo o mundo. Nos circuitos locais os mesmos nomes brotam nos espaços, talvez com diferentes estrelas visitantes – a nossa localidade tem um certo George Double, um baterista que toca em muitos eventos e como parte de diferentes bandas residentes. Em seguida há o circuito nacional onde as bandas podem fazer turnés durante um verão ou durante um ano com alguns músicos aparecendo em Londres, depois em Exeter, Bath ou Colchester. Nos Estados Unidos há bandas que têm tocado amplamente na América mas nunca vieram para a Europa ou para o Reino Unido, elas permanecem baseadas na América. Depois há o circuito internacional com músicos tocando em todo o mundo. Músicos como Gilad Atzmon, Claire Martin, Barb Jungr, Camille Thurman e outros estão neste circuito. Os músicos podem preferir um circuito ou outro—às vezes convém permanecer local, em diferentes momentos da sua vida. Debbie Gifford confirma a minha suspeitas quando ela explica:

> *A cena do jazz é dividida em artistas locais, regionais e internacionais. Os artistas locais e regionais geralmente agendam as suas próprias apresentações e não têm as mesmas oportunidades que os artistas internacionais têm, os quais são representados por agentes e managers. Eles assumem muitos papéis. Eles não apenas estão no palco mas também têm de lidar com gerenciamento, agendamento, contabilidade, direcção musical, etc. É um trabalho de amor mas extremamente demorado e não deixa muito tempo para o que tu realmente queres fazer, que é trabalhar na tua música e executar.*

Alguns têm outros empregos, até que mergulhem e joguem tudo na sua música, e uns poucos têm sido 'descobertos' mas quase todos os músicos que conheço no jazz têm sido incentivados por outros músicos. Na maioria dos casos existem oportunidades para músicos talentosos, independentemente do género. Um músico necessitado raramente tem o descaramento de ser machista.

Só de ouvir acerca das diferentes vias percorridas pelas mulheres músicas, com quem falei para o livro, é inspirador e mostra as muitas maneiras pelas quais esta jornada pode ser feita.

Faye Patton comenta sobre a sua própria jornada para o jazz:

> *Música é o que eu sempre quis fazer desde a infância. Eu descarrilei quando adolescente e formei-me em teatro. Eu retreinei de uma maneira muito prática e vocacional quando tinha vinte e poucos anos e tirei os meus graus de guitarra, de 1 a 8. Tornei-me professora de música (voz, piano, guitarra). Aluna, depois professora e líder/designer do cursoda Community Music Ltd—uma organização de base para os excluídos*

do mainstream, e cantora num coro de world music. Montar a minha própria banda foi uma evolução natural e eu encontrei-os através dos meus contactos educacionais no leste de Londres. O line-up tem mudado mas trabalho com o mesmo baterista há vinte anos! Os meus companheiros de banda são almas gémeas, amigos e familiares também.

A vocalista, letrista e produtora Georgia Mancio relata:

Comecei há cerca de vinte anos, inicialmente de forma semiprofissional, e dois anos depois tornei-me totalmente profissional. Eu tinha estado a estudar e pretendia fazer carreira no cinema. Eu conhecia alguns grandes músicos do meu emprego, como empregada de mesa, em part-time, no Ronnie Scott's e comecei a fazer alguns gigs. Ironicamente, embora eu não tivesse treino nem experiência, era mais fácil construir sobre isto do que realmente encontrar o meu lugar na indústria cinematográfica. Tive muita sorte de ter orientação e incentivo de músicos generosos que nunca indulgenciaram a minha falta de conhecimento e permitiram que eu aprendesse no emprego. Eu não fazia ideia na época, mas esta abordagem alimentou todos os aspectos da minha carreira. Por um lado, sempre fui autossuficiente—sempre fui o meu próprio empresário, agente, redactor, fotógrafo, gravadora, produtor, designer gráfico e publicitário, mas, por outro lado, isto é tudo acerca da minha conexão com, e respeito por, outros músicos.

Desde os seus dias como empregada de mesa, Georgia tornou-se uma influente mulher música e alguém que move montanhas para fazer a mudança acontecer. As suas sessões *Hangs* apresentam colaborações personalizadas entre músicos estelares, incluindo um grande número de mulheres. O seu evento anual *ReVoice!* é um festival internacional de música vocal realizado no icónico *Pizza Express Jazz Club* no Soho, onde vocalistas tão diversos quanto Gregory Porter, Karin Krog, a própria Georgia, Lianne Carroll e muitos outros têm actuado desde o seu começo em 2010. Georgia está a tornar-se conhecida como uma apoiadora de outros executantes femininos e de uma maneira gentil, mas profunda, Georgia está fazendo a mudança acontecer. Ela está exibindo um grande número de executantes femininos incluindo as pianistas Kate Williams e Nikki Iles, a violoncelista Shirley Smart, a harpista Alina Bzhezhunska e muitas outras. Ao apresentá-las, ela dá-lhes tanta exposição quanto aos homens que também actuam nos eventos dela, incluindo o flautista Gareth Lochrane, o acordeonista Maurizio Minardi, o guitarrista Luis Morais e o baterista Dave Ohm.

A vocalista, radialista, produtora e compositora Emily Saunders diz:

> *Eu cresci numa família intensamente musical, então sentar-se ao piano e escrever canções era um estilo de vida desde que eu era criança. A improvisação era a mesma; se fôssemos fazer uma longa viagem de carro para férias em família, nós acabávamos fazendo uma harmonia de quatro vozes no caminho apenas para passar o tempo. Portanto, improvisação, composição de músicas e composição no jazz, era uma coisa muito natural para mim. O meu álbum de estreia recebeu quatro estrelas na cobertura da imprensa nacional e tocou nas rádios de todo o mundo, coisa que me apanhou de surpresa e eu nunca mais olhei para trás.*

Emily estabeleceu uma carreira como locutora, vocalista e organizadora de eventos. O seu inovador *Jazz Connects* é uma loja gratuita hospedada na *web* onde os artistas podem mostrar a sua música, conectar e colaborar não apenas com outros músicos mas também com agentes, escritores e espaços. Esta plataforma teve um efeito profundo no modo como os músicos e outras pessoas do jazz já se conectam uns com os outros; e permite que as pessoas façam conexões directas sem ter que percorrer vários contactos diferentes para chegar à pessoa certa. É um conceito brilhante.

Joelle Khoury comenta sobre a sua jornada, que foi novamente diferente:

> *O meu início na música, em geral, foi muito difícil, pois eu tinha vindo do Médio Oriente(Líbano) para os Estados Unidos a fim de estudar engenharia. Eu nunca havia estudado música anteriormente e os meus pais não apreciaram a mudança.*

Trish Clowes seguiu um caminho com o qual muitos músicos se identificarão:

> Eu surgi fazendo gigs em Shropshire com pessoas mais velhas do que eu. Eu sempre tenho tocado instrumentos musicais porque tenho sido encorajada pela minha família (incluindo aulas de instrumentos), mas eu era naturalmente como uma ave canora, acho eu. Eu tinha quinze anos quando tocava piano na big band local (um amigo do meu pai comandava-a) e esforçava-me muito para conseguir tocar a música (também tocava piano e saxofone em grupos com os meus colegas na escola). Comecei a fazer gigs de jazz em pequenas bandas como vocalista inicialmente e, à medida que o meu saxofone ia ficando mais forte, eu estabeleci-me em gigs locais e eventualmente comecei a liderar duos ou quartetos. Eu também escrevia as minhas próprias músicas e tocava-as em gigs quando podia. Eu tenho sido introduzida a montes de música fantástica por estes músicos mais velhos e isto tem guiado a minha audição—embora eu também tivesse os meus próprios gostos! Eu amava a música, então trabalhava muito para fazer parte dela, e não tinha nada além do apoio das pessoas ao meu redor, e sim, a maioria destas pessoas eram homens. Não parecia estranho ou difícil pela razão de eu ser mulher. Para ser honesta, tocar jazz parecia uma coisa um pouco estranha de se fazer em Shropshire! Eu sempre quis mudar-me para Londres, então decidi estudar música e fiz um teste para cursos de jazz. Mudei-me para Londres para estudar formalmente em 2003 (aos dezanove anos). Eu adorava estar na faculdade de música e adorava estar cercada por tantas pessoas da minha idade que amavam a música tanto quanto eu – uma experiência nova para mim. Durante toda a minha graduação eu fui a única mulher no curso de jazz (porém, às vezes havia mulheres na pós-graduação). A partir daí foi uma questão de ir gradualmente, pouco a pouco, integrando-me na cena musical de Londres. Em última análise, tu precisas de encontrar a tua própria comunidade de pessoas para teres com quem fazer música.

Às vezes o caminho escolhido pode dar voltas inesperadas. Gail Tasker é uma bem-sucedida representante de relações públicas da *Gearbox Records* em Londres, mas isto não é onde ela originalmente viu a desenrolar-se a sua jornada no jazz. Ela explica:

> *Alguns anos atrás eu comecei um mestrado em performance de jazz. Eu tinha tido aulas de flauta clássica na escola e, depois de concluir a*

> *graduação académica, tive esta ideia de ser músico de jazz. Ir para a faculdade de jazz foi uma experiência interessante; havia um definido clube de rapazes. Eu e uma outra rapariga éramos as únicas instrumentistas de jazz no curso, nessa época. Devido a uma série de razões, incluindo o desequilíbrio de género, não me sentia confortável durante os meus estudos de performance. Ao mesmo tempo, eu estava escrevendo para o London Jazz News e para a revista EZH de Tina Edwards e estava interessada no jazz que acontecia em Londres. Por acaso recebi um telefonema da Gearbox Records (com quem eu tivera uma entrevista anteriormente), acerca de trabalhar para eles. Comecei a trabalhar para eles durante os meus estudos e achei isto libertador. Eu chamaria esta parte de 'smooth run'.*

Sarah Brand teve uma jornada diferente, de novo, e descreve a sua rota para o jazz:

> *Eu tocava trombone quando criança e entrei para o Midland Jazz quando tinha catorze ou quinze anos. Ganhei experiência em diferentes tipos de música e entrei para a Birmingham Schools Big Band— que tocava swing. Na universidade estudei jazz e encontrei o free jazz e a música improvisada. Comecei a fazer gigs e algumas pessoas começaram a querer trabalhar comigo, principalmente Phil Durrant e Veryan Weston. Eu tentei diferentes géneros mas preferi o jazz tanto como executante quanto como compositora. Fui escolhida por pessoas como o guitarrista Billy Jenkins e outros que tornaram a música jazz agradável, e comecei num pequeno clube assim que saí da faculdade.*

Onde o músico mora e a sua situação socioeconómica, também desempenham um papel significativo. Arema Arega é uma cubana que vive em Espanha. A sua rota para o jazz foi diferente, mais uma vez. Ela também é mãe, e para ela isto teve um impacto imenso. Ela comenta:

> *Eu comecei a compor aos catorze anos e aos dezanove decidi ingressar na escola de música. Precisava de ferramentas que me permitissem comunicar as minhas ideias aos músicos, porque eu não me sentia um deles. Em vez disso, eu era uma mensageira contendo melodias desenhadas no ar. Apesar disto, eu só me propus a mostrar o meu trabalho como cantora e compositora quando tive o meu primeiro filho. Isto aprimorou a minha*

visão e deu-lhe dimensão. Foi quase como estender as minhas raízes profundamente dentro de mim. Foi um momento de lutar pelo que eu realmente queria, onde as prioridades mudaram completamente e eu comecei a descobrir o meu caminho.

Arema Arega tem certamente criado o seu próprio caminho. Ela tem feito gravações, vídeos e finalmente lançou um álbum no qual toca uma variedade de instrumentos diferentes. Ouvi falar dela pela primeira vez quando ela me contactou dizendo que gostava do modo como eu escrevia e contou-me sobre o seu projecto de criar um álbum de músicas com sonoridades diferentes. Ela foi muito envolvente e eu respondi dizendo que estaria disposta a ouvir a música dela quando o álbum estivesse completo. No final do ano passado, quase dois anos depois, recebi um CD. Eu adorei a música. Eu analisei o álbum e consegui tempo de antena para a sua música na *Jazz Bites Radio*. Outros perceberam a qualidade da sua música e ela teve a exposição que merecia. Entrementes, ela estava ao rubro no sentido criativo e a sua trilha sonora foi usada num festival de cinema. Arema simplesmente não desistiria e, embora levasse dois anos para o seu álbum original ser feito, ela perseverou e criou algo especial e único.

Na minha experiência, é esta tenacidade que muitas vezes está presente em artistas de sucesso, e uma compreensão da importância da qualidade e atenção aos detalhes que leva a grandes conquistas, independentemente do género.

Para Debbie Gifford, os seus primeiros tempos no jazz foram uma mistura de bons e maus. Ela explica:

> *Foi difícil em muitos aspectos. No início havia muita competição entre os músicos para se conseguir trabalho. Uma das razões foi que, na altura em que comecei a tocar jazz (1999), a época de fazer shows regulares, seis ou sete noites por semana, havia diminuído. A música ao vivo estava a ser substituída por DJs e música pré-gravada. Anteriormente, o esteio para os músicos tinha sido hotéis, restaurantes sofisticados e gigs em clubes, e agora havia muitos bons músicos mas não oportunidades suficientes para se apresentarem. Enquanto novo puto no bairro, os*

> *gigs eram difíceis de se obter, mas felizmente eu estava a ser orientada por dois dos veteranos do jazz de Cleveland, Hank Geer e Dick Meese. Eles não apenas me apresentaram musicalmente ao mundo do jazz mas também a outros grandes músicos. Isto ajudou a abrir portas para muitas oportunidades de actuação local e regional. A minha segunda grande oportunidade foi a de ser escolhida por Patricia Adkins Chiti para actuar em Roma no Donne in Musica Concert Series, que abriu as portas para mim na Europa.*

Ellie Thompson, agora trabalhando como relações-públicas, conta a sua trajectória, passando por alguns empregos um pouco menos glamorosos.

> *Eu estava a lutar para encontrar uma rota. Na verdade, trabalhei num café / loja de discos para tentar aproximar-me, embora acabasse a lavar pratos! Encontrei um curso de aprendizagem sobre Marketing Digital, o qual te habilitava para experiência de trabalho numa empresa de RP no meio musical. Qualifiquei-me para o curso e, após uma mudança de empresa, estabeleci-me na Prescription PR. Conforme salientei à academia que administrava o curso de aprendizagem na época, Marketing Digital e RP não são a mesma coisa! Isto significava que eu não poderia concluir a qualificação para a minha aprendizagem, mas recebi uma oferta de emprego na Prescription PR e foi assim que encontrei o meu caminho para a actividade!*

Às vezes é preciso ser-se uma mulher corajosa para seguir uma carreira no jazz, particularmente quando elas têm um meio perfeitamente respeitável e alternativo de ganhar a vida—e adicionalmente quando o seu parceiro também precisa de se comprometer. Antes de se tornar um músico a tempo inteiro, Kim Cypher teve uma carreira como directora musical numa escola primária, enquanto o seu marido Mike, também músico, administrava filiais de um banco nacional. Tocar nos fins-de-semana e trabalhar duro durante a semana tornou-se a vida deles até que chegaram a um ponto em que ambos decidiram colocar mais na música. Kim explica:

> *Nós ficámos cada vez mais frustrados, querendo seguir os nossos sonhos*

e ambições musicais. Eu queria criar a minha própria música, gravar álbuns, trabalhar com músicos empolgantes e alcançar todo o meu potencial musical. Então um dia, depois de muita consideração, nós tomámos a corajosa decisão de desistir dos nossos empregos diurnos e seguir a música profissionalmente.

Em quatro meses o casal fez exactamente isso e, embora tivessem o apoio da família e dos amigos, a maioria deles considerava-os loucos. Kim achou difícil a vida como músico profissional. Como artista independente, ela tinha de fazer promoções, organizar *shows*, sessões de gravação, administrar as finanças—de facto, tudo ao princípio, e para Mike isto também foi uma mudança de direcção. Kim diz:

> Por fim, fazer parte disto trouxe um sentimento de pertença. Nós estávamos onde deveríamos estar e outros músicos vão identificar-se com isso. Para nós, a ideia de trabalhar agora de segunda a sexta, das 9h às 17h, no mesmo lugar, com as mesmas pessoas, seria simplesmente estranha. Começar na indústria do jazz foi muito difícil. Se tu queres bons shows, precisas de provar o teu valor. Portanto, foi uma jornada definitiva subindo na hierarquia e provando a mim mesma como música e compositora. A dificuldade com isto é que tu precisas de construir a 'evidência' do teu comprovado histórico e os espaços/agentes esperam ver vídeos profissionais e ouvir a tua música gravada profissionalmente. Eles precisam de seleccionar a ti entre toda a concorrência. Isto leva tempo e dinheiro.

Debbie Gifford acrescenta:

> Eu acho que é muito difícil neste momento para um músico em qualquer género musical obter o seu provento apenas com performances—especialmente jazz. Se eles também estiverem dispostos a combinar a actuação com outros campos musicais, como composição, escrita de letras, ensino ou arranjos, eles podem ter uma melhor oportunidade de ganhar a vida como músicos a tempo inteiro.

Mimi Fox diz:

> Eu sinto que é difícil para as jovens mulheres, em particular, entrar no jazz por causa das restrições sociais. As mulheres enfrentam o mesmo

> desafio de circunstâncias opressivas que outras mulheres enfrentam em muitos campos. No entanto, estou animada com todas as jovens mulheres que estão abrindo caminho nesta indústria muito competitiva e dominada por homens. A sociedade muda. Espero que fique mais fácil para as mulheres músicas de jazz.

Joelle Khoury ecoa parte deste sentimento quando diz:

> Não é muito difícil se tu quiseres tocar padrões em pubs. É extremamente difícil, pelo menos aqui onde eu moro, fazer algo novo porque, número um – as pessoas não aceitam mudanças facilmente, e dois – os músicos preferem fazer shows fáceis e serem pagos por eles, ao invés de ensaios longos e complicados.

Georgia Mancio acrescenta:

> Eu acho que é sempre difícil – em qualquer estágio – ganhar a vida a partir desta música. As artes em geral ainda são subvalorizadas e subfinanciadas e a música está a tornar-se cada vez mais descartável. A grande vocalista de jazz Sheila Jordan disse-me que acredita que trabalha-se mais quando é muito jovem ou muito velha e certamente há uma verdade nisto. De certa forma, o primeiro álbum, a primeira turné e a primeira afirmação, de um artista são mais atraentes do que o segundo, quinto, décimo, etc., mas isto é uma abordagem míope porque a sustentabilidade é a verdadeira chave para o desenvolvimento profissional.

Algumas mulheres empreendedoras têm a sorte de ver os seus projectos e experimentos de jazz darem frutos. A *Jazz Bites Radio* tem sido um sucesso porque os co-proprietários aventureiros colocam o seu coração e alma na música jazz e na promoção de artistas sem contrato e pouco expostos, enquanto ao mesmo tempo tentam manter um nível de qualidade. De um pequeno *podcast*, a estação cresceu para três canais, cada um transmitindo diferentes géneros de jazz. O público também cresceu com o tempo. A *Jazz Bites Radio* também possui o *Jazz Repository*—uma colecção de mais de 59.000 faixas de jazz, raras e antigas, legadas aos fundadores das estações por um coleccionador particular. Tive a sorte de ter sido convidada para fazer a curadoria das colecções—algo que é uma tarefa contínua. A *Jazz Bites Radio* atinge agora mais de 500.000 ouvintes em todo o mundo, como me disse Anthea Redmond, co-proprietária da estação:

> *Depois de uma vida inteira a trabalhar em Relações Públicas e Mídia no Reino Unido, mudei-me para os Estados Unidos em 2011, casei-me com o sujeito mais fofo do mundo e comecei a usar as minhas habilidades para promover artistas de jazz, shows, álbuns e festivais de jazz gratuitamente via meu alter-ego @Jazzigator no Twitter. Num curto período de tempo, o serviço que eu estava a oferecer, acumulou milhares de seguidores juntamente com vários pedidos de músicos independentes, pedindo-me para ouvir as suas faixas e ajudar com alguns conselhos sobre como eles poderiam ter as suas músicas a tocar na rádio. Isto levou a um experimento e à criação do The JazzBites Show—um bate-papo e programa de música na forma de um podcast onde eu perguntava aos artistas acerca das suas influências, inspirações, e para abertamente comportar as almas deles acerca da sua jornada e experiência individual no mundo da música. O programa foi um sucesso instantâneo e, doze meses depois, o passo seguinte parecia o caminho natural a seguir: criar um meio de difusão com o maior alcance possível: um meio sem barreiras, onde o elitismo e a fama não estivessem condicionados à aceitação; uma plataforma de rádio internacional onde artistas independentes podiam ser ouvidos ao lado dos seus colegas mais famosos. Por fim, nasceu a Rádio JazzBites. Tem sido um passeio muito alegre. Amamos o que fazemos e mais de meio milhão de ouvintes não podem estar errados.*

Porquê Jazz?

Muitas das mulheres com quem conversei podem ser bem-sucedidas em qualquer género musical, mas elas falam com uma profunda paixão acerca do jazz e ganham vida quando o tocam ou falam sobre ele. Elas fizeram do jazz o seu género preferido e eu interrogo-me o que as levou a isso.

Georgia Mancio comenta:

> *Enquanto eu ia crescendo, os meus pais ouviam quase exclusivamente*

música clássica até que um dia o meu pai trouxe para casa alguns discos de jazz. Um deles foi o clássico de Frank Sinatra/Nelson Riddle 'Only the Lonely' e as outras extensas compilações de vocalistas e instrumentistas líderes. Acho que a combinação da narrativa e da sensação ressoou profunda e instantaneamente. O jazz parece ser a mais pura expressão do ser e eu amo a liberdade e a individualidade. O reportório é extremamente importante para mim e ser capaz de escolher e moldar o meu à medida que me desenvolvo como cantora e ser humano significa que a arte e a vida coexistem simbioticamente.

Comentários de Wendy Kirkland:

Às vezes toco outros géneros mas o meu primeiro amor é o jazz. Como pianista, eu sou fascinada pelos sons sofisticados dos acordes, pela vasta variedade de sentimentos, às vezes agradáveis, às vezes tristes, às vezes animados e às vezes francamente estridentes! Acho que nenhum outro estilo de música é tão amplo, e provavelmente é por isso que nunca fiquei entediada com ele.

Joelly Khoury explica a sua experiência:

Eu apenas gosto de música que representa quem eu sou precisamente agora, e uso todos os meios que possuo para criá-la. Sou principalmente uma compositora. Gosto tanto de música clássica contemporânea quanto de jazz e música electrónica.

Tina May explica a atracção magnética do jazz para ela:

A minha carreira no jazz começou em Paris em 1983 quando eu era uma estudante aprendendo para o meu BA (Hons) em Francês. O meu pai tinha sido contra o facto de eu estudar música, então decidi estudar Francês (mas passava mais tempo no departamento de música e teatro). Eu amava Paris e numa semana estava 'fixada' e fazendo música com músicos da cena parisiense. Considerava todos muito simpáticos. Claro, eu falava Francês, o que tornava tudo mais fácil. Eu também conhecia o reportório porque tinha ouvido a colecção de discos dos meus pais durante toda a minha vida (Ellington, Basie, Ella, Sarah, Sinatra, Waller, a lista é abrangente). Eu conhecia as minhas chaves e podia fazer parte da banda, então eu já era útil. Encontrei-me a cantar com o grande Kenny

Clark na Roger Guerin Big Band, entre outros.

Em Paris conheci jovens músicos que se têm tornado colegas ao longo da vida—incluindo o pianista de jazz Patrick Villanueva e o saxofonista tenor Pascal Gaubert, com quem gravei ao vivo no Club Lionel Hampton, anos depois. Sempre achei o jazz bastante igualitário. Eu sei que os vocalistas são sempre um caso um pouco especial (eu poderia sentir-me diferente se eu fosse uma saxofonista) mas se tu 'conhecias o teu material' serias aceite. Eu acho que isto é geralmente o caso e os músicos geralmente apoiam os 'novos recrutas'. Certamente em Paris este é o caso—até hoje. Não havia tantos instrumentistas femininos naquela época em Paris (meados dos anos 80), excepto Rhoda Scott. Isto tem mudado. Agora existem muitos músicos femininos de jazz, de todos os instrumentos, em Paris e noutros lugares. Fui para Londres depois da universidade, após cumprir os meus contratos como actriz em algumas produções itinerantes. Eu senti muita falta do jazz.

Tive a sorte de conhecer alguns grandes músicos quase imediatamente. O clube 606 e o Ronnie Scott`s tornaram-se os meus locais favoritos, frequentando regularmente. Nunca tenho sentido nada além de vivacidade num clube de jazz—em qualquer lugar do mundo. Na minha experiência, uma mulher pode sentir-se à vontade e conversar com pessoas que compartilham o mesmo entusiasmo pela música sem medo de ser assediada.

No entanto, houve alguns momentos estranhos (profissionalmente). Lembro-me da minha primeira sessão de transmissão, da BBC Big Band, de três músicas. Assim que entrei no estúdio o baterista começou a tocar o ritmo 'stripper' no bombo. Achei que era um teste—para ver se eu tinha senso de humor principalmente. Então eu caminhei até ao microfone com 'um pouco de movimento' e fiz uma cara engraçada. Todos nos rimos e nunca mais aconteceu.

A maioria dos músicos de jazz mais velhos eram bastante amáveis e 'avunculares' comigo. Ray Bryant, Bobby Watson, Dany Doriz (o Lionel Hampton 'Français'), Don Sickler, Humphrey Lyttelton, Ronnie Scott—sempre foram muito gentis em relação a mim.

A vocalista Barb Jungr diz:

> Eu tenho executado vários tipos de música, mas a minha inclinação é para algum nível de improvisação harmónica e também rítmica em torno da melodia, junto com as palavras. Consequentemente há um forte elemento de jazz no meu trabalho e, na maior parte do tempo, canto com músicos de jazz no Reino Unido e nos Estados Unidos. Eles também tocam em vários géneros. O jazz permite o impulso criativo como parte da forma e isso é excitante e também torna a experiência da música ao vivo uma coisa linda. Eu estava conversando outro dia com Simon Wallace (compositor e pianista britânico) sobre como, antigamente, tu irias assistir a uma actuação no Ronnie Scott`s na noite em que eles começassem a sua temporada, de três semanas, e estivessem crus e ávidos por ideias. Então tu verias a mesma banda uma semana depois, após eles terem tocado juntos oito sets, ou mais, e eles estariam navegando e flutuando, e então tu irias na última noite e eles se odiariam ou estariam ao rubro. A música cresceu e evoluiu ao ser tocada através das interacções musicais dos músicos, os quais podem ter-se reunido pela primeira vez para a jornada.

Mimi Fox fala da liberdade oferecida pelo jazz quando acrescenta:

> Eu adoro e tenho tocado muitos estilos de música e continuo a fazê-lo. No entanto, o jazz dá-me mais liberdade e é a música mais desafiadora/estimulante que eu toco.

Jenny Green fica quase surpresa quando pergunto: 'Porquê jazz?'

> Porquê Jazz? Acho que adoro a liberdade de expressão e de improvisar numa harmonia. É emocionante quando tu estás a cantar com uma banda ao vivo—algo que tu simplesmente não consegues cantar com uma faixa de apoio (não me faças falar sobre isso!). O meu reportório reflecte os anos em que tenho tocado nos vários géneros musicais. É importante cantar melodias que as pessoas reconheçam, para atraí-las. Portanto, cantar músicas pop de maneira jazzística é bom. Se eu estou a cantar em eventos, eu ofereço todos os tipos de música porque, com anos de experiência, sou capaz de fazer isso; de leves músicas country a swing jazz, baladas, rock and roll, para regressar ao ponto em que comecei no início dos anos 80 com os hinos dos Abba. Foi um tocador de banjo no meu clube de jazz local, onde eu trabalhava como empregada de mesa,

que primeiramente me disse: 'aprende as músicas de Billy Holiday e depois sobe ao palco e canta algumas'. Então foi isso que comecei a fazer enquanto ia conhecendo alguns fabulosos músicos de jazz.

Jenny é agora também uma locutora, coapresentando um programa semanal de jazz na 107 Meridian FM Radio. Perguntei por que razão começou ela a transmitir e por que razão se especializou em jazz. Ela respondeu:

> A ideia de apresentar um show de jazz surgiu do meu desejo de ouvir e de aprender mais sobre o jazz instrumental, não apenas para me educar mas também para educar outros. Sempre me foi dito, de gente em geral, 'eu não gosto de jazz', mas há uma grande variedade no jazz. Nem tudo é be-bop! Jazz é um caldeirão, acho eu. Do ponto de vista da rádio, o nosso show de jazz 'Jen and Sooz Jazz Mix Up' (Meridian FM) reflecte isto, desde jazz-soul/blues, passando por big band, até às novidades que surgem com todo o hip hop clássico e jazz experimental.

A co-apresentadora de Jenny é Susie Homes, da *Red Carpet Entertainment*, e enquanto o programa é transmitido, Susie gerencia as plataformas de mídia, adicionando links, vídeos e outras informações sobre os artistas apresentados no programa, o que serve para vincular as listas de reprodução do programa à mídia—outra ideia inovadora .

Indira May é jovem mas é uma estrela em ascensão no mundo do jazz. Ela explica o que a atraiu para esta música:

> O jazz é muito emocional, especialmente o jazz instrumental. Tu podes ouvir a emoção nos instrumentos – instrumentos de sopro, piano. Alguém fará um solo e este vai do forte ao calmo e ao staccato – isto leva-te numa viagem. Por vezes, quando ouço rock pesaroso, este pode parecer um pouco monótono e unidimensional, mas quando ouço jazz e me sinto triste ou melancólica, este ainda me faz sentir bem de alguma maneira. É mais complexo e acho que reflecte a emoção humana com mais precisão. Porque, quando tu estás a sentir tristeza, não é apenas uma emoção—e o jazz captura isso. O jazz é também muito inclusivo. O que eu amo em artistas mais novos como Ezra Collective, Moses Boyd ou a saxofonista Nubia Garcia, além da energia, é que tu podes ouvir

as diferentes referências culturais nas suas músicas. Tal como o material afro-matizado, Ezra Collective tem a sua música do tipo reggae. É bom ter diferentes perspectivas assim. É divertido mergulhar no mundo de outrem.

Sobre as suas descobertas no jazz, Debbie Gifford comenta:

> Eu tinha feito teatro musical durante muitos anos, começando aos quatro anos. Depois de me formar em Educação Musical, eu fiz um mestrado em interpretação clássica e só cantava ópera. Uma noite, alguém me convidou para sentar e fazer um padrão de jazz e eu fiquei viciada. Eu amo a liberdade do jazz, de estar fora da caixa. As minhas apresentações também são polvilhadas com música pop mas com um arranjo de jazz. Dez anos atrás, eu tive a sorte de conhecer um pianista de jazz local, John Trzcinski, o qual escreve os meus arranjos que cruzam géneros. Isto dá às nossas performances uma singularidade especial. Eu uso o talento que me foi dado como cantora de ópera e misturo com jazz e o resultado tem sido muito bem recebido graças a estes óptimos arranjos.

Às vezes o destino dá uma mãozinha. Emily Saunders, conta a sua história:

> Inicialmente consegui uma bolsa de estudos para a faculdade de música como clarinetista clássico, mas magoei a minha mão. Esta foi uma reviravolta maravilhosa do destino e foi estranhamente a melhor coisa que me aconteceu; deu-me espaço e tempo para voltar aos meus primeiros amores: cantar, escrever canções, compor e improvisar música. Voltei a estudar, fazendo um Masters in Jazz Voice no Trinity Laban Conservatoire e a partir daí a minha carreira como cantora, cantautora e compositora de jazz, descolou. Cresci ouvindo obsessivamente os grandes nomes do jazz, e eles sempre estarão no meu coração, mas o que eu crio é o meu próprio som dentro deste género. Para mim, o jazz é um processo e um ambiente que te dá a liberdade de expressares o que tu queres dizer, da maneira que tu desejas. É um caldeirão da tua voz musical, ambiente musical, ambiente social—envolto em tantos processos criativos fundamentalmente importantes. Crescendo em Brixton, numa família musical, eu estava cercada por variados géneros fantásticos, como ainda estou hoje. Todas estas influências musicais

evoluem continuamente na vida de uma pessoa. Tu podes absorvê-las e desenvolvê-las para criar o teu próprio som. É uma combinação de consciente e inconsciente interiorização, reflexão e criação, e isso é o que se tem reunido para criar o meu som actualmente.

Gail Tasker acrescenta:

Escolhi fazer PR no jazz, unicamente porque gosto da música. Eu não acho que poderia fazê-lo em muitas outras indústrias. Embora eu geralmente não veja o PR como um cargo gratificante, tentar fazer com que as pessoas ouçam e falem sobre bom jazz é gratificante. A melhor parte do meu trabalho é conversar com os fãs e os apaixonados pelo género.

Amanda Bloom diz:

Sempre tenho apreciado a autenticidade do jazz, pois está em constante evolução e a música é altamente individualística. Os músicos de jazz esforçam-se para criar o seu próprio som e estilo e não apenas se esforçam, mas ultrapassam os limites da música e da improvisação. Por estas e outras razões, eu considero o jazz um género realmente recompensador de se promover.

Muitas mulheres falam de jazz sendo tocado em seus lares enquanto cresciam. Isto parece ser verdade de onde quer que elas venham. Indira May diz-nos:

Conheci o jazz pela primeira vez através da minha mãe e do meu pai a ouvirem-no em casa – artistas como Herbie Hancock, Miles Davis, Charles Mingus e Ella Fitzgerald. Mas também o meu avô ouvia muito jazz antigo dos anos 30 no seu gira-discos. Lembro-me disso ressoando em mim e eu desfrutava ao ouvi-lo. Quando eu era bem pequena, o meu pai costumava colocar um disco de 78 rpm de Charlie Parker, num gira-discos antigo que ele também tinha, e eu costumava dançar loucamente pela cozinha ao som dele. Então, quando cheguei à adolescência, a internet era um lugar mais próspero, e sites como o YouTube eram realmente importantes porque eu podia pesquisar qualquer coisa e isto levava-me num encalço. Tu encontrarias um artista e ele sugeriria outro. Assim eu costumava vasculhar horas e horas de música jazz. Eu já conhecia Nina Simone, mas descobri pessoas como Peggy Lee, Bessie Smith e Billie Holiday. Naquela época, eu também estava aprendendo na escola acerca do movimento sufragista, e sobre as mulheres não terem uma voz, e percebi que estas canções eram tão importantes para aquelas cantoras de jazz porque expressavam como realmente se sentiam, o que era uma raridade nas décadas de 1940 e 1950. Lembro-me de ouvir 'Strange Fruit' de Billie Holiday e ficar impressionada com esta canção porque era tão verdadeira e havia tanta dor nela. Crescer em Gloucestershire, no interior, não era como estar numa cidade. Havia muito pouca diversidade. De facto, não havia pessoas negras em lugar nenhum – talvez apenas uma rapariga na minha escola. E acho que a música e as lutas, que esses cantores expressavam, ressoaram ainda mais em mim por causa disso – essa falta de diversidade. Porque ninguém, que eu conhecesse, gostava desse tipo de música—'música antiga'. Eu não conhecia ninguém que fosse apaixonado por jazz. As pessoas apenas ouviam o que passava na rádio.

A vocalista Claire Martin diz:

Adoro improvisar e com jazz tu podes tornar cada noite diferente, o que é muito excitante. Eu improviso principalmente com fraseado e letras, e não com refrão após refrão de canto scat, coisa que eu realmente gostaria de fazer mas infelizmente sou péssima nisso. Eu só tenho cantado jazz, há mais de trinta anos, pois é o único estilo de canto que quero fazer. Eu gosto de harmonia rica e complexa, swing e baladas profundas. Eu amo jazz!

Indira May acrescenta mais:

Os professores da minha escola tinham formação clássica, e nós cantávamos muitos hinos ou velhas canções folk. E eu adoro folk, mas não foi assim até eu ter comprado um livro de canções de Corinne Bailey Rae e justamente ter cantado o livro inteiro, de trás para frente, com a minha professora de canto, Kate. Foi esta a mudança. Então, um professor mais jovem chamado Jack Mizzi entrou em cena na minha escola, e ele realmente gostava de jazz, e realmente impulsionou isso em mim. Ele só fazia padrões de jazz comigo, e escalas de jazz. Foi ele quem me fez experimentar o scatting. Lembro-me de fazer isto pela primeira

> *vez e de me sentir um pouco estúpida, porque está-se a fazer muitos sons estranhos, mas também foi o ponto de simplesmente deixar-se ir. Isso é que é porreiro acerca do canto scat – é improvisar e divertir-se com isso. Jack costumava deixar-me faltar à mesma aula, todas as semanas, para que pudéssemos ter um pouco mais de tempo para cantar. Não é de admirar que os professores de educação física me odiassem!*

Para Alicia Renee, foi através do seu pai. Ela diz:

> *Acho que se poderia dizer (eu passei a amar o jazz) por causa do amor do meu pai pela música, cantando-me canções de embalar de jazz e ele tocando música quando voltava do emprego na General Motors. Cresci estudando ópera, música clássica e cantando gospel na igreja. Ao longo da minha vida eu tenho cantado muitos géneros musicais diferentes, desde gravar com Bill Laswell (Electronica), Easy Mo Bee (produtor de Hip Hop e R&B e incidentalmente o único produtor com quem Miles Davis ganhou um Grammy), Jessica Care Moore (Poetisa Internacional), cantando com as lendas de New Orleans Kermit Ruffins, Shannon Powell (King of Treme), French Music, The Last Poets, Shaquille O Neal (pop e hip hop). Eu canto jazz desde os dois anos de idade, basicamente cantando de volta para o meu pai as músicas que ele costumava cantar para eu dormir. Nat King Cole, Sarah Vaughan, Ella Fitzgerald etc. A minha transição para cantar jazz para o público começou aos 6 anos cantando músicas em peças de teatro, escolas etc. Para mim, era uma coisa natural em oposição a uma coisa da indústria.*

Muitos músicos tocam em vários géneros como Alicia. Patti Boulaye comenta:

> *Tenho tido a grande sorte de tocar em muitos géneros musicais, incluindo pop, musicais de teatro, ópera, rock, blues e padrões, mas o jazz simples e directo assenta-me confortavelmente. A minha primeira performance de jazz ao vivo foi na década de 1980, quando fui seleccionada para 'Blues in The Night'. Então, recentemente, escrevi um one-woman show, 'Billie and Me', apresentando a música de Billie Holiday, Bessie Smith e Alberta Hunter. Eu acho que cantar jazz surge com uma grande tranquilidade. Parece muito natural, muito despreocupado e uma segunda natureza para mim.*

Terri Lyne Carrington é uma baterista de classe mundial, então é natural que ela tenha tocado em todo o panorama musical, mas sobre o jazz ela diz:

> *Toco outros géneros, mas sinto que o jazz faz parte de mim, onde eu me sinto mais em casa. Eu toco funk, rock, mas não é a mesma coisa. Sinto que cresci a tocar jazz (o pai dela foi saxofonista e presidente da Boston Jazz Society) e, de certa forma, é a minha cultura. Adoro folk-rock, R&B, hip-hop e adoro as misturas com o jazz. O jazz, portanto, parece muito fértil, pois muitas pessoas estão a misturar géneros e a fazer música muito interessante.*

Palavras de Sabedoria & Encorajamento

Há muitas pessoas que querem tocar jazz e algumas das mulheres consagradas no jazz queriam dar conselhos sobre a jornada, compartilhar o que aprenderam e dar dicas úteis para quem está a entrar no mundo do jazz. Elas fizeram a jornada, ou estão nela, e querem tornar a estrada mais suave para os que acompanham.

Camille Thurman compartilha as suas experiências:

> *O mais difícil foi desenvolver a confiança e a crença de que eu poderia tocar. Fiquei mais frustrada por não ter mobilidade no meu instrumento e não compreender a harmonia. Eu tinha o pitch perfeito e podia ouvir tudo, mas não conseguia captar esta no meu instrumento para explicar o que era. Foi só quando cheguei ao ensino médio que comecei a compreender a harmonia por detrás das coisas que eu adorava ouvir, e por que razão, e como, elas funcionavam. Uma vez obtida essa compreensão, logo abriu-se-me a porta para amar ainda mais o jazz, dando-me confiança e o desejo de desenvolver uma compreensão mais profunda do meu instrumento.*

Claire Martin tem alguns conselhos honestos:

> *É muito difícil porque não há clubes de jazz suficientes e os locais mais pequenos geralmente não têm orçamento para pagar nem mesmo as taxas da Musician Union. Se tu podes ganhar a vida somente a tocar*

jazz, tu és uma raridade e eu não conheço muitos músicos que não tenham de ensinar, tocar em shows do West End, ou que não tenham outras actividades secundárias, para fazer o seu rendimento. Quando comecei, eu era um rosto novo na cena e nos primeiros anos todos os shows queriam contratar-me. Manter a agenda ocupada é e sempre foi notoriamente difícil para a maioria dos músicos, mas especialmente para os músicos de jazz, pois é uma música especializada.

Alicia Renee, também conhecida como Blue Eyes, diz:

Talvez eu tenha tido sorte, mas para mim nunca foi uma questão financeira ou difícil, cantando em New Orleans, Suíça, França, Itália, Garment, Holanda etc. A compensação financeira sempre foi respeitável para mim. Nunca tive o desejo de ser a mulher mais rica do mundo, apenas confortável em fazer o que amo e isso é o que tem sido para mim.

Ocasionalmente encontra-se músicos recém-formados. Eles têm três anos de experiência tocando num ambiente protegido, em clubes filiados às suas escolas, e tocando para familiares, amigos e, às vezes, para grandes audiências como parte do seu treino. Alguns formam-se com um senso de direito mas logo aprendem que o jazz não funciona assim. A vocalista e escritora internacional Barb Jungr comenta sobre se é fácil para um jovem músico entrar no jazz:

Honestamente, no nosso clima actual, não, mas isso não tem nada a ver com talento. Tem a ver com expectativas.

E isso é verdade. Beverley Beirne expande sobre isso:

Eu diria que pode ser difícil para os recém-chegados. Mesmo os supertalentosos podem achar difícil correr atrás de shows. Desde que o jazz se tornou parte do currículo das universidades em todo o mundo, alguns talentos fenomenais entraram em cena e a realidade é que existem poucos shows e festivais. Além disso, eu diria que a maioria dos músicos e cantores tem outra fonte de rendimento além da actuação; ensinar, escrever ou algo totalmente diferente. Conheço alguns músicos e cantores que se dedicaram à medicina alternativa, aprenderam Reiki, aromaterapia ou tornaram-se instrutores de Pilates para complementar os proventos do jazz. Eu creio que uma famosa cantora de jazz costumava vender as suas compotas caseiras em shows. Portanto, acho que isto não é novidade! Os artistas de jazz precisam pensar um pouco fora da caixa para fazer isto funcionar. Acho que pode ficar muito complicado quando o casamento e os filhos também aparecem.

Gail Tasker diz:

Acho que hoje em dia tu precisas de ter mais do que apenas talento. Tu tens que ser empreendedor, saber lidar com a autopromoção, ter uma boa rede de músicos talentosos com quem tocar, ter possivelmente rendimento de uma outra profissão, tal como professor. Além disso, ter uma presença positiva nas redes sociais tornou-se crucial.

Amanda Bloom acrescenta:

Eu sinto que os recém-chegados enfrentam dificuldades para entrar na cena do jazz. Muitas pessoas assumem que tu precisas de alcançar um alto nível de fama ou riqueza para seres considerada bem-sucedida numa carreira musical. A realidade é que existe um vasto meio de pessoas que têm carreiras musicais sustentáveis, embora possam não ser um nome familiar. Entrar no jazz para ganhar a vida muitas vezes significa ter vários fluxos de rendimento a fim de sustentar-se. O talento é absolutamente vital mas é apenas uma parte da equação. Ser experiente em negócios, acessível com quem se trabalha (de preferência) e criativo na monetização das suas habilidades musicais, contribui para uma chance maior de ganhar a vida com a música enquanto recém-chegado.

Oferecendo conselhos às mulheres que estão a entrar na cena do jazz, Carmela Rappazzo diz que lhes contaria várias coisas:

Cuidem do vosso instrumento ou voz, saibam como manusear o equipamento tanto no estúdio quanto no show. Respeitem-se. É uma maratona, não um sprint.

Jo Harrop acrescenta:

Tenha uma identidade, conte a sua história, acredite em si mesma e encontre a sua própria voz é o meu conselho para uma jovem cantora que está a começar. Celebre as outras mulheres da indústria e trabalhem

> *juntas, ajudem-se umas às outras. Não tome nenhum BS!*

Terri Lyne Carrington tem visto muitas jovens músicas a virem e a irem. O conselho dela é:

> *É uma difícil forma de arte. Tu precisas de vontade de aprender, além de talento e aptidão para o jazz. Tu tens de ser boa. Não, tu tens que ser óptima. O talento natural ajuda mas não é nada fácil. Muitas pessoas estudam jazz mas acabam tocando outros géneros—o que é excelente e faz músicos melhores. A pedagogia do jazz é importante nas instituições musicais, pois fortalece-te em outros géneros.*

Kim Cypher dá este conselho:

> *Não existe um manual a seguir como um guia sobre como fazer as coisas correctamente. Este é um caso de aprender com os erros e pesquisar cada projecto à medida que se avança. Algumas técnicas funcionam para uma pessoa e saem totalmente pela culatra para uma outra. Os shows não virão até ti, tu definitivamente obténs o que colocas nesta indústria. Se tu és boa no que fazes e estás preparada para trabalhar muito (muito) duro e consegues lidar com os contratempos e tens a determinação para ter sucesso, então tu tens uma chance.*

Amanda Bloom dá alguns conselhos simples:

> *Sê genuína e cerca-te de pessoas em quem tu confias e respeitas.*

Gail Tasker expande neste conselho quando acrescenta:

> *Eu diria que, para qualquer jovem música que queira envolver-se na indústria, é sempre útil encontrar um ícone para se observar. Quando eu estava a estudar música, achava que Emily Remer era a rapariga mais fixe de sempre. Ela era a única guitarrista que eu considerava, das que tinham algum status no mundo do jazz, e isso tornava-a um ícone para mim.*

E Georgia Mancio dá este conselho sobre ser realista e prático:

> *As minhas sugestões, para as mulheres (e homens) que vão para o jazz, são adquirir e experimentar o máximo de habilidades que se possa. Sim, todos nós queremos ser apenas artistas e focarmo-nos na música mas*

> *isso não é realista, certamente não no início. Aprendei e fazei tudo, e assim vós tereis um melhor entendimento de (e até vantagem sobre) quem agenda shows, escreve folhetos, faz contas, design gráfico, produz gravações, gerencia turnés, etc. e etc.. E sede sempre profissionais, mesmo que aqueles ao vosso redor não sejam. Eu também diria, denunciai o comportamento inaceitável, não tenhais medo de dar o peito às balas e de fazer parte duma equipa – oferecei solidariedade e apoio onde vós puderdes.*

Barb Jungr acrescenta:

> *Eu acho que é sobre o porquê de tu entrares em qualquer coisa. O melhor é entrar na música querendo fazer música, querendo tocar, cantar, escrever. A outra coisa é glacê. Se tu tiveres sorte, ganharás um modo de vida. A maioria dos músicos faz um outro trabalho ou tem outras cordas para os seus arcos, sem trocadilhos. Eles ensinam, fazem musicoterapia, fazem rádio ou podcasts. São poucos os que ganham a vida apenas tocando. Então eu penso, não entres com o intuito de ganhares a vida como sendo o motivo, entra porque a música te chama. Então sê feliz pela oportunidade de viveres fazendo música. Isto supera todo o resto.*

Wendy Kirkland dá conselhos com base nas suas experiências:

> *A minha sugestão número um é: simplesmente não desistas. Não lhes dês a satisfação de te verem prestar atenção ao preconceito e ao bullying. Pode ser muito difícil, mas tu só precisas de continuar se isto for algo que desejas. Não ligues para as vantagens que algumas pessoas recebem quando tu és discriminada. Apenas continua esforçando-te e não subestimes o tempo que isso levará. 'Nil carborundum illegitimae!' (não deixes que os bastardos te esmaguem).*

Não são apenas os músicos de jazz que precisam de encontrar maneiras de conseguirem uma oportunidade. Emma Acton é fotógrafa e gerente de marketing do *606 Club*, um dos icónicos e prestigiados espaços musicais de Londres. Ela tem um crescente portefólio de músicos e está a abrir caminho no mundo da fotografia de jazz. Algumas das suas fotos de cândidos retratos estão incluídas neste livro. Ela teve de ser engenhosa.

Emma Acton informou-me:

> Eu tive a sorte de aprender com o meu pai, que também é fotógrafo. Devido à minha experiência em marketing, eu pude tomar decisões informadas sobre onde concentrar os meus esforços. Devido à minha falta de carteira profissional, eu procurei oportunidades para mudar isso. Percorri a Eventbrite (uma plataforma de eventos) e entrei em contacto com os organizadores para ver se eles estavam interessados em ter um fotógrafo gratuito no seu evento—com uma condição—se eles usassem as minhas imagens, dar-me-iam crédito, e se ficassem satisfeitos com o trabalho eles comporiam um depoimento que eu poderia usar para autopromoção. (A sua abordagem funcionou e Emma diz): Dois meses depois, eu tinha o meu portefólio e um punhado de depoimentos maravilhosos. Nas duas semanas que se seguiram, eu construí o meu próprio site e ficou pronto para avançar. Desde então tenho trabalhado em diversos eventos, mas o meu papel no Clube 606 tem proporcionado a oportunidade de tirar fotos de músicos maravilhosos.

A vocalista de jazz Beverley Beirne diz:

> Comecei a cantar numa banda de rock e em teatro musical. Como todos sabemos, a maioria dos grandes arautos do Songbook americano vem do teatro musical. No meu último álbum 'Jazz Just Wants To Have Fun' eu baseei-me na música dos anos 80, dos meus tempos de escola, mas o álbum é definitivamente jazz. Sou bastante receptiva quando se trata de género, acho que é muito mais fluido agora e há muito mais material de fusão original que ainda está dentro dos reinos do jazz. Se for uma boa música e ressoar, e se tu quiseres cantá-la ou tocá-la, então eu acho que se deve ir em frente.

Todavia, nem sempre corre perfeitamente. Debbie Gifford contou-me:

> Durante um dos meus primeiros shows em quarteto, como nova cantora e líder de banda na cena do jazz de Cleveland, eu tive a sorte de me apresentar com o pianista de jazz local Larry Meuhling e o baixista Dick Meese. Ambos os músicos maduros tinham toneladas de experiência e agora estavam em idade avançada. O show estava indo bem e eu sentia-me um pouco mais à vontade. Como um bónus adicional, as borboletas no meu estômago tinham-se acalmado. A próxima música

que convoquei foi 'I got a Crush on You' (Gershwin) em Dó maior. Larry tocou uma bela introdução e depois cantei a música inteira. Agora era hora do seu solo de piano e, para minha surpresa, ele estava a tocar 'When I Fall In Love' (Victor Young). Eu não sabia o que fazer, então, depois que ele tocou no meio do solo, eu parei ao lado dele e sussurrei: 'Larry, estou apaixonada por si!' Ele respondeu: 'Eu sei Deb, mas vamos tocar a música primeiro.'

A audiência aparentemente não percebeu quando Larry voltou à música original e Debbie cantou-a.

Joelle Khoury acrescenta sucintamente:

As mulheres devem estar prontas para lutar com um sorriso no rosto.

É difícil para alguns ser o único a expor-se, ser o único a pedir *shows*; mas no começo, isso é exactamente o que a maioria dos músicos deve fazer. O talento definitivamente entra nisso, mas, como Joelle realça mais:

O talento levar-te-á a lugares, desde que as pessoas possam ver o teu talento—as pessoas certas! Portanto, tu também precisas de ter um bom responsável de negócios para te impulsionar e te promover, ou pelo menos para teres uma boa representação. Muitos artistas não se sentem confortáveis com a autopromoção – inclusive eu. É conhecer o modo eficaz de passares pelas portas certas para as pessoas certas e, se tu fores talentosa, isso deve proporcionar-te o sucesso de que precisas. Há muitas pessoas talentosas que não estão onde deveriam estar, e algumas que são menos talentosas mas que estão a fazer isto funcionar para elas! É um equilíbrio entre ser confiante, talentosa e tomar boas decisões. Como uma rapariga, oriunda da classe trabalhadora, a gabar-se do seu talento não é a 'coisa certa', então é difícil para mim dizer: 'Eu sou boa, por favor, dê-me um show', sem me sentir culpada por me autopromover ! Os homens sentem-se assim? Talvez!

Debbie Gifford acrescenta a isto:

Compartilha o teu presente com quem quiser ouvir. Nem todo o mundo precisa de ser uma superestrela—essa não é minha medida de fama ou *sucesso. Se eu actuar e reparar em alguém na plateia a conectar-se com a minha música, isso é o meu sucesso. A tua música é um presente que deve ser dado gratuitamente a qualquer pessoa que queira ouvir—seja no palco ou cantando uma canção de embalar para um bebé—desde que venha do teu coração.*

Quando eu estive a conversar com mulheres antes de começar o livro, Beverley Beirne queria que eu compreendesse a variedade de chapéus diferentes que um músico de jazz tem de usar no seu trabalho. Beverley é uma artista de sucesso e faz *shows* regularmente em todo o Reino Unido e em festivais (ela também dirige o Ilkley Jazz Festival), mas mesmo um músico estabelecido tem que trabalhar duro em diferentes áreas da sua carreira. Beverley enviou-me um exemplo, a partir do seu diário, de um dia de trabalho na vida dum músico de jazz, e é uma leitura salutar para qualquer pessoa interessada em entrar na indústria do jazz—é assim na realidade:

Esta manhã tem sido atarefada, com todos os tipos de coisas. O meu produtor Jason está a mixar o segundo álbum que fizemos juntos 'Dream Dancer' e estamos a trocar e-mails com ideias e sons. Eu também estou envolvida no planeamento da turné Jazz Just Wants to Have Fun, (seu último álbum). Estou a organizar a promoção de 'The Ilkley Suite' (o registo em que eu canto várias músicas que Jamil Shariff escreveu para o 5º ano do Ilkley Jazz Festival) e estou a tentar obter um acordo de distribuição para ele, e também estou de olho no festival do próximo ano; e eu interrogo-me se as mulheres são melhores no malabarismo do que os homens—já que fico um pouco confusa tentando fazer várias coisas ao mesmo tempo! Não é suposto as mulheres serem muito melhores em multitarefas? Mas isto é realmente o que significa ser um cantor/músico profissional de jazz. Isto é o que as pessoas realmente não vêem, e se os homens têm um melhor controlo sobre isto, então estão a guardá-lo para si mesmos.

Hoje pensei nos maravilhosos efeitos da sincronicidade, que sem dúvida tem sido uma grande parte da minha carreira. Jason Miles, meu produtor nestes dois próximos registos, enviou-me ideias para Old Brazil, a canção que Duncan Lamont escreveu, a qual está no álbum, e efectivamente a música principal do adorado programa infantil 'Mr. Benn' da minha própria infância. Duncan escreveu esta, e toda a música de fundo, e é a primeira vez que foi gravada assim com letras como um padrão de jazz. Sendo uma fã do Sr. Benn e da música, eu fiquei emocionada por fazer isso. Mas isto só aconteceu por causa do trabalho com o projecto de Esther Bennett 'The Duncan Lamont Songbook' e Duncan fez brotar isto em mim na noite anterior à gravação (estávamos a realizar outra das suas canções 'Now We're Just Friends', que eu canto no show). Coincidentemente, Duncan fez uma versão big band da música do Sr. Benn e gravou no mesmo estúdio em que eu estava. (esta foi denominada As If By Magic e eu revisei-a em dezembro de 2016). Então, isto teve um toque de destino. Ter Jason a bordo também foi sincrónico, pois estávamos procurando um produtor para este próximo álbum e o meu marido, Mark, viu uma postagem aleatória de Jason acerca de produção, então contactou-o em busca de conselho. De seguida fomos conversando e o resto é história.

Suponho que isto me fez pensar que estar nesta indústria não é uma carreira linear. Tu não tens um guia A-Z. As coisas surgem e vêm até ti, e tu tens de estar pronta para ir em frente. Posso honestamente dizer que sendo eu uma mulher, e uma mulher mais velha, nunca tem sido um factor excepto na minha própria cabeça e ocasionalmente nos meus próprios medos pessoais. Na realidade, eu diria que tanto os homens quanto as mulheres têm-me admirado e têm aceitado o facto de que sou uma mulher mais velha e, na verdade, eu gosto bastante do que isso traz para a mesa. As mulheres trazem 'algo mais'—mulheres de todas as idades, talentos e habilidades. E não é isso óptimo!?

Passando adiante

Por vezes, uma mulher de sucesso pode capacitar outras pessoas. Muitas das mulheres neste livro têm usado as suas posições para empoderar outras pessoas, especialmente mulheres, que muitas vezes precisam de apoio. Jane Bunnett encontrou-se em Cuba e decidiu ajudar mulheres cubanas, músicas de jazz. Ela formou o conjunto *Maqueque* (que significa 'a energia do espírito de uma jovem') e o álbum que gravou com eles em 2014 ganhou o Juno Award para melhor Álbum de Jazz do Ano—Grupo. Até então, músicos desconhecidos como a baterista Yissy Garcia, a pianista Danae Olano, a percussionista (batá/conga) Magdelys Savigne, a violinista Elizabeth Rodriguez e a baixista Celia Jimenez não tinham ninguém como patrono – até que Jane Bunnett apareceu. Yissy Garcia tem sido membro da banda *Bandancha* e tem participado em vários projectos expandindo conhecimento da música cubana. Danae Olano tem ganhado muitos prémios e tem tocado em festivais e em grandes eventos. Magdelys Savigne faz parte do *Rhythm Express* de Bill King. Elizabeth Rodriguez mudou-se para o Canadá e tem uma carreira de sucesso ensinando e tocando. Muitos dos outros músicos que têm entrado na órbita de influência de *Maqueque* têm desfrutado de sucesso e reconhecimento. Jane explica:

> *Com o meu parceiro, nós sonhámos com situações musicais que nos eram musicalmente emocionantes e depois realizámo-las com um nível de sucesso muito bom... Quando descobrimos a cena musical cubana em 1982, o nosso curso musical mudou um pouco. Sempre fui atraída pelo 'Latin Tinge', como eles chamam, mesmo quando eu tocava música clássica. O som aberto do Afro jazz de Coltrane e Pharaoh Sanders foram extensões do jazz moderno com um novo som aberto. Eu ouvi isso na música cubana também, é claro, porque eles estão conectados. durante muitos anos continuei a visitar Cuba misturando esta coisa afro-cubana com jazz e depois isto começou a influenciar o meu estilo de escrita. Esta era agora a música que parecia atrair o interesse das pessoas, ainda que poucas pessoas estivessem a fazer isso. Nós fizemos a nossa primeira gravação cubana em 1992, mas eu já tinha 3 gravações lançadas, embora de natureza totalmente diferente, 'In Due Time' com Don Pullen e Dewy Redman, 'NY Duets' com Don Pullen e 'Live at Sweet Basil's, NY' com Billy Hart e Don Pullen.*
>
> *Durante muitos anos nós alternávamos. Mais gravações de jazz directo com os nossos projectos cubanos. Ainda me vejo como uma artista de jazz e é isso que amo mais do que tudo. Sendo do Canadá, eu pude aproveitar ao máximo o bom relacionamento que os nossos dois países têm. No final, é isto que nos tem levado a percorrer Cuba para trabalhar, gravar e*

colaborar com diferentes artistas cubanos em várias regiões e fazer dois filmes documentários.

Em Cuba tenho sido sempre a única mulher artista entre a maioria dos homens. O meu marido, Larry, decidiu começar um conjunto só de mulheres, pois nunca as víamos a tocar lá, apesar de elas terem um excelente treino. Gravámos dois CDs. O primeiro, 'Maqueque' recebeu um Juno Award em 2015 e o nosso segundo recebeu uma nomeação nos Grammy Awards 2018. Agora estamos a trabalhar no nosso terceiro CD. Mais uma vez é isto que tem chamado a atenção das pessoas. São todas jovens instrumentistas que também cantam e compõe. Mesmo que a turné seja difícil com as restrições de viagem para os cubanos, nós conseguimos seguir em frente. O grupo foi nomeado um dos 10 melhores grupos do ano pela revista Downbeat e espero que o céu seja o limite. Tentamos manter o nosso som altamente original e desta forma não podemos ser comparados a ninguém.

Temos ouvido conselhos sobre diferentes partes da jornada de muitas mulheres do jazz. Como revisora e escritora, eu gostaria de oferecer este conselho: para que a sua música seja ouvida, você precisa de exposição. Faça o trabalho de casa. Mire os críticos certos lendo as avaliações anteriores. Certifique-se de que a música é absolutamente de primeira qualidade. Além disso, seja honesto e aberto sobre o que o motiva. Recebo muitas mensagens de pessoas querendo que eu analise o seu material. A linguagem usada geralmente determinará se eu abrirei a correspondência em primeiro lugar. Uma linha de assunto num e-mail como 'você precisa de ouvir este' é um desligamento. O mesmo vale para um músico dizendo-me onde colocar uma crítica. O importante é abordar um crítico educadamente e perguntar se ele consideraria ouvir e analisar a música. As resenhas on-line geralmente não são pagas para evitar preconceitos (e muitos escritores profissionais acham que os sites de resenhas da Internet oferecem a liberdade de escrever sobre a música que escolherem em seu próprio estilo). Uma revisão leva tempo e um bom revisor ouve atentamente e dá a sua opinião. Portanto, seja educado, respeitador e receptivo. Se o crítico estiver muito ocupado ou não puder ouvir a sua música por um outro motivo, simplesmente agradeça-lhe pelo tempo e siga em frente. Se um crítico concordar em ouvir a sua música, dê-lhe o que ele precisa. A maioria dos sites precisa de arte, uma lista de pessoal e o analista pode pedir detalhes para tornar a análise dele diferente das outras, portanto, seja cooperativo. Afinal, é a exposição da sua música.

Comentários de Jo Harrop:

> *É uma indústria competitiva para uma cantora, e muitas vezes as pessoas adoram comparar todas nós, o que pode levar à negatividade, mas acho que, como mulheres, precisamos de ficar juntas, celebrar e apoiarmo-nos umas às outras o máximo possível—acho que muitas pessoas gostam de pensar que é preciso rebaixar outros cantores, a fim de ter sucesso, mas somos todos indivíduos e há espaço para todos nós.*

O conselho de Kim Cypher é:

> *Acho que o sucesso nesta indústria baseia-se em chegar lá e aprender como lidar e fazer as coisas funcionarem no mundo 'real'. É muito bom e agradável estudar música e obter uma qualificação musical (o que é uma coisa boa), mas isso não garante o sucesso. O sucesso é definitivamente baseado na tua capacidade de te promoveres, de te apresentares e de teres resiliência suficiente para sobreviver. Portanto, há muitos factores para acertar.*

Educação, Financiamento & Inovação

"Devemos lembrar que a inteligência não é suficiente. Inteligência mais carácter—esse é o objectivo da verdadeira educação." Martin Luther King Jr, 1947

EDUCAÇÃO, FINANCIAMENTO e futuro andam juntos. Enquanto apreciamos as mulheres do passado e as de hoje, há um outro escalão— os músicos do futuro. Eles precisam de financiamento, educação e oportunidade para que haja um futuro para eles na música jazz.

A educação é uma dádiva. Nós somos afortunados quando temos a oportunidade de aprender. Expande a nossa existência, o nosso ser; abre portas. A educação pode ser teórica, prática ou académica. Aprender com quem é capacitado e disposto a ensiná-los é algo especial quando acontece. Alguns abusam do formal sistema educacional, não o levando a sério; e para outros, a educação é valorizada e os sacrifícios pessoais e comunitários são feitos para dar às pessoas a oportunidade de aprender. As mulheres, em particular, têm tido que lutar muito pela educação em muitas culturas.

Se você olhar para as estatísticas dos EUA, Austrália e Reino Unido, pouco menos da metade dos estudantes de música são mulheres, enquanto apenas cerca de vinte por cento dos artistas registados, para receber *royalties* em organizações como APRA AMCOS, ASCAP, BMI, PRS (órgãos que licenciam música), são do sexo feminino. O número é pouco mais de sessenta por cento para os artistas masculinos—três vezes aquele número. O que nos diz isto? Isto diz-nos que, embora muitas mulheres estudem música, poucas seguem carreiras profissionais. As estatísticas abrangem a música como um todo, portanto, não é possível tirar conclusões apenas sobre o jazz, embora dê uma ideia do número comparativamente baixo de mulheres na música que fazem deste o seu modo de viver. O número de mulheres ainda é baixo em algumas bandas de jazz—talvez dois em cada vinte músicos em alguns casos—uma taxa de participação de dez por cento em vez de vinte, então pode ser visto como as estatísticas para o jazz podem ser ainda piores.

No Reino Unido os alunos podem estudar jazz em muitas instituições: Trinity College, Leeds Conservatoire, The Guildhall School of Music e em muitas outras faculdades que oferecem diplomas centrados no jazz. Além disso, vários locais de Londres têm *student days*, permitindo que os estudantes de jazz tenham o gosto de actuarem perante uma audiência. Contudo, se olharmos para o número de alunos que tocam nestes concertos, novamente a proporção de mulheres é inferior a vinte por cento.

Sem financiamento para esta educação, não existiriam lugares onde as pessoas pudessem aprender música jazz e seria quase impossível que novos projectos descolassem e que o jazz se desenvolvesse.

Nalgumas escolas a música faz parte do currículo dos primeiros anos e há oportunidade para as crianças aprenderem a tocar instrumentos. Elas aprendem em aulas de grupo ou aulas individuais e muitas crianças crescem com um amor pela música. Então algo acontece onde a música se torna formal, restrita, com poucos géneros disponíveis e a escolha de instrumentos limitada devido aos custos. A música tem menos financiamento do que outras disciplinas, mesmo onde a educação é ministrada pelo estado ou é obrigatória – e nestas escolas, o jazz raramente é encontrado nos currículos. Adicione a isto o realce na música religiosa, clássica e *folk* nas escolas e é fácil ver como os alunos podem passar pelo sistema educacional e nunca se depararem com o jazz.

O jazz nunca fez parte da formal educação musical desde o início e foi até considerado como tendo um efeito detrimentoso na educação musical. Havia a opinião geral de que os músicos que tocavam jazz não tinham escolaridade e a música clássica era o melhor caminho. Mas precisamos de lembrar que o sistema educacional é necessariamente rígido e conservador; ensina assuntos que são historicamente importantes e que foram estabelecidos durante décadas. Este reage lentamente e leva tempo a adaptar-se, a adquirir os especialistas, a projectar os programas e assim por diante. O jazz não foi incluído no currículo durante décadas. Nas décadas de 1930 e 1940 ainda era considerada música 'nova'. Havia poucos maestros no jazz e aqueles que estavam no topo da árvore do jazz eram, em grande parte, pessoas sem instrução e com pouca influência social. Por fim, os pais não iriam às faculdades para exigir a instigação de um programa de estudos de jazz. Além disso, muito do jazz antigo era tocado sem partituras, excepto alguns arranjos orquestrais. Assim eles tinham a dificuldade adicional de descobrir como ensinar esta nova forma de música que nem anotada estava.

Sem livros definidos, desenvolver um método de instrução era difícil. Muitos músicos como Buddy Bolden, Joe 'King' Oliver' e Jelly Roll Morton foram autodidactas. Os músicos de jazz aprenderam tocando com músicos de jazz mais experientes, captando técnicas e, em grande medida, imitando o estilo deles. Os métodos formais de ensino não estavam estabelecidos.

O jazz também tinha as suas próprias formas tradicionais de educar novos músicos. Por mais brutais que fossem, as *cutting sessions* e as *jam sessions* foram as primeiras actividades de educação em grupo—comparáveis às *master classes* de *performance* de hoje, mas muito mais duras. Elas forneciam oportunidades para novos músicos aprenderem com os experientes e defendiam as tradições africanas de conhecimento passando oralmente de uma pessoa para outra. Ainda hoje, *jam sessions* ou 'sitting in' são formas fundamentais para os músicos compartilharem aspectos de estilo e conhecimento musical. Recentemente fui informada de como, no início da carreira da *People Band* no Reino Unido, o grande

John Surman chegou e participou em algumas sessões no final da década de 1960 com os membros menos experientes da banda. Isto era comum e, com a música jazz, a maioria dos músicos aprendia trabalhando do seu jeito nas fileiras duma banda ou ocasionalmente sendo escolhidos e convidados a participar; seriam solicitados e depois tornar-se-iam parte da banda ou orquestra. Frequentemente isto era uma progressão social, bem como musical. A educação jazzística era obtida ao lado de músicos mais experientes. Para escolas e faculdades, a música clássica era mais fácil de ensinar e tinha uma metodologia mais definida. Algumas faculdades chegaram a proibir os alunos de praticar jazz. No entanto, à medida que o jazz se desenvolveu, este atraiu pessoas de todas as origens e provou ser comercialmente viável. Começaram a emergir aqueles que queriam estudar a história da música e depois os diferentes estilos e géneros, bem como o próprio jazz. Lentamente o jazz foi incorporado ao sistema educacional, inicialmente como parte de programas de estudo ou cursos de verão mas posteriormente como programa totalmente centrado no jazz. Os primeiros alunos do programa de jazz eram predominantemente homens. As mulheres começaram a aparecer em números minúsculos, embora estes números tenham crescido constantemente até atingir a proporção actual de cerca de trinta por cento.

Entrementes, nós perguntamos que efeito tem tido isto? Tem a educação em jazz produzido uma série de músicos que podem superar os outros? Como se sentem aqueles que já estão numa carreira em relação aos graduados e, em particular, às mulheres? Tem o aumento das oportunidades de educação levado a que mais mulheres entrem no jazz, e sai-se melhor, em conseguir trabalho, a mulher graduada em jazz do que a sua contraparte não graduada?

O jazz entrou no sistema educacional pela porta dos fundos por meio de tutores clássicos que gostavam de jazz e introduziram-no como outro estilo de tocar. Desde o início do século XX, as primeiras gravações de jazz permitiram que a música pudesse ser ouvida por um público muito mais amplo. Tocar na rádio ajudou ainda mais. Muitas escolas desenvolveram bandas de jazz e swing, e as bandas de jazz mostraram-se extremamente populares como entretenimento em eventos escolares.

À medida que mais gravações estavam disponíveis, músicos experientes e jovens poderiam usá-las como modelos para tocar e emular os estilos doutrem. Nas décadas de 1930 e 1940, músicos intruídos em conservatório, os quais também tocavam jazz, começaram a ensinar jazz em New York, Los Angeles e Boston. Isto deu aceitabilidade ao jazz e, com certeza, começaram a aparecer livros sobre como tocar jazz. A influente imprensa musical como a magazine *Downbeat* começou a publicar colunas com aulas de jazz.

Em Boston, Heirick Schillinger começou a ensinar improvisação e arranjos na Schillinger House (que mais tarde se tornou o *Berklee College of Music*). Nas forças armadas, educadores como Len Bowden ensinaram música jazz para bandas de dança do pessoal afro-americano no serviço militar. A pedagogia do jazz nasceu e Bowden e alguns outros educadores começaram a delinear currículos para incluir técnicas de execução, arranjos, improvisação e ensaio de conjuntos de jazz.

O sistema escolar deu origem a algumas bandas excepcionais, incluindo a *International Sweethearts of Rhythm* (ver anteriormente). Grandes eventos como a Feira Mundial de 1939, em New York, apresentaram a *Casa Loma Orchestra* que tocava música clássica ao lado de jazz e swing. A música swing e o jazz em particular provaram ser populares. Com tanto interesse da população em geral, não demorou muito para que as faculdades sentissem que deveriam oferecer programas de jazz nos seus estudos musicais.

Enquanto isso, os puristas clássicos viam o jazz como algo que diluía a qualidade da música que os alunos estavam a aprender. Mas os próprios alunos estavam à procura dele. Primeiro porque era novo, popular e rebelde. Depois porque eles tinham descoberto a musicalidade do género e as diferentes formas de tocar—e eles gostavam. No entanto, não foi incentivado em todas as faculdades. Recentemente, Steve Rubie, gerente do *606 Club* em Londres, disse-me que quando ele era um estudante de música na década de 1970, você poderia ser banido durante duas semanas ou multado se fosse ouvido a tocar jazz no Trinity College. Claro, isto significava que os alunos tocavam jazz onde e quando podiam e este tornou-se a 'underground music' das faculdades de música em Londres, aumentando o seu poder e mística. Os alunos formavam grupos de jazz, tocavam em clubes e compunham jazz. Actualmente, estes estudantes são professores e o jazz faz parte do ensino musical deles. Como muitos deles tiveram sucesso no jazz, eles transmitem as suas instruções aos alunos. Eles compartilham as suas experiências, falam dos clubes, dos executantes, da história social e inspiram a próxima geração. As escolas agora têm os seus próprios clubes de jazz, grupos e orquestras. O jazz é visto como uma disciplina distinta, com as suas próprias complexidades, estilo e metodologia—e é oferecido como parte do currículo em muitas faculdades, assim como programas completos ou cursos específicos de jazz. O Trinity College, onde Stevie Rubie testemunhou o banimento do jazz, proporciona agora estudos de jazz.

Uma das chaves para a mudança foi o facto de que transformar-se em músico de jazz tornou-se uma carreira viável para estudantes universitários. Nas décadas de 1950 e 1960, o jazz tornou-se uma indústria comercialmente significativa nos Estados Unidos. Os músicos ganhavam dinheiro—talvez apenas alguns ganhassem dinheiro de verdade, mas muitos ganhavam a vida decentemente como pianistas de jazz, membros de orquestras de jazz e músicos de estúdio. Isto aconteceu um pouco mais tarde no Reino Unido do que nos Estados Unidos e na Europa continental, mas as faculdades não podiam mais ignorar o jazz.

Hoje, a educação formal de jazz continua a crescer. Ainda é difícil para um aluno estudar saxofone barítono, contrabaixo ou fliscorne formalmente na escola, mas existem maneiras e meios. Existem bolsas para ajudar também; e competições como o *BBC Young Musician of the Year* expandido para incluir um *BBC Young Jazz Musician of the Year*. Isto mostra que o jazz está cada vez mais popular e com crescente aceitação no *mainstream*. Ver o *Albert Hall* lotado até ao tecto no Mingus Proms e ouvir jovens músicos como Leo Pelligrino a emocionar toda a audiência com a sua versão de *Moanin*, a pianista

Hiromi ou a saxofonista Jess Gillam tocando jazz e o público a curtir, é maravilhoso. De facto, o *Albert Hall* tem os seus próprios eventos de jazz regularmente permitindo que londrinos e pessoas de outros lugares desfrutem do jazz num ambiente semiformal.

Alguns espaços no Reino Unido, como o *606 Club* e o *The Vortex* em Londres, apoiam os alunos dando-lhes a oportunidade de actuarem para uma mistura de amigos, familiares e membros do público pagante. Uma experiência muito diferente de tocar nas salas da faculdade. Quando um grupo de músicos, recentemente graduados, saiu do palco, um deles disse-me:

> *"Isto é óptimo porque tocar num grupo pequeno não é nada como quando tu estás no palco. No palco, parece que há uma vasta área aberta entre ti e a audiência. Então tu olhas para cima e eles estão bem ali, muito perto."*

Outro acrescentou:

> *"A primeira vez que alguém, que não faz parte da tua família ou amigos, te interpela quando estás a ir para o camarim depois de tocares e diz algo como: 'Sabes uma coisa? Eu realmente adorei o teu estilo' ou ainda, 'por que não olhas um pouco mais para cima?' É como 'uau, eles realmente repararam em mim o suficiente para se envolverem com a minha música! Isto mostra que eles importam-se o suficiente para comentarem, o que é óptimo. E nós aprendemos com estas experiências. Para alguns de nós, isto até nos mostra que a performance pode não ser o nosso forte, então podemos decidir fazer outra coisa relacionada com a música!"*

Porém, apesar de toda esta incrementada educação, incentivo aos alunos, e locais que lhes oferecem a oportunidade de experimentar, onde estão as mulheres? Ainda há muito menos mulheres nas faculdades estudando jazz do que homens.

As primeiras universidades a oferecer crédito para estudos de jazz incluíam *Berklee Music College*, Boston, *North Texas State University* e *Los Angeles City College*. Após a Segunda Guerra Mundial, algumas faculdades viram a necessidade dos GIs em adquirirem treino especializado e ofereceram estudos de jazz como parte disso.

Em 1941, a *New School of Social Research* em New York tornou-se a primeira a oferecer um curso de história do jazz. Este encarava o jazz de uma perspectiva académica e erudita, dando à música e à sua história um status 'académico'. No início da década de 1950, mais de trinta faculdades e universidades nos Estados Unidos proporcionavam cursos de jazz, enquanto as editoras de música disponibilizavam arranjos para tocar jazz. Companhias de instrumentos patrocinavam jazz em escolas e financiavam festivais de jazz escolares. Isto acrescentou *kudos* ao jazz como um género *mainstream*. Seminários de verão e escolas de jazz começaram a ser populares—agora existem inúmeros cursos de verão nos Estados Unidos, Reino Unido e Europa.

Na década de 1960, a popularidade do jazz cresceu tanto nas escolas secundárias quanto nas faculdades. Muitas escolas tinham uma banda de jazz, davam aulas de jazz e os programas eram liderados pelo corpo docente, em vez de dirigidos pelos alunos—um grande passo à frente nas credenciais do jazz. Músicos profissionais foram convidados a visitar escolas para ministrar *master classes* e a demanda por materiais didácticos de jazz disparou.

Em 1968, a *National Association of Jazz Educators* (NAJE) foi fundada com o objectivo de criar padrões, definir metas, autenticar materiais e auxiliar os envolvidos na educação do jazz. De cem membros iniciais, agora tem mais de oito mil educadores, estudantes, artistas e profissionais da indústria.

A década de 1970 viu o jazz tornar-se mais popular nas instituições de ensino. Muitos professores aprenderam jazz por outras vias, mas entenderam o valor das técnicas de jazz. De repente, os alunos não mais viram a ser-lhes negada esta adicional área musical. As apresentações de jazz no *campus* mostraram-se muito populares, tornando-o um género mais atractivo para os alunos.

No final da década de 1980, mais de quinhentas faculdades nos Estados Unidos e um bom número no Reino Unido e na Europa ofereciam cursos relacionados com o jazz. Mais de setenta por cento das escolas de ensino fundamental e médio nos Estados Unidos tinham pelo menos uma banda de jazz, e mais de trezentos acampamentos de verão ofereciam jazz. Além disso, havia festivais regulares de jazz em colégios e faculdades, e as escolas expandiam os seus programas de jazz para incluir vocais, *performance*, teoria e harmonia de jazz, e muito mais.

Desde então, tem havido ainda mais desenvolvimentos na educação do jazz. Programas de computador têm sido desenvolvidos para permitir a educação domiciliar em técnicas de jazz; livros e discos instrutivos têm crescido como ferramentas populares para se executar técnicas, e a maioria dos professores de música oferecerá especialização em jazz com outras técnicas. O jazz não está mais na periferia, mas faz parte da educação musical como um todo.

Na Europa, diplomas inteiramente de jazz são uma coisa relativamente nova. O *Leeds College of Music* foi o primeiro na Europa a oferecer um diploma de jazz em 1993, quase três décadas depois que os primeiros cursos de estudo de jazz foram oferecidos na América. Com diplomas de jazz simplesmente não estando disponíveis até meados da década de 1990 na Europa, agora temos a situação em que há muitos músicos que têm surgido através da rota da faculdade e muitos que não. Dado o facto de que existem músicos de renome em ambos os campos, a discussão sobre se os diplomas de jazz são úteis continua—muitas vezes durante a madrugada após uma *performance*. No Reino Unido, mais faculdades de música oferecem diplomas de jazz e você pode frequentar cursos de verão e semanas especializadas de estudo em jazz, em locais tão distantes quanto Londres, Wells e Falmouth.

Hoje o jazz é amplamente aceite e ensinado na maioria das faculdades de música. Desde 2009, existe até uma rede mundial—*The Jazz Education Network*—que "inspira a improvisação colectiva em música, acção e palavra". Eles têm um evento anual que prossegue uma conversa contínua entre alunos, professores, profissionais e entusiastas para conectar, aprender e improvisar. Tudo em nome do jazz. A primeira conferência JEN, em 2010, contou com mil e duzentos educadores, pessoal da indústria, artistas, estudantes e entusiastas, e agora há uma conferência anual.

As técnicas de tocar jazz podem ser aprendidas na escola e na universidade. A troca e disseminação de conhecimento, contexto histórico do jazz, a sua importância cultural, músicos influentes e muito mais, podem acontecer de forma destilada e rápida.

Muitos ainda acreditam que no jazz, assim como na maioria dos géneros, a verdadeira 'educação' só acontece quando você toca e atinge o mundo real. Conseguir *shows*, encontrar o seu personagem, decidir onde você se senta como músico solista ou em conjunto, se você toca apenas jazz ou cruza vários géneros—muitos acreditam que nada disto pode ser aprendido num ambiente formal. O jazz ainda está cheio de músicos que nunca tiveram treino formal em jazz. Alguns não tiveram qualquer formal treino musical e há alguns poucos que acreditam na velha maneira de 'pagar as suas dívidas'—o que significa que você precisa de ter começado pequeno—como um 'acompanhador' numa banda—e trabalhar do seu jeito até aos pontos solo. Alguns músicos ressentem-se activamente das pessoas que saem directamente da faculdade, conseguindo vagas solo por causa do seu talento e nunca tendo que trabalhar para subir.

Patti Boulaye coloca assim:

> *Eu realmente gostaria de pensar que os diplomas de jazz melhorariam as chances de futuros músicos de jazz e, embora eu tenha conhecido alguns jovens graduados incríveis e trabalhado com alguns, não posso deixar de sentir que o jazz tem um lado humano que não pode ser ensinado nem mesmo no nível do diploma. Isto soa como ensinar uma pessoa a apaixonar-se.*

Se você quiser iniciar uma discussão numa apresentação, mencione a educação em jazz e veja as diferentes reacções que você obtém. Alguns músicos encolhem os ombros e dizem que se uma pessoa tem talento ela consegue os *shows*, outros riem e dizem que os jovens que saem da faculdade não têm como se preparar para a dura realidade do jazz; e outros dizem que realmente não se importam se uma pessoa tem um diploma, eles só querem ouvir como eles tocam. Muitos músicos acham que a educação também deve incluir como conseguir *shows*, vender a sua música e promover-se para ganhar dinheiro com o talento que você tem, em vez de apenas aprender sobre a história, idiossincrasias musicais e teoria do jazz. Na verdade, isto surge frequentemente nas discussões porque os músicos sentem que os jovens que estão a entrar no jazz necessitam de compreender que eles precisam de manter registos, pagar os seus impostos e descobrir como tirar rendimento.

Existem alguns jovens saídos recentemente da faculdade cujo talento é prodigioso e óbvio, mas não conseguem estabelecer uma conexão com a audiência. Outros podem não ter habilidade técnica ou talento mas podem fazer essa conexão com a audiência, o que faz um show parecer óptimo, ou interpretar a música de maneiras que nunca se esperaria. Já estive em *shows* com uma orquestra inteiramente formada por alunos e senti falta de conexão. Eles tocam bem, mas falta algo—parece mais uma orquestra de concerto tocando jazz. Já estive em apresentações solo em que o recém-formado subiu ao palco, tocou brilhantemente, saiu e o público mal sabia que ele estava lá. Também estive em uma ou duas apresentações em que o músico recém-formado apresentou uma *performance* única, tocou algo totalmente novo, diferente e completamente envolvente. Ainda depende muito de ser capaz de tocar bem e envolver as pessoas com a sua música, não importa o quão instruído você seja ou como chegou a ser tão instruído.

Para as mulheres músicas de jazz, a educação costumava ser uma área difícil, já que elas eram superadas em número pelos homens. Elas também acharam difícil a competitividade da arena do jazz. Pouquíssimas executantes provaram no passado que podiam manter-se no campo brutal da *cutting session*. A maioria tinha aprendido a partir de *jam sessions* e de participações em bandas e conjuntos. A faculdade e os diplomas de jazz eram uma área muito masculina até ao final da década de 1970. O ambiente colegial era menos animalesco do que as *cutting sessions*. As mulheres tornavam-se aceites como presença em *jam sessions* ou participavam com músicos consagrados. A educação lentamente tornou-se outra porta para o mundo do jazz. No entanto, as mulheres ainda são minoria na maioria das faculdades.

As coisas parecem estar a mudar lentamente e, à medida que as graduadas se tornam executantes de sucesso, mais tarde talvez tutoras, elas tornam-se modelos para as mulheres seguirem na arena do jazz. Muitos executantes, mesmo alguns que não fizeram parte do sistema universitário, estão a tornar-se educadores e alguns deles apoiam particularmente as mulheres.

Emily Saunders diz:

> *É fantástico como a educação em Jazz tem-se desenvolvido massivamente durante poucos anos recentemente, tanto através da expansão do jazz em graus de conservatório, quanto em centros de apoio e ambientes educacionais como Tomorrow's Warriors, Julian Joseph Academy e National Youth Jazz Collective. Estes espaços são fundamentais na recente explosão de energia do jazz – ao colocar miúdos e graúdos em contacto com músicos e compositores de topo, transmitindo-lhes a sua sabedoria num ambiente efervescente. É isso que realmente dá suporte a grandes novos talentos para estourar na cena do jazz. No mundo clássico, o impacto dos conservatórios no tom clássico pode ser visto como limitador no sentido de unificar o 'som' das pessoas, mas o jazz não é um recipiente pelo qual o som viaja, como acontece com a performance clássica. O jazz é um processo diferente de criatividade, onde tanto a performance quanto a composição estão intimamente ligadas. Para mim, a essência do jazz é adquirir conhecimento harmónico, habilidade técnica, liberdade de improvisação e aptidões composicionais, tudo dentro do contexto de desenvolver a sua própria voz musical e criar o seu próprio som—ou seja: o que é que 'você' quer dizer? Portanto, dentro dos cursos de jazz, com os tutores certos e a orientação certa, as pessoas podem ser apoiadas para encontrarem a sua própria voz musical. Acho que à medida que o jazz se desenvolve e se fortalece no seu actual renascimento, a expansão das oportunidades de trabalho também evoluirá naturalmente com isso.*

Existem algumas desvantagens para a educação no campo da música jazz. As pessoas falam sobre os alunos recém-formados serem muito semelhantes em estilo, com apenas algumas variações dependendo de quem os ensinou e onde estudaram. Comentários de Gail Tasker:

> *Acho que os diplomas de jazz definitivamente institucionalizaram o género. O retrocesso da educação do jazz é que o género torna-se mais homogeneizado.*

Há também muita discussão sobre a atmosfera nos estudos de jazz. Algumas pessoas falam de uma atmosfera agressiva que não combina com as mulheres, enquanto outras dizem que isto tem mudado. Quando falo com jovens músicos, o que fica claro é como eles se apoiam e protegem uns aos outros e isto não parece ter nada a ver com género. Trata-se de pessoas com ideias semelhantes trocando ideias e sendo criativas. Anteriormente, eu mencionei que existem alguns graduados que têm um senso de legitimidade e acho que o jazz é provavelmente o melhor género em que podem entrar, o que elimina esse equívoco da área específica. Os músicos de jazz 'qualificam-se' de muitas outras maneiras além de apenas obterem o seu diploma, ou não, como é o caso de muitos artistas.

Joelle Khoury não está tão impressionada com as graduações em jazz. Ela diz:

> *Acho que isso dá-lhes uma oportunidade de conseguirem um emprego de professor, provavelmente, mas a audiência dum concerto não se importa com diplomas.*

Muitas pessoas agora, inclusive músicos, acreditam que a educação faz parte da jornada musical. A menos que você venha de uma família musical, quem te vai ensinar sobre jazz senão os tutores na faculdade? Em segundo lugar, as faculdades encorajam as pessoas a entrar no que foi, por um tempo, uma indústria moribunda. A injecção de jovens talentos, alimentada em grande parte por graduados e por aqueles com experiência universitária—tem sido maravilhosa, trazendo uma nova energia para a música jazz como não víamos há décadas. Muitos músicos têm-me dito que foi um professor que os inspirou, e nem sempre pela via da faculdade. Em Londres, no final da década de 1960, o professor

Mel Davis organizou sessões no *The Starting Gate,* no norte de Londres, onde estudantes e jovens interessados em jazz podiam aparecer e tocar. Sob a direcção de Mel, vários conjuntos desenvolveram-se e tornaram-se artistas seminais em free jazz e música improvisada. Muitos músicos falam sobre pessoas que os orientaram no início da sua carreira no jazz. O melhor para as mulheres é que agora existem mais modelos femininos e muitas delas estão mais do que dispostas a encorajar outras mulheres a entrar na cena do jazz.

Estudar jazz na universidade significa que você passa tempo aprendendo o seu instrumento por dentro e por fora, compreendendo a história do jazz, influências, o mundo do jazz e muito mais, incluindo diferentes géneros, além de tocar com outros músicos em configurações variadas. Os graduados do programa de jazz geralmente são músicos completos—eles apenas optam por se especializarem em jazz. O problema surge quando os músicos recém-formados enfrentam a transferência dos concertos protegidos e de exibição, proporcionados pelas instituições, para a necessidade de encontrarem *shows* por conta própria.

As pessoas estudando juntas frequentemente acabam também tocando juntas e experimentando novas ideias. Existem alguns espaços como o *Jazz Re:Freshed* em Londres, onde você obtém não apenas jovens recém-saídos da faculdade, com energia e entusiasmo, mas também a oportunidade de tocar ao lado de experientes executantes como Evan Parker e aqueles que se formaram antes deles. As gravações recentes de Moses Boyd com Evan Parker são exemplos de grandes colaborações acontecendo entre veteranos da arena de jogo e músicos mais jovens que precisam de experiência. Para alguns, estas experiências podem ser um baptismo de fogo, mas também são provavelmente algumas das melhores experiências educacionais que um jovem músico de jazz pode esperar. Um exemplo disto pode ser encontrado no álbum ao vivo de Delfeayo Marsalis, gravado num concerto em Michigan. Na plateia estavam dois estudantes da Universidade de Michigan que Delfeayo havia convidado para o concerto—por uma razão. Ele chamou-os ao palco. Um deles era o vocalista Christian O'Neill Diaz, o outro era o baterista Madison George. Delfeayo perguntou a Christian se ele normalmente canta no estilo big band, ao que a resposta foi "sim". Marsalis diz-lhe: "Não fazemos isso, mas podes fazer *scat*?" Acontece que ele pensou que poderia—mais ou menos. Delfeayo então perguntou qual clave ele preferia, ao que Diaz respondeu "Fá ou Si bemol". Marsalis disse-lhe que tocaria em Ré bemol. Marsalis tinha enganado estes jovens músicos para que tocassem sem ensaiar, em claves e estilos pouco familiares—na frente de um teatro lotado. Eles fizeram um bom trabalho no subsequente *Blue Kalamazoo*, considerando que isto provavelmente parecia andando sobre brasas. Diaz sabia fazer *scat* e George certamente provou que sabia tocar bateria. A audiência adorou, visto que fez parte do processo. Delfeayo comentou:

> Parte do amadurecimento é poder não apenas ajudar mas também desafiar a geração mais jovem. Se tivéssemos tocado uma música que Christian canta o tempo todo, ele provavelmente teria cantado no modo piloto automático. Criar uma música juntos espontaneamente força-te a aprofundares-te e a comprometeres-te com o momento. É uma tradição africana.

Barb Jungr comenta sobre a importância de aprender enquanto se toca para uma plateia e sobre a falta de oportunidades:

> Séries de três semanas não existem mais, ou muito raramente, e isso tem um efeito. Jovens músicos, masculinos e femininos, são incapazes de crescer e criar perante uma audiência desse modo. As instituições não dão essa possibilidade.

Conforme mencionei, a educação é algo que sempre inicia discussões – às vezes acaloradas – entre músicos de jazz. Alguns acreditam que a educação deve ser obtida trabalhando duro, fazendo *shows*, adquirindo experiência e abrindo caminho no mundo da música. Outros acreditam que o caminho a seguir são diplomas de jazz, cursos e estudos em específicos estilos de tocar. Eles acreditam que você só consegue realmente compreender um instrumento e um género estudando-o, tendo ininterrupto tempo para fazer isso e tendo a oportunidade de tocar com outros músicos no seu grupo de pares; e que somente uma instituição pode proporcionar isso.

Terri Lyne Carrington comenta sobre a sua experiência. Ela aprendeu o negócio do jazz a partir dos sete anos de idade quando começou a tocar bateria. Ela obteve o seu cartão da Union aos dez anos—a pessoa mais jovem em Boston a fazê-lo. O seu pai foi saxofonista e presidente da *Boston Jazz Society* e o seu avô (ele deu-lhe a bateria) era baterista de Fats Waller—então a rota dela para o jazz não foi muito difícil. O seu pai já estava a colaborar com muitos músicos e ela tinha permissão para participar. Dos dez aos dezasseis anos, Terri Lyne ganhou reputação como executante e nunca pensou que isto fosse diferente ou incomum. Ela ganhou uma bolsa de estudos na Berklee quando tinha onze anos e frequentou meio período até aos dezassete anos, frequentando em tempo integral durante três semestres aos dezoito anos, quando se mudou para New York. Ela tocou com Clark Terry e foi orientada por Jack De Johnette e Wayne Shorter. Assim, no caso de Terri Lyne, a educação veio tanto da faculdade quanto da experiência com grandes músicos. Ela disse-me:

> *As coisas caíram no meu colo, sempre trabalhei, paguei as minhas contas, então não tenho do que reclamar.*

Comentários de Wendy Kirkland:

> *Eu diria que é mais difícil agora, pois o sistema educacional está a produzir recém-chegados a um ritmo acelerado. Este não era o caso quando comecei – não na mesma medida. Há uma sensação de que para se ser músico é preciso ter estudado num estabelecimento e ter obtido uma qualificação. Eu compararia isto ao teste de condução – uma vez feito, a aprendizagem começa! Eu diria que os músicos autodidactas e autodirigidos teriam mais dificuldade em subir na 'escada' agora, porque há tantos graduados em cursos de jazz fazendo o mesmo e obtendo mais aceitação, independentemente do talento ou capacidades deles.*

Eu concordo até certo ponto, mas acrescento que, pelo que tenho visto, o jazz logo te descobre. Um graduado com excepcionais capacidades musicais talvez se saia bem na pós-graduação numa orquestra clássica, mas no jazz, se você não envolver os outros, você fica afundado.

Jenny Green aconselha:

> Se tu puderes pagar, vai para as faculdades de música para te formares, mas isto é sobre sair por aí e tocar. Lá fora não há trabalho garantido, tens que bater de porta em porta e tens que ter muita determinação. É um longo caminho! Tu tens de fazer muito networking.

Comentários de Faye Patton:

> Obviamente, a educação para as jovens precisa de ser melhor, mas também precisamos de coisas para as mais velhas e para as artistas maduras – infra-estrutura vitalícia, não apenas coisas para jovens com 26 anos como limite de idade. Algumas de nós demoram até aos 40/50 anos para serem ouvidas—isso precisa de ser respeitado.

Jane Bunnet fala sobre uma educação diferente—a de aprender em primeira mão pela experiência. Ela explica;

> Tive a grande oportunidade de conhecer os meus heróis musicais e trabalhar ao lado deles, aprendendo em primeira mão a magia da música. Don Pulley e Dewey Redman foram duas das figuras mais importantes e eu fiz turnés e gravei com os dois. Descobri que todos os músicos que adoro me encorajaram a tentar ser eu mesma no meu instrumento e formar um conceito único para mim.

Jo Harrop concorda. Existem mais maneiras de obter uma educação em jazz do que um diploma em música jazz. Ela diz:

> Em primeiro lugar, disseram-me na escola que eu não era realmente musical e raramente tinha a oportunidade de aprender música ou um instrumento, então, em vez disso, eu dançava. No entanto, eu adorava cantar. Então aprendia a letra de todas as músicas, nas paradas musicais, e os padrões de jazz que os meus pais tocavam em casa. Entrei para clubes de férias de teatro musical e, portanto, eu era obcecada por cantar e escrever pequenas canções. Como não estudei música em escola ou academia, aprendi muito ouvindo, observando, e ouvindo mais. A maior parte do que tenho aprendido tem sido no palco com os fantásticos músicos de apoio com quem trabalho. Tem sido uma jornada desde escrever e apresentar as minhas próprias canções originais,

> *numa cena muito diferente, até cantar padrões de jazz com músicos de jazz em clubes de jazz. Muitas vezes sinto-me frustrada por não ter estudado um instrumento, quando eu era criança, ou por ter continuado a aprender o lado teórico das coisas, dado que tenho tido que superar alguns obstáculos. Mas o que eu faço, tudo o que eu canto, vem de um lugar natural. É muito real e do coração. Ainda vou a tempo de estudar!*

Às vezes, um diploma é apenas o primeiro passo. Emma Acton formou-se na universidade em Tecnologia Musical (*first class*). Ela queria encontrar um papel que combinasse o seu amor pela música, a sua experiência de trabalho em *marketing* e fotografia de eventos. Ela diz:

> *Eu acho que a educação musical é muito importante, independentemente de tu te veres como músico. Escrevi a minha dissertação universitária sobre como a música afecta o desenvolvimento emocional das crianças e o efeito positivo que ela tem é totalmente inegável. As oportunidades musicais para os jovens são tão importantes para incentivar, inspirar e também auxiliar no desenvolvimento de outras áreas académicas. O clube 606 acolhe exames de performance em clube de jazz, bem como shows mensais para aqueles que estudam na Royal Academy of Music.*

Jenny Green acrescenta:

> *É óptimo ter fluxos de jazz em colégios e universidades de música, e existem óptimos departamentos de música. Algumas escolas secundárias têm bandas de jazz hoje em dia. Graduar-se e depois encontrar trabalho? As jams de jazz são uma boa maneira de obter experiência conectando-se com músicos que estão aprendendo a apresentar-se para uma audiência. Eu não acho que isto faça muita diferença realmente. Se tu quiseres actuar, tu encontrarás um caminho com diploma ou sem diploma! Aprende um instrumento na escola, canta nos seus corais, vai para a faculdade de música—então vai e faz isso. Aprende desde a base.*

Andrew Lloyd Webber disse num artigo no *The Stage* que:

> *É vital manter a música nas nossas escolas. É absolutamente ridículo que o governo não compreenda. Porque não se trata de transformar crianças necessariamente em músicos. Trata-se de capacitá-las de várias maneiras diferentes.*

Terri Lyne Carrington dirige ela mesma programas educacionais e é professora na Berklee. Ela comenta:

> *É interessante na educação. Há muito mais jovens estudando jazz mas eles são pessoas que têm recursos, então nos Estados Unidos o jazz tem saído um pouco da comunidade em que começou e tem-se mudado para o sistema de ensino do jazz. Muitas escolas urbanas, do centro da cidade, não têm financiamento e recursos para programas de jazz, de modo que elas têm-se mudado para os subúrbios no que diz respeito à educação. Isto afecta a demografia do género—executantes e audiência. Os jovens não estão tão interessados pelo jazz tradicional. Estão mais interessados nas novas formas de jazz onde os estilos (de hip hop, R & B) se fundem. Eu acho que isso é importante porque mantém o público do jazz e pode fazer com que alguns voltem a ouvir os clássicos. É tudo importante.*

Claire Martin tem uma carreira muito bem-sucedida sem um diploma de jazz. Ela diz:

> *Proporcionar diplomas de jazz é incrível e eu gostaria de ter recebido um. Não tenho a certeza se o facto de ter um diploma, ou não, garantirá qualquer trabalho na cena, entretanto. Conhecer um músico de jazz que não tenha entrado na cena através desta via é incomum actualmente, mas é como qualquer emprego. Tu precisas de um pouco de sorte e precisas de fazer networking.*

Para Kim Cypher, isto não era acerca de obter um diploma ou não, isto era acerca do seu amor pelo jazz e pelo saxofone. Ela diz:

> *Seguir o treino clássico e progredir nas notas do clarinete cumpria um propósito em termos de obtenção de qualificações e domínio das técnicas, mas não acendia uma paixão em mim. Eu estava à procura de um instrumento que me entusiasmasse e que me permitisse expressar-me de uma forma mais criativa e funky. Então, mais tarde na escola secundária, dediquei-me ao saxofone e não tenho olhado para trás. Eu absolutamente adoro este instrumento. Está na minha alma.*

É maravilhoso que o jazz faça parte do currículo de muitos colégios e universidades, os jovens percebem que existem outros jovens tocando jazz, têm tempo para gastar com os seus instrumentos, fazem *networking* e constroem relacionamentos, alguns dos quais duram muitos anos. Contudo, uma dose de realismo também é necessária.

Geórgia Mancio diz:

> Os diplomas de jazz elevaram o nível—muitos alunos formando-se com aptidões imensas, mas eu interrogo-me onde todos eles encontrarão trabalho, e se as expectativas de como será esse trabalho são irrealistas.

Georgia e outros apalpam o mundo 'real' no que eles dizem. Ter um diploma e ser mimado na universidade ou no colégio não é a melhor maneira de se preparar para os golpes e choques da indústria do jazz. Carmela Rappazzo comenta:

> Eu gostaria que o negócio do jazz e a indústria da música em geral também estivessem a ser ensinados. Eu sei que Juilliard tem um curso sobre isto. Um curso. Como ganhar a vida enquanto músico, como pagar impostos, como equilibrar um livro de cheques, obter uma hipoteca, questões práticas nas quais os músicos não pensam. Tão importante. Eu tive sorte, a minha mãe era uma defensora de que as mulheres soubessem como ter uma mente focada nos negócios. Como resultado, eu posso viver numa casa, ter seguro de saúde. Coisas práticas importam.

Jo Harrop comenta:

> Agora há mais educação musical do que nunca. Tu podes fazer cursos de canto e gestão musical. Acho que isto só pode ser uma coisa boa, empoderar-se com uma educação, mas desde que, penso eu, tu sejas capaz de encontrar a tua própria voz, tenhas a tua própria história para contar. Não há razão para que as mulheres não devam sair-se tão bem quanto os homens hoje em dia, se trabalharem arduamente e tiverem o talento, a motivação, a crença.

Terri Lyne Carrington diz:

> Eu não acho que tu serás contratada para shows pelo facto de teres um diploma, mas talvez te ajude a ensinar e a encontrar outras maneiras de usar o teu conhecimento do estudo de jazz para melhorar a sociedade. Há muitas pessoas que se formaram mas não muitas que são músicos 'fina flor da colheita', pois é muito competitivo, mas tu podes com certeza

> *usar o teu diploma para ser criativa, porque eu acho que estudar jazz é criatividade. Tenho alguns alunos que têm feito outras coisas. Eles estão felizes e ainda podem tocar um pouco, mas não é a principal fonte de rendimento deles, porém, quando tu tomas em consideração a criatividade, isto torna-te criativa independentemente do que tu faças. Está tudo conectado.*

Barb Jungr expressa as suas opiniões sobre os diplomas de jazz:

> *Acho que eles têm afectado as expectativas das pessoas. Se tu tens feito um curso intensivo de três anos em 'jazz' (e o que é que significa isso em primeiro lugar?) e todos te dizem que tu és "admirável", e se tu podes tocar solos de Coltrane mais rápido do que ele conseguia, e então tu sais pelo mundo afora e descobres que há outros dez tocadores que são espelhos de ti, e o que é que tu supões? Eles podem tocar tão rápido e ninguém se importa, isso é duro. Mas se tu fizeres da reprodução da tua música a tua prioridade, e desenvolveres a tua própria 'voz' nos teus instrumentos, a tua missão, e aprenderes e tocares quando e onde puderes e não menosprezares ninguém e aceitares o que está em oferta, se fizeres amizades e não te considerares "a bomba", então talvez, talvez.*

Camille Thurman diz:

> *A educação é fundamental para que a nossa sociedade adapte práticas que encorajem e permitam que as mulheres jovens persigam a música (jazz). Constructos acerca do que significa para mim 'masculino' ou 'feminino' começam dentro da nossa comunidade (escolas, casa, televisão, etc.). Se pudermos iniciar a discussão desde cedo e quebrar estes constructos, nós podemos ensinar os jovens a respeitar e a apreciar uns aos outros com base no carácter e não no género. Temos de nos comprometer em estar conscientes de como as acções que fazemos, e a linguagem que usamos, contribuem para defender estes princípios do que é ser homem/mulher. Representatividade é fundamental. Se as jovens pudessem ver mais modelos tocando instrumentos, tocando jazz, assumindo posições de liderança, então isto as encorajaria a seguir esta carreira ou a ter interesse e apreço.*

Uma coisa que tenho observado amiúde é que as pessoas descobrem que ir para a universidade ou colégio para estudar jazz — ou música de outro género — abre as suas mentes para outras possibilidades. Existem áreas na indústria da música que permanecem um tanto inacessíveis, a menos que você tenha a oportunidade de conhecer pessoalmente as pessoas da indústria. Isto parece ser um benefício do curso de graduação—ele abre outras áreas da indústria da música para pessoas que talvez não tenham considerado isso até então. Um bom exemplo disso é Amanda Bloom, da *Crossover Media*. A rota de Amanda para a promoção musical veio depois que ela se formou no *Peabody Institute of Music* na John Hopkins University com um diploma em *performance* vocal de jazz. Enquanto trabalhava como música, ela começou a fazer promoção de mídia social para alguns artistas e conectou-se com Max Horowitz na *Crossover Media*, o qual lhe ofereceu um emprego. Ela descobriu que adorava esse lado do negócio—e permaneceu. Ela diz:

> *Eu recomendaria, se tu entrares na música, para realmente manteres as tuas opções abertas acerca do que farás com o teu diploma. Enquanto eu estava a estudar jazz vocal na faculdade, eu nunca teria previsto que seria apaixonada por uma carreira na promoção musical. Muitos alunos que estão a formar-se em jazz ficam presos numa sala de prática e assumem que só vão ensinar e tocar depois de se formarem, mas esse tipo de mentalidade pode ser muito limitante. Há tantas coisas gratificantes que tu podes fazer na indústria da música além da acção performática.*
>
> *Para mim, isto foi uma perfeita extensão daquilo pelo qual eu já era apaixonada. Estou constantemente exposta a música nova e emocionante, e realmente gosto de me comunicar com os meus colegas de rádio e imprensa. Também tive muita sorte de ter um mentor maravilhoso no Sr. Horowitz, o qual está no ramo há mais de trinta anos.*

Financiamento e educação são frequentemente discutidos em conjunto. O financiamento em si é um assunto sobre o qual muitas das mulheres com quem falei se preocupam fortemente. O jazz é apreciado por milhões de pessoas por ano e, no entanto, financia-se em grande parte nos níveis mais altos. Por um lado, isto é bom, mas pode limitar a audiência, pois os preços sobem para *shows* e o financiamento precisa de ser colocado no nível de acesso, ajudando a criar os músicos de jazz do futuro. A ópera recebe muito mais financiamento *per capita* do que outros géneros devido a custos como figurinismo, cenários, orquestra, aluguer de grandes espaços e assim por diante. O jazz recebe muito pouco financiamento e pode ser difícil encontrar o financiamento que existe. Espera-se que a criação de órgãos como a *Durham Commission on Creativity and Education* ajude a influenciar aqueles que aplicam as políticas dentro de Inglaterra, bem como ajude a apoiar o Arts Council England com o seu desenvolvimento. Porém, não será fácil, dado que os fundos são cada vez mais limitados no Reino Unido e ainda mais em alguns países europeus. Outros, como a Noruega e a Alemanha, oferecem mais financiamento para o jazz. Num artigo no *The Guardian*, o professor Colin Lawson, director do *Royal College of Music*, expressou preocupação com o efeito indirecto dos cortes nos orçamentos para a criatividade nas escolas. Ele argumentou que a combinação de cortes nos orçamentos escolares (os candidatos às artes caíram vinte por cento desde 2010) e a perda de professores especializados resultou numa perda de proficiência.

Muitas mulheres com quem conversei também acreditam que a música, e em particular o jazz, ensina aos jovens muito mais do que apenas a música em si. Por causa dos seus conceitos colectivos e conectividade, o jazz pode ajudar a desenvolver mentes criativas e aptidões sociais que se transferem para um papel na sociedade. Todavia, a educação certamente começa numa tenra idade—conforme somos criados e de onde viemos. Por exemplo, uma criança que cresce no Harlem tem muito mais probabilidade de ser exposta à música jazz do que uma criança em Nurnberg ou Guildford (Reino Unido). Então, significa isto que as definições de género são gravadas nas nossas mentes por pais, professores e assim por diante, desde muito cedo no nosso desenvolvimento?

É interessante tentar compreender quando e como as crianças se identificam com um género ou com um outro e também quando elas associam determinado comportamento ao seu género. Eu interroguei-me como viam isto as mulheres, e se elas sentiam que as crianças ainda estavam, até certo ponto, amarradas por comportamentos expectáveis. Estava isto impedindo o desenvolvimento do seu talento? Se assim for, estamos nós com algo em falta? Precisamos nós de mudar atitudes na escola ou em casa?

Sarah Gail Brand compartilha as suas observações:

> *É em tenra idade que as coisas são instiladas. Vejo que quando tenho trabalhado em jazz juvenil com crianças de 10 anos ou mais, os rapazes estão confiantes e trabalham juntos, enquanto as raparigas permanecem à margem. Nos intervalos, os rapazes tocam juntos e as raparigas assistem. Na adolescência, raparigas e rapazes não querem conhecer-se em termos de serem apenas companheiros. O jazz é uma música social e muitas vezes os colegas juntam-se, então as bandas tendem a ser amigas e as raparigas são parceiras ou namoradas. Isto está a melhorar mas ainda estamos baseando as nossas decisões culturais e artísticas no nosso agrupamento social, e este, e a nossa compreensão da dinâmica de grupo, será muito difícil de abalar.*

Terri Lyne Carrington ecoa isto quando ela diz:

> *Eu sinto que há um problema com a educação do jazz no ensino básico e secundário e é aí que as mulheres desistem. Temos que educar os educadores. Portanto, escolas como a Berklee e outras escolas que têm licenciaturas em educação musical devem olhar para isto seriamente por dentro e fazer o trabalho agora na criação de uma nova geração de educadores que não operará a partir duma plataforma de patriarcado. Quando isto for equitativo, a música terá uma outra dimensão."*

Sarah Gail Brand comenta:

> *Imagino que os jovens hoje em dia tenham mais controlo sobre o que querem fazer. Os jovens que eu ensino em Guildhall geralmente têm as suas próprias cenas, fazendo function gigs, etc, e estão determinados a pegar no trabalho pedagógico. Eles são muito realistas mas também há muitos alunos oriundos de famílias que não precisam se preocupar demasiado. Alguns vêm através do 'tomorrow`s warriors' de Gary Crosby ou através dos programas de jazz da Junior Guildhall Academy,*

de modo que têm uma boa compreensão do que é exigido no jazz. Então estes alunos já têm uma boa ideia do que eles precisam de trabalhar para se tornarem activos e performáticos músicos de jazz. É um pouco diferente do que era na minha época, quando nós tropeçámos nisto de certo modo.

Camille Thurman acrescenta:

O financiamento é importante para permitir que as crianças tenham acesso a programas que as exponham à música desde cedo (aulas, vendo concertos, tendo oportunidades de conversar com artistas, etc.). Se pudermos oferecer mais oportunidades para ver talentosos homens e mulheres trabalhando juntos e actuando, então podemos inspirar a próxima geração a fazer o mesmo.

Claire Martin diz acerca do financiamento:

Acho que o financiamento está disponível para todos os músicos de jazz por meio do Arts Council. É apenas um caso de aplicação e frequentemente de reaplicação se for recusado inicialmente. Tive um bom sucesso com o financiamento do South Coast Jazz Festival e, portanto, está lá se nós o pedirmos, mas os formulários a preencher e o processo de candidatura são brutais.

As coisas podem ficar difíceis nos EUA. Terri Lyne Carrington diz:

Não há financiamento suficiente nos EUA. Não há muito financiamento nacional ou governamental. Há algum da National Education Association mas é principalmente financiamento privado. Eu tenho participado em reuniões para discutir quem vai receber o dinheiro. Não é o suficiente para mulheres ou afro-americanos—ambas minorias, mas a boa notícia é que muitas organizações estão a olhar para isto, vendo para onde está indo o dinheiro e tentando serem mais diversas.

Fate Patton acrescenta:

O financiamento precisa de ser mais em termos de quantias e mais facilmente acedido. Alguns dos prémios para mulheres são irrisórios. Valores como £5000 que equivalem a nada, uma vez que o horário do estúdio é reservado e a banda/engenheiro/pessoal são pagos. As mulheres

> *têm de exigir mais e não serem tão gratas por pequenas concessões. Nós precisamos de redes de apoio e mentoria, de bases de dados e centros de informação.*

Wendy Kirkland ecoa um pouco disto e acrescenta os seus próprios pensamentos:

> *Acho que parte do financiamento do jazz poderia ser melhor direccionado, por exemplo, para desenvolver o público, em vez de ser colocado apenas nas mãos de músicos, os quais podem não ter as habilidades de negócio para lidar com isto de maneira eficiente. Actualmente não estou envolvida com educação musical mas tenho amigos que estão, e eles dizem-me que os seus alunos não aprendem nenhuma competência para negócio, gerenciamento ou definição de metas pessoais.*

Novas ideias como *crowdfunding* têm permitido que muitos músicos levantem fundos para projectos – talvez um específico projecto de álbum ou curso de verão – mas são as recompensas oferecidas aos contribuidores que atraem o financiamento, então os proveitos podem sofrer severamente. Há também um leve snobismo daqueles que assumem a posição de que se você precisa de *crowdfunding*, então é porque há pouco valor no seu projecto para começar. O financiamento colectivo, no entanto, tem significado que os projectos, que grandes gravadoras rejeitam, podem ser realizados. Por vezes as fontes de financiamento são surpreendentes. Por exemplo, o inaugural *Walthamstow Jazz Festival* de 2018, em Londres, foi patrocinado pela Adnams, uma pequena cervejeira no leste de Inglaterra. Ocasionalmente a combinação de habilidosas ideias de marketing e um curador criativo pode ser benéfica para ambos os lados.

Existem muitos programas inovadores levando o jazz aos ouvidos jovens. Nos Estados Unidos os alunos podem participar em muitos *workshops* de jazz realizados em bibliotecas, escolas e faculdades. Daniel Bennett, um diligente executante e artista de gravação, reserva tempo para ir às escolas e apresentar *workshops* e *master classes*. Numerosos estados e cidades oferecem *workshops* de música e jazz para jovens nas férias escolares, e no Reino Unido, a *Serious,* que organiza o *London Jazz Festival*, tem um programa bastante extenso de actividades para escolas, tanto no período lectivo quanto nas férias escolares; mesmo aulas pré-escolares para as crianças pequenas ouvirem diferentes ritmos e géneros, incluindo jazz. Portanto, as oportunidades existem, só que poucas e dispersas. Muitos acreditam que a chave para encorajar músicos em potencial é apresentá-los à música desde cedo. Como o jazz ainda não é amplamente ensinado a nível escolar, existem muitas iniciativas onde crianças a partir dos dois ou três anos têm a oportunidade de ouvirem e participarem no jazz.

Em show recente num pub, na hora do almoço do Mother's Day, quatro músicos de renome internacional tocaram para cerca de cem pessoas, incluindo crianças que corriam à volta, quase sendo derrubadas pelos saxofones. Os músicos contaram-me que, apesar do perigo de embater numa criança com o instrumento, adoraram o facto de as crianças estarem a mover-se ao ritmo e a dançar juntamente com os pais.

A educação parece ser algo que os músicos de jazz valorizam. As mulheres com quem falei certamente valorizam isto. No entanto, esta educação assume muitas formas. É possível matricular-se numa escola de música ou estudar jazz na universidade, mas isto parece ser mais valioso quando faz parte da educação musical como um todo.

É um sinal encorajador que o interesse pelo jazz se tenha tornado muito maior do que era há alguns anos. Os cursos de verão costumam ter agora um programa de jazz. Há oportunidades para as crianças aprenderem a metodologia do jazz e várias academias têm um programa júnior. Outra coisa notável, pelo menos em Londres, é que o jazz, que aparentemente era domínio da classe média branca, tornou-se novamente a música apreciada e amada pelas comunidades que a criaram. Músicos jovens, negros, femininos, masculinos ou de género não designado estão encontrando artistas de jazz com os quais se podem relacionar—e isto fala-lhes porque, mais uma vez, o jazz está a reflectir as mudanças sociais de volta para eles—e eles adoram.

Beverley Beirne argumenta que, além de desenvolver o seu talento e habilidade, a autopromoção precisa de ser algo que os músicos aprendam. Ela explica:

> Sem dúvida, há muito mais pessoas talentosas na cena do jazz do que nunca, com as universidades em todo o mundo produzindo talentos fenomenais, o que, por um lado, cria uma cena fantástica, vibrante e diversificada. Mas é claro que a cada ano há novos ex-alunos e a competição é acirrada. Eu diria que a maioria dos alunos, quando se formam, tem expectativas bastante realistas, dado que provavelmente já estão trabalhando na cena e dando-se conta de como as coisas realmente são. Pode ser muito difícil correr atrás de shows e eu acho que aprender o lado comercial disto é muito importante, tendo todas as ferramentas promocionais, óptimas fotos, sons acessíveis, facilitando as coisas para os promotores. Com tanto talento por aí, tu queres dar a ti mesma a melhor chance possível e parece-me muito triste não ter isto preparado e perder um show para a tua boa música porque tu simplesmente não te organizaste, e eu aqui não estou apenas a referir-me aos jovens. Lidando com um festival, é incrível como tantas pessoas te enviam tão pouco e tu tens de persegui-las ou, se estiveres interessada, tens de começar a googlar por informação, em vez de teres tudo a ser enviado para ti e de fácil acesso. Na verdade, são coisas muito importantes e tudo faz parte.

Apesar dos programas, oportunidades e diplomas abrirem portas para as mulheres, ainda há muito menos mulheres do que homens competindo por vagas nas faculdades. Inspirada por esta escassez de mulheres entrando na educação do jazz, Terri Lyne Carrington iniciou um novo instituto na Berklee chamado *The Institute of Jazz and Gender Injustice*. Ela explica:

> Há mais mulheres a tocarem jazz, com certeza. Comecei um novo instituto na Berklee chamado *The Institute of Jazz and Gender Injustice* para tentar encorajar ainda mais mulheres a tocarem e acho que isso afectará o público no que diz respeito ao género. Género também não é mais tão binário. Eu gostaria de ver todas as formas musicais abraçarem mais essa ideologia também... Trazer a estética feminina para a música será benéfico para todos. Quero garantir que haja um ambiente na faculdade em que as mulheres se sintam apoiadas, seguras e capazes de prosperar. Não é a NFL ou a NBA—não é um desporto

em que os homens têm de jogar uns com os outros de forma segregada. As mulheres não devem sentir-se estranhas, ou que estão a entrar num clube ou a ser convidadas para uma festa. Quero que as mulheres se sintam realmente donas da música, sintam que estão dando a festa. É um caminho longo e cansativo, tenho a certeza, mas estou disposta a isso.

O cabeçalho do site BIJGJ faz a pergunta: "Como seria o som do jazz numa cultura sem patriarcado? Sem preconceito? A partir da sua declaração de missão, o BIJGJ está focado na "equidade no campo do jazz e no papel que o jazz desempenha na luta mais ampla pela justiça de género. O instituto celebrará as contribuições que as mulheres têm feito no desenvolvimento da forma de arte, bem como criará condições mais equitativas para todas as carreiras no jazz, num esforço para trabalhar em direcção a uma mudança cultural necessária e duradoura no terreno". Ele descreve, como parte da sua directriz, que um dos seus objectivos é fazer um trabalho correctivo e modificar a forma como o jazz é percebido e apresentado para que o futuro do jazz possa ser diferente do seu passado sem tornar invisíveis muitos dos contribuidores criativos da forma de arte. Estes objectivos podem, à primeira vista, parecer de amplo alcance e um grande empreendimento, mas, se estes forem decompostos, as ideias ficam mais simples – eles querem um terreno de jogo nivelado para todos os homens e mulheres de todas as culturas e origens. Ademais, isto procura criar um ambiente seguro e estimulante para as pessoas, de todas as identidades de género, estudarem jazz.

Terri Lyne é fervorosa sobre o BIJGJ e diz:

O Berklee Institute of Jazz and Gender Justice concentrar-se-á na equidade no terreno do jazz e no papel que o jazz desempenha na luta mais ampla pela justiça de género. O instituto celebrará as contribuições que as mulheres têm feito no desenvolvimento da forma de arte, bem como criará condições mais equitativas para todas as carreiras no jazz, num esforço para trabalhar em direcção a uma mudança cultural necessária e duradoura no terreno.

Mais uma vez, há aquela referência que eu ouço com frequência no sentido de que lidar com questões numa área também ajuda outras. Muitos músicos sentem isto—que quando nós abordamos o sexismo no jazz, nós também ocasionaremos toda uma geração que lidará com as questões que circundam esta, em geral, e assim ajudarão a educar a sociedade. O financiamento inicial também é vital.

Existem outras oportunidades para estudar jazz oferecidas por colégios que incentivam outras pessoas além dos seus alunos. O *Trinity Laban* em Londres oferece cursos para alunos de vários níveis e idades. Os seus cursos *Taste of Jazz* e *Young Women in Jazz* são voltados especificamente para mulheres jovens. No ano passado, eles ofereceram a jovens artistas femininas a oportunidade de participar em *workshops* interactivos explorando e tocando jazz. Houve grupos para atender diferentes níveis e jovens músicos tiveram a oportunidade de serem criativos com os seus instrumentos. Eles trabalharam ao lado de professores de classe mundial para criar, tocar e actuar como um conjunto, compartilhar novas ideias musicais e obter apoio de músicos de jazz profissionais, os quais já fazem do jazz o seu modo de vida. Destinado a jovens de onze a dezasseis anos, esta foi uma oportunidade incrível para elas aprenderem com o apoio dos professores do *Trinity Laban* e de músicos profissionais num ambiente seguro.

Seguiu-se o *Young Women in Jazz* Day, destinado a mulheres de dezasseis a vinte e cinco anos e que ofereceu uma oportunidade mais intensiva de estudar em nível de conservatório e trabalhar com professores, músicos profissionais e alunos do Trinity Laban. O dia terminou com uma actuação colectiva para o público. Para algumas, este foi o primeiro gosto de tocar para uma audiência.

Dias como este são grandes oportunidades para mulheres que procuram uma maneira de entrar no jazz. O contacto com alunos, professores e músicos profissionais dá-lhes a oportunidade de compreender a indústria, de saber quanto trabalho precisam elas de fazer, e de descobrir como realmente é isto. Ainda por cima, é grátis.

Poder-se-ia perguntar por que razão é necessário haver cursos específicos para mulheres? É sobre esse ambiente seguro que o BIJGJ conferiu como parte da sua missão. No passado, estudos mostraram que as mulheres sentiam-se intimidadas e desconfortáveis em conjuntos mistos até que elas encontrassem os seus pés bem assentes no jazz. É uma música poderosa e os homens tendem a dominar os grupos e sessões musicais. Até que as mulheres músicas se sintam confortáveis, as sessões exclusivas para mulheres podem ser justamente o caminho a seguir.

Há músicos que viajam pelos Estados Unidos e Reino Unido e vão a escolas apresentando programas para as crianças ouvirem e aprenderem sobre jazz. Daniel Bennett nos EUA, um diligente músico, também reserva tempo para ir a escolas e apresentar *workshops* e *master classes*. Numerosos estados e cidades oferecem *workshops* de música e jazz para jovens nas férias escolares e no Reino Unido, a *Serious*, que organiza o *London Jazz Festival*, tem um programa bastante extenso de actividades para crianças em idade escolar, tanto no período lectivo quanto nas férias escolares. Eles ainda oferecem aulas pré-escolares para as crianças ouvirem diferentes ritmos e géneros, incluindo jazz. Há também músicos de jazz maravilhosos, como o incrível Tuba Duo que vai para as escolas com enormes instrumentos de sopro e apresenta às crianças o jazz simultaneamente com outros géneros.

Embora nós compreendamos que ser apresentado ao jazz numa idade jovem é uma coisa boa, e ter a oportunidade de ir para a universidade e estudar jazz também é uma coisa boa, eu interroguei-me se a educação, em qualquer nível, estava tendo um efeito na indústria do jazz e se qualquer uma das mulheres tinha comentários sobre isso.

Wendy Kirkland tinha, e o financiamento também entra nisto. Wendy diz:

> *Absolutamente. Costumava não haver um diploma de jazz. Os grandes ícones do jazz, que os graduados de hoje tentam emular, nunca teriam estudado dessa maneira—alguns deles teriam um conhecimento básico de música, alguns adviriam de uma formação clássica, alguns nada teriam além dos seus ouvidos e toneladas de experiência para guiá-los. Eu realmente interrogo-me quantos empregos podem existir quando o público está a diminuir e os espaços estão a fechar ou a mudar o seu foco para outros géneros musicais mais lucrativos.*

Embora existam potes de artes com financiamento para ajudar os graduados a conseguirem gigs em eventos e ajudá-los no seu caminho, um ano depois eles serão como todos os outros músicos de jazz tentando ganhar a vida.

O que não é realista expectar, para qualquer graduado, é o direito de ter um emprego fazendo aquilo para que está habilitado pelo seu diploma. Todos os graduados em História tornam-se historiadores? Sempre haverá outras pessoas talentosas por aí que fazem as coisas do seu jeito, do jeito não oficial, e que merecem igual respeito, ou talvez mais, já que é muito mais difícil trabalhar desse modo.

Em termos de financiamento, há suficiente dinheiro indo para o jazz? No Reino Unido, os principais provedores de financiamento de projectos para músicos são a *PRS for Music Foundation* e os conselhos de artes do Reino Unido (*Arts Council England, Creative Scotland, Arts Council of Wales, Arts Council of Northern Ireland*). Os Arts Councils oferecem muitos esquemas de financiamento diferentes. Subsídios específicos terão regras diferentes, mas o financiamento pode ser solicitado para assistência com pesquisa e desenvolvimento, criação de novos trabalhos para produção ou turné, treino, orientação e desenvolvimento profissional contínuo e desenvolvimento de negócios e mercado. Todos eles estão abertos a projectos musicais, incluindo jazz; e existem outras fontes potenciais, incluindo o *Momentum Music Fund*, o *BPI Music Growth Export Scheme*, as *Sky Academy Arts Scholarships*, a *Help Musicians UK*, o *Emergent Artists Fund* e o *Help Musicians Develop Fund*. Os critérios e prazos de cada um destes organismos e de todos os regimes de financiamento podem variar de ano para ano. Os fundos são sempre limitados, então a concorrência é forte. Músicos de jazz também podem usar *sites* de *crowdfunding* como *KickStarter* e *Pledge Music* para obterem pequenas quantias de dinheiro em troca de recompensas, se o projecto descolar, para aqueles que doarem. A *Jazz Services* oferece várias vias, incluindo financiamento de turnés para emergentes músicos de jazz com talento excepcional, embora o serviço seja limitado devido ao financiamento restrito do Arts Council pós-2015. O jazz no Reino Unido recebe menos financiamento do que outros géneros musicais, em parte porque não exige o vasto figurinismo nem estabelece orçamentos que a ópera ou uma orquestra clássica precisam, e em parte porque ainda existe a sensação de que o jazz é um género de nicho com poucas pessoas assistindo a concertos, em comparação com outros géneros. Dado que mais de 100.000 pessoas comparecem ao anual *London Jazz Festival* e dado que, em qualquer noite, em todo o Reino Unido, muitos *gigs* acolhem centenas de membros da audiência, este pressuposto parece difícil de justificar. Os factos concretos são que o financiamento é muito limitado; e a boa notícia é que os músicos de jazz encontram maneiras de realizar concertos e levar a música às pessoas.

Diversos festivais menores beneficiam-se do patrocínio de cervejeiras e de outras organizações, e os singulares eventos, como o *showcase* da *London Jazz Platform*, encontram patrocinadores em estações de rádio (neste caso, *Jazz Bites Radio*). O *Manchester Jazz Festival* e outros beneficiam-se de vários patrocinadores, todos financiando um pouco mas somando o suficiente. Os promotores de jazz são diligentes e apaixonados e isto frequentemente leva à obtenção de financiamento.

Nos Estados Unidos, organizações como a *Jazz Foundation of America*, a *Arthur Jordan Foundation*, e organizações para áreas específicas, oferecem financiamento limitado para músicos de jazz. Algumas até ajudam, em momentos de carência, com moradia, espaço para ensaios e outras necessidades. Na Europa, existe o *Senate Department for Culture and Europe;* em Berlim, a *European Jazz Network*, que é uma organização multinacional que recebe financiamento para apoiar o desenvolvimento da música jazz, concedendo prémios a músicos, encomendando estudos, apoiando conferências e actividades similares. Financiamento existe e há organizações que apoiam o desenvolvimento da música jazz, mas a competição continua feroz e o financiamento limitado.

Carmela Rappazzo comenta, quando eu perguntei acerca do financiamento:

> Isto fez-me rir em voz alta. Existem algumas bolsas e fundações. É o suficiente? Não.

Barb Jungr comenta:

> Eu não compreendo mais nada acerca de financiamento. Estou literalmente perplexa com quem recebe e não recebe e por que razão. Não há o suficiente, com certeza. Mas então, quem decide para onde este vai? Acho que as artes devem ser fortemente financiadas e de forma apropriada e igualitária, mas eu estou ciente de que estamos numa sociedade onde há pouco dinheiro para habitação, saúde e educação, e isso afecta a forma como as pessoas se sentem sobre o financiamento das artes em geral. Se financiarmos o jazz, que jazz financiaremos? Por quanto? Só financiamos coisas que consideramos ter "mérito artístico"? Quem decide o que é isso? É complexo e não resolvido. O clima político não ajuda. Vivemos num país onde as artes dão muito dinheiro e, no entanto, somos tratadas como párias na maior parte do tempo, como idiotas sábias. É inútil. Tenta dizer: 'Sou uma cantora de jazz' para as pessoas numa festa. As respostas costumam ser hilariantes. De um modo nada bom.

Gail Tasker diz, numa nota mais positiva:

> Já estive em alguns shows onde a banda tinha sido financiada pelo Arts Council. Não consigo imaginar o mesmo sendo dito para muitos outros estilos de música, excepto a clássica.

Emily Saunders diz isto:

> Tive uma sorte incrível e tive uma recepção fantástica da minha música em todos os sectores—sou muito grata àqueles que me apoiaram. Mas a indústria das artes em geral tem passado por momentos difíceis, há algum tempo, devido à falta de financiamento. No entanto, o jazz parece estar a lutar contra essas barreiras—talvez seja a honestidade na música—mas é realmente excitante como o impacto do jazz no mundo da música está a aumentar cada vez mais presentemente.

Se o jazz recebe financiamento suficiente, é um assunto de debate acalorado. Georgia Mancio diz:

> Absolutamente não, e há muito pouca orientação disponível para garantir esse financiamento. As aplicações são excessivamente enredadas e mais preocupadas com o modo como a música ou um projecto é descrito do que com a sua qualidade real. Os líderes de bandas suportam o peso financeiro

> *de álbuns, digressões, gigs, muitas vezes tocando por uma parte da receita dos ingressos, sem rendimento garantido. Este é um modelo de negócio corrosivo e insustentável quando a diferença entre lucro e prejuízo é pequena (em relação a produções clássicas maiores, por exemplo). É profundamente frustrante não haver mais ajuda disponível.*

Debbie Gifford acrescenta:

> *Pelo que tenho visto e ouvido, o financiamento para músicos nos Estados Unidos é mínimo. Algum financiamento está disponível com subsídios mas estes são para projectos específicos. Ouvi dizer que o financiamento é muito melhor em alguns países europeus. As artes em geral não recebem financiamento suficiente e dentre as artes o financiamento para o jazz infelizmente está no final da lista. Mas isto não impede que os artistas de jazz sejam criativos e encontrem a sua própria maneira de financiar os seus projectos. Não é a criatividade o que importa no jazz?*

Candidatar-se a financiamento também parece ser uma aventura de 'Alice no País das Maravilhas'. Kim Cypher recentemente explicou-me que quando ela se candidatou a financiamento, este foi-lhe recusado. Uma das razões dadas foi que ela não havia solicitado financiamento anteriormente e por isso estava numa posição mais inferior, na escala de financiamento, do que outros que o tinham feito. Kim tinha financiado os seus próprios projectos anteriores, mas parecia que ter-lhe-ia sido melhor candidatar-se novamente a bolsas. Muitos falam da sua frustração com os formulários e da necessidade de mostrar progressão—gravações, grandes agendamentos e assim por diante, quando as bolsas às quais eles podem estar a candidatar-se são apenas para que possam fazer gravações de qualidade. Isto parece ter mais a ver com seguir o protocolo, e ser capaz de produzir evidências para que o órgão financiador possa rastrear a pessoa, do que com o objectivo real do financiamento.

Um factor importante na obtenção de uma compensação justa para os músicos (músicos de jazz incluídos) foi a recente aprovação do *Music Modernisation Act* pelo Senado. A lei garante que todos os músicos de todos os géneros sejam remunerados pelo uso das suas músicas em todos os formatos. Ela também designa juízes aleatórios para decidir os *royalties* pagos por órgãos como a ASCAP. Além disso, o CLASSICS Act (Compensating Legacy Artists for their Songs, Service and Important Contributions to Society Act) beneficia artistas que gravaram antes de 1972, anteriormente não cobertos pelas leis, pagando *royalties* por passar as músicas deles em rádios digitais, *sites* de *streaming* e por aí fora. No actual momento, apenas gravações posteriores a 1972 recebem *royalties*. O Act também permite que produtores, engenheiros e outros reivindiquem *royalties* pelas suas contribuições para a criação de música. Parece que acabaram, os dias de usar gravações anteriores a 1972 e não pagar aos artistas. Significará isso que os artistas receberão uma compensação pelo seu trabalho se eles gravaram antes de 1972? Ou optarão os anunciantes por usar músicas mais recentes, incluindo o jazz? Veremos.

Jenny Green comenta sobre financiamento:

> *O jazz definitivamente não obtém o suficiente. Tudo parece estar a ir para a rota mais clássica no momento actual, mas isto vai mudar, tenho a certeza, se continuarmos a gritar acerca disto por tempo suficiente. É necessário haver localmente mais programas de desenvolvimento e precisamos de encontrar patrocinadores.*

> *É necessário haver mais mulheres no jazz no lado educacional das coisas, mais financiamento para as mulheres nas digressões de jazz. Um prémio para mulheres no jazz, tenho a certeza que é um bom começo.*

Beverley Beirne leva isto em consideração:

> *A ópera consegue muito mais financiamento, ainda que tenha muito menos pessoas nas audiências. Eu acredito que é muito melhor na Europa continental do que aqui. O Ilkley Jazz Festival (que Beverly administra) simplesmente não seria capaz de existir sem o financiamento e presentemente estou a organizar uma turnê para o meu novo álbum JJWTHF e o financiamento seria óptimo para ajudar nisto.*

Wendy Kirkland acrescenta isto:

> *Algumas das estabelecidas organizações de jazz, regionais e urbanas, geralmente não são dirigidas por empresários—elas parecem gastar desmedidas quantias de dinheiro, em promoção mal direccionada e em*

> música de nicho que nada faz além de desactivar novos públicos, para satisfazer os seus próprios gostos pessoais. Se tu consultares o site do ACE (Arts Council England), poderás ver as quantias de dinheiro que elas recebem e talvez te interrogues onde está a ser gasto o dinheiro; especialmente alguém como eu, que dirige um clube de jazz sem financiamento e, embora nós não lucremos, nós não perdemos. As quantias que eu gasto em promoção são pequenas em comparação com alguns clubes e ainda consigo obter audiências de tamanho semelhante na maioria das ocasiões. O que eu poderia fazer, com o dinheiro que eles obtêm, seria incrível! NB como um aparte, eu fui informada por nada menos que três consumidores desconectados, os quais vieram ao Chesterfield Jazz Club, que eles saíram a meio-tempo dos concertos do Derby Jazz (três concertos diferentes) porque não aguentaram. Pots and pans jazz, como isto se chamava. Isto não pode ser impresso (pode, pode), suponho eu, mas essa é a minha evidência para afirmar o que foi dito acima, acerca de desactivar novos públicos.

Emily Saunders diz:

> O financiamento para as artes parece ter sido atingido num modo massivo durante muito tempo, não apenas para o jazz e outras artes mas também para os fundamentos básicos, como aulas de instrumento nas escolas e educação musical em geral. É realmente desolador saber que tantas pessoas talentosas simplesmente não estão a receber a educação que precisam e merecem. O processo e o avanço da artística auto-reflexão e comunicação parecem fundamentais para a saúde psicológica da sociedade. As Artes são conhecidas por reflectirem uma sociedade e olharem para a nossa sociedade conforme ela é agora, e a negligência das Artes está tristemente alinhada com a negligência de financiamento de muitas áreas da nossa sociedade actualmente. Claramente, é preciso haver mais apoio financeiro para o jazz e para as Artes em geral.

Amor, Vida & Relacionamentos no Jazz

O jazz pode consumir tudo. Composição, interpretação e arranjo podem ser cansativos e não apenas para quem executa. Muitos músicos de jazz têm famílias e parceiros que precisam de lidar com a ausência deles por longos períodos, absortos no que fazem e por aí fora. Além de que as horas de trabalho são insociais. Então, como se sentem os parceiros? Como funciona quando você está na estrada com o seu parceiro, e como se sente quem não pode viajar devido a outros compromissos? Eu tenho a visão de ambos os lados.

Kim Cypher comenta:

> *A minha jornada musical tem sido definitivamente uma parceria com o meu marido Mike. Embora seja o meu nome e a minha música que recebem o reconhecimento, é sem dúvida um igual sucesso conjunto e a minha identidade tem sido moldada por isto. Somos uma equipa e trabalhamos para os pontos fortes de cada um. Entre nós, temos gravitado naturalmente para as tarefas que cada um de nós faz melhor. Para mim, é o lado criativo das coisas, compondo a música, criando projectos, levando as coisas adiante. Para Mike, é o lado comercial das coisas, lidando com todas as finanças, resolvendo a logística, etc.*

Wendy Kirkland:

> *Adoro trabalhar com Pat (seu marido guitarrista e companheiro de banda). No que diz respeito à igualdade, ele é totalmente despreconceituoso com as mulheres. Quando ele cita as suas influências musicais, ele sempre inclui Emily Remler. Ele adora cantores tanto femininos quanto masculinos, vendo-os como músicos em pé de igualdade. Ele tinha um monte de álbuns com mulheres músicas que eu nunca tinha ouvido falar naquela altura: Emily, Kristin Korb, Terri Lyne Carrington. Também existem por aí muitos outros homens assim, os bons rapazes—como eu os chamo! Eu trabalho com eles, eles são inspiradores e positivos e evito qualquer um que não seja, hoje em dia. Pat é sempre muito solidário e faz sugestões construtivas também, no que diz respeito a arranjos, performances, técnicas. Nós estamos sempre a trocar ideias desta forma. Ele sempre me tratou como igual.*

Tina May comentou:

> *Se tu tens filhos—então é quase o fim da tua brincadeira, a menos que tu tenhas pais e sogros que te apoiem. Eu tive a sorte de o meu pai se tornar o*

meu grande ajudante (depois das suas dúvidas iniciais sobre uma carreira no jazz). Ele regularmente se deslocava e cuidava dos meus dois filhos, se eu tivesse que fazer muitas viagens. Ele foi um ajudante incrível. Eu tinha perdido a minha mãe na minha adolescência.

Gretchen Bennett é directora de Recursos Humanos para uma empresa de tecnologia e esposa de Daniel Bennett, do Daniel Bennett Group, que viaja regularmente. Gretchen conta-me como é para ela:

> Conheci Daniel quando a sua banda estava a actuar num evento que a minha empresa estava a organizar em 2005. Ele trabalhava como músico freelance e líder de banda em Boston MA, na época—ele tinha-se mudado para lá alguns anos antes para fazer pós-graduação no New England Conservatory. Eu estava a trabalhar numa empresa de consultoria em Rochester NY, que por acaso é a cidade natal dele e um lugar onde ele ainda tinha muitas conexões musicais. Eu estava a assistir à actuação do seu grupo de jazz e nós reconhecemo-nos, desde o tempo do colégio. (Tínhamos amigos em comum, mas nunca nos tínhamos relacionado!) Eu adorava ouvi-lo a tocar e vê-lo a actuar e a entreter a multidão com tanta facilidade. Eu sabia que ele sempre quis fazer uma turné e realmente encorajei-o a fazer isso. No início do nosso casamento (antes dos filhos), eu pude juntar-me a ele e à banda na maioria das viagens. Algumas das minhas viagens favoritas foram quando ele tocou com um grupo que viajou para a Itália e Suíça. Quando nós morávamos em Boston, eu também adorava ir a New York com o Daniel Bennett Group nos fins-de-semana. Essas viagens ajudaram a inspirar a nossa mudança para New York alguns anos depois! Daniel viaja bastante mas isto também é definitivamente contrabalançado com o tempo de inactividade. Eu ajudo a planear a logística de algumas das suas digressões, o que é uma óptima maneira de ficar conectada com as viagens dele, mesmo que eu não possa mais acompanhá-lo. Embora às vezes ele faça viagens de uma semana ou mais, a maioria das suas turnés é em períodos mais curtos. Por exemplo, algumas vezes por ano a banda actua nos Estados Unidos em lugares que eles têm ido ano após ano. San Francisco/LA, Florida, PA, festivais de jazz de verão em VA e no norte do estado de NY, etc. Cada uma dessas turnés "regulares/recorrentes" geralmente estende-se por longos fins-de-semana, 4 dias no máximo, o que torna isto administrável. Viagens para

a Europa ou outros lugares são mais longas, mas menos frequentes—assim podemos planear com antecedência e fazer isto funcionar.

Então, com a própria carreira dela, eu interrogava-me como era quando Daniel Bennett estava fora. Gretchen contou-me:

Eu trabalho a tempo inteiro como directora de Recursos Humanos para uma empresa em New York. Felizmente, a minha empresa oferece um horário flexível e a minha mãe mora perto e costuma ajudar como ama. Sentimos falta de Daniel quando ele viaja, mas também somos gratos por ele poder passar mais tempo em casa durante o dia do que a maioria dos outros pais, já que ele não precisa seguir o horário típico das 9 às 5 quando não está em turné. Em muitos dias, ele pode ajudar a levar as crianças para a escola e pode estar disponível para coisas divertidas como participar em viagens de estudo dos filhos. À tarde, quando eu chego a casa, vinda do trabalho, Daniel normalmente está indo para os ensaios, aulas particulares (ele faz parte do corpo docente de algumas escolas de música em New York), ou está a preparar-se para um concerto mais tarde nessa noite (é onde ele está esta noite enquanto eu escrevo isto!). Ele actua regularmente na cidade, vários shows regulares a cada semana—clubes de jazz, fossos de teatros, etc. Nós temos sido capazes de manter uma rotina muito boa, mesmo com um horário inusitado!

Perguntei a Gretchen se ela já se sentiu como a esposa de Daniel Bennett em vez de Gretchen Bennett. Ela disse:

Não, mas às vezes sinto que estou casada com 'Daniel Bennett Group' em vez de 'Daniel Bennett'. Daniel é tão apaixonado pelo que faz que isto infiltra-se em cada momento. Daniel é um trabalhador extremamente esforçado e está sempre a trabalhar em coisas relacionadas à sua música, actuando, promovendo a sua banda, planeando turnés, etc.

Sei que os Bennetts têm dois filhos pequenos e interrogo-me como tudo se encaixa ao redor deles. Gretchen explicou:

Os nossos filhos são bem pequenos (três e cinco anos) e até agora eles têm sido muito compreensivos. Eles sentem falta de Daniel quando ele não está, mas tentamos explicar que, assim como a mamã tem de ir trabalhar todos os dias, às vezes o papá tem de trabalhar em outros lugares. Eles adoram ouvir a música dele e, claro, quando questionados sobre o que querem ser quando crescerem, a resposta comum é: 'Quero tocar instrumentos como o papá!' Daniel faz questão de trazer pequenas lembranças das suas viagens, o que torna os reencontros ainda mais gostosos. DBG actuou recentemente em Denver, CO, e Daniel comprou carrinhos de brincar para os miúdos, os quais eles adoraram! E quando ele tocou em Pittsburgh PA alguns meses atrás, os dois ganharam t-shirts de lembrança. Também temos conseguido combinar, algumas vezes, uma viagem de família com as turnés dele— onde ele pode primeiro viajar de avião e depois as crianças e eu vamos mais tarde para alguns shows e visitamos a família ou amigos naquela área do país.

Perguntei se Gretchen tinha experienciado alguma atitude em relação a esposas/parceira/namoradas. Ela respondeu:

Às vezes tenho sido a única esposa/parceira/namorada que aparece. A atitude do pessoal sempre tem sido muito simpática e positiva. Às vezes as pessoas estão em diferentes fases das suas vidas, e tudo bem. Alguns são solteiros, alguns divorciados—e outros estão juntos, mas o seu cônjuge ou parceiro não consegue fugir. Procuramos ser muito acolhedores. Daniel e eu temos recebido muitos companheiros de banda no nosso apartamento, para jantar ou para festas de Natal, etc., ao longo dos anos. Também tem sido óptimo encontrar namoradas e esposas nesses eventos ou concertos ao longo do ano. Muitas vezes encontro pessoas em eventos 'notáveis'. Todas as vezes que o DBG toca no Blue Note, eu sempre encontro entes queridos dos companheiros de banda de Daniel. Temos muitos amigos com empregos atípicos. Um amigo nosso também mora em New York com a sua esposa e 3 filhos pequenos. A sua esposa trabalha a tempo inteiro em consultoria e ele trabalha como CEO de uma empresa de brinquedos. Ele tem de voar para as Honduras quatro dias por semana e voa para casa, em NY, nos fins-de-semana. Isso faz parecer ligeira a viagem de Daniel! É incrível como tu podes fazer as coisas funcionarem quando ambos decidem. Tenho orgulho de Daniel e da sua música e adoro fazer parte da jornada dele com o Daniel Bennett Group.

Eu tenho analisado a música do Daniel Bennett Group ao longo dos anos e posso garantir a qualidade da música, então a maneira como os

Bennetts fazem as coisas parece estar a valer a pena.

Vendas

Gravar a sua música é caro e há muita música gratuita disponível em plataformas de *streaming*. Parece que há uma expectativa de poder ouvir parte ou a totalidade de um álbum antes de comprá-lo, se você então decidir. A música digital pode ser vendida, mas a ninharia para cada audição é deplorável. Paul Jolly mencionou para mim que um dos seus artistas conseguiu mais de 95.000 ouvintes numa plataforma de *streaming* e recebeu umas míseras £40. Portanto, para ganhar dinheiro decente com plataformas de *streaming*, os artistas precisam de obter centenas de milhões de acessos. Em algumas plataformas, o artista recebe menos de meio centavo por *stream*. Se o mesmo artista tivesse vendido 90.000 *singles*, alguns anos atrás, ele teria ganho milhares de libras. Também sai caro fazer gravações digitais de boa qualidade.

Muitas pessoas ainda compram CDs em *gigs* e festivais, visto que ter algo físico—principalmente se forem autografados—é importante para os seus fãs; mas o mercado geral de CDs está encolhendo lentamente. Tendo feito um CD, os músicos precisam de tocar em festivais e *gigs*, pois é onde a maioria das cópias são vendidas agora.

É claro que as coisas têm mudado, não apenas onde mas também como a música está a ser vendida. Lembro-me de, não muito tempo atrás, quando os músicos me diziam que os CDs eram o seu principal rendimento. Agora, eles dizem-me que tocar ao vivo é onde eles ganham mais dinheiro—e vendem alguns CDs. O *streaming* e o *downloading* têm corroído o sustento dos músicos. Mesmo quando uma faixa é vendida, as pessoas compartilham-na. Mesmo que muitas pessoas ouçam uma faixa, frequentemente esta só consegue uma venda real algumas vezes; o resto das audições vem de compartilhamento ilegal.

Gail Tasker diz:

> *Não acho que a indústria fonográfica, como um todo, esteja na melhor*

posição no momento. Sim, as pessoas falam sobre o renascimento do vinil (a Gearbox, onde Gail trabalha, é especializada nisso), mas a maioria das pessoas está a obter a sua música a partir de plataformas digitais (e não pagando muito aos artistas por isso!). As lojas estão realmente a lutar para competir, especialmente as independentes. Acho que as pessoas ficariam surpreendidas com a dificuldade em ganhar dinheiro a partir das vendas de cópias.

Os artistas de jazz agora precisam de ser activados em termos de negócios. Eles precisam de ser capazes de encontrar *gigs* e de conseguir um lugar para tocar ao vivo.

Jenny Green diz:

A geração mais jovem está acostumada com downloads gratuitos, mas aqueles de nós que se lembram de ter segurado o nosso primeiro vinil apreciam o CD! Com as suas informações, fotos e encarte. Tu vende-los principalmente em gigs ao vivo. Eu odeio este negócio de pagar para tocar, ou receber donativo num chapéu, especialmente em pubs. Frustrante, com os espaços esperando que tu faças toda a mídia e angaries uma multidão! Quando eu estava actuando nos anos 80, havia muito trabalho. Tu não podes simplesmente esperar que o telefone toque, tu tens de colocar o trabalho em rede fazendo as conexões certas. Se tu não conseguires um gig, faz tu mesma um. Ok, é um negócio arriscado mas se tu não tentares, então o que fazer? Há tantos cantores de backing track por aí que as pessoas têm perdido o significado da música ao vivo!

Beverley Beirne:

Obviamente tem havido, para todos, uma grande diferença nas vendas de CDs físicos, desde o advento do streaming e das vendas digitais. Vale a pena salientar que muitas pessoas já não têm leitores de CD, então definitivamente nós estamos aqui num jogo perdido. Todos nós temos de começar a repensar as coisas. Eu acho que é por isso que o vinil está a voltar. Acho que ouvir música torna-se uma experiência especial novamente, em vez de ser apenas uma gratificação instantânea, é algo para saborear. Para ser honesta, eu não acho que haja aqui uma coisa certa ou errada a fazer, acho que temos de ser criativos e pensar fora da caixa, como eu digo. Sendo uma cantora de jazz e uma organizadora de festivais, eu vejo as coisas de ambos os lados, então diria que é realmente muito positivo. Existem alguns artistas excelentes por aí e a cena está realmente a prosperar e a evoluir diariamente.

Mais positividade de Georgia Mancio quando ela diz:

Produzir, lançar e compartilhar música está mais acessível do que nunca, sem comprometer a qualidade. O mundo ficou menor graças à internet e às redes sociais, por isso é mais fácil alcançar públicos novos e variados. Certamente existem alguns festivais e espaços muito bem-sucedidos e criativos com viáveis assistências, mas muitas regiões sofrem com a falta de financiamento e cortes nas artes, o que prejudica os promotores e os líderes de banda, os quais geralmente correm o maior risco financeiro. Enquanto artista que se lança por conta própria, eu tenho notado uma queda nas vendas de CDs nos últimos anos e as taxas estão bem estagnadas desde há dez anos ou mais.

A opinião de Debbie Gifford é:

As vendas de discos sofreram devido à facilidade de online downloading. O número de pessoas que desejam um produto físico está a diminuir, mas ainda existe um certo sector do público que acha interessante comprar um CD num show.

A vocalista Barb Jungr coloca isto com brevidade:

Bem, as vendas de discos estão no chão do porão em toda a linha, como te dirá qualquer pessoa na música. Portanto, não é aí que a positividade flutua agora.

Barb Jungr, foto de Steve Ullathorn

A importância das redes sociais

Kim Cypher mencionou o efeito que as redes sociais têm na obtenção de agendamentos, principalmente para festivais.

> *Um músico terá os seus sites de mídia social, se os tiver, examinados pelos locais de eventos em que ainda não actuou. Os espaços podem verificar quantos seguidores tu tens, quantas curtidas tu recebes e a probabilidade de essas pessoas comparecerem aos teus shows. Isto é compreensível, pois os festivais precisam de garantir que as pessoas compareçam aos eventos e precisam de verificar se uma banda é tão popular quanto dizem, mas também traz para a equação de que isto é mais sobre quantas pessoas te seguem do que a qualidade daquilo que tu está a trazer para um evento. Também pode significar que bandas que não têm tempo para redes sociais podem não ser interessantes para alguns espaços de eventos.*

Os festivais são outro lugar onde as bandas tocam, vendem as suas músicas e produtos, e são pagas para actuarem. Estes continuam muito populares. Você não apenas ouve as bandas que conhece mas também aquelas que não conhece ou sobre as quais apenas tem ouvido falar. Você também está num lugar onde todos estão lá pela música. Existem muitos pequenos festivais no Reino Unido, ocorrendo num auditório de uma cidade ou em diversos locais. Claro, os grandes como o *Love Supreme* e o *London Jazz Festival* ainda são vencedores em termos de assistência e visibilidade.

Jenny Green comenta:

> *Puxa! Tu tens de estar tão 'ligada' hoje em dia com as redes sociais e com todas as plataformas de música, especialmente se tu estiveres numa label independente. Agora existem poucos festivais de jazz na Grã-Bretanha, mas montes de festivais de música Fringe ou alternativa, se tu tiveres algo diferente para oferecer. É tudo uma questão de divulgares o teu nome, mas tens de fazer isso em primeiro lugar para seres notada. Um álbum é apenas um cartão de visita, tendo eu mesma produzido um em 2014. Não há mais financiamento para jovens artistas ou qualquer artista que*

queira fazer uma turné!

O festival *Love Supreme* na costa sul tem muitas oportunidades, tem vários palcos e a organização é muito encorajadora ao contratar artistas emergentes, mas como descobrem eles os contactos?

Barb Jungr diz:

> *Ainda há espaços e ainda há festivais. Os emolumentos são mais baixos do que costumavam ser, excepto para os principais nomes internacionais. Não obstante, as pessoas ainda querem música ao vivo e isso é fantástico e temos que as manter próximas e a querer música ao vivo. Mas não somos apoiados pela televisão e rádio dominantes. São lamentáveis as poucas horas dedicadas a qualquer outro tipo de música que não seja a forragem da indústria mainstream, tal como são as demarcações. Quando Desmond Carrington nos deixou para o grande bar no céu, ele levou consigo uma grande oportunidade para muitos poderem passar na Radio 2. Graças a Deus, Jools Holland está de volta à BBC Radio 2 e Clare Teal consistentemente apoia o nosso talento local no grande show dela. Sem a Radio 3 e a Jazz FM — nem dá para pensar nisso!*

As redes sociais também dão às mulheres a oportunidade de postar comentários sobre eventos, as suas opiniões sobre jazz e muitos outros assuntos. Isto permite que as pessoas vejam o quão fortes elas podem ser, o que estão realmente a pensar e, com sorte, isto também elimina alguns preconceitos.

O Caminho a Seguir

Existem algumas conclusões que podem ser tiradas depois de falar com mulheres da indústria do jazz. É difícil separar muitas questões como educação e financiamento; mas persistem certas condições que tornam a posição das mulheres menos vantajosa do que a dos músicos masculinos. Em primeiro lugar, o sexismo está profundamente enraizado na indústria da música como um todo, então talvez seja errado destacar o jazz como a raiz de todos os males. Todavia, isto parece persistir no jazz enquanto outros géneros estão a distanciar-se. É muito mais raro ver no jazz um *ensemble* dominado por mulheres do que na música clássica. Nos *shows* de jazz, você ainda ouve frases como 'moças', 'vamos lá, rapazes' (deixando os músicos femininos de boca aberta), 'bom para uma mulher', 'ela é um dos gajos' e assim por diante. Muitas mulheres contam-me que quando elas dizem que são músicas de jazz, a reacção inicial é: ‹Ah, então você canta?› Deve-se notar que muitos dos famosos artistas de jazz eram mulheres; mas mude-se para instrumentistas, e isto é basicamente uma história dominada por homens. Isto significa que os modelos a seguir são menos para as mulheres. Outra coisa a considerar é que, quando você toca um instrumento, este permite o anonimato de género, a menos que você veja o músico a tocar. O menor número de mulheres no jazz não tem nada a ver com as mulheres serem musicalmente inferiores, mas indica uma diferença de julgamento quando você pode assistir a uma *performance*. As mulheres são julgadas diferentemente dos homens.

Acho que parte desta diferença pode ser explicada pela confiança e segurança. Como as mulheres são julgadas com base em critérios diferentes, elas sentem-se menos seguras e isto transparece nas suas actuações. Intuitivamente as mulheres são mais pragmáticas e reservadas como um todo e por isso sentem-se menos confiantes em se sobressair no palco. Críticos e outros músicos também sabem como tirar a confiança de uma mulher. As mulheres podem sentir uma necessidade maior do que a dos homens de serem socialmente aceites. Durante as audições as mulheres colocam energia em serem simpáticas e acessíveis, o que pode torná-las menos confiantes e, portanto, afectar o seu desempenho. É claro que os homens também ficam nervosos nas audições, mas não parecem exibir as adicionais ansiedades associadas aos executantes femininos.

Contudo, há definitivamente um senso de mudança no ar. A Universidade de Oxford nomeou a primeira mulher presidente da OUJO, o que foi, na época, uma grande conquista. O número de mulheres fazendo testes para as bandas de jazz aumentou para trinta por cento. Têm surgido configurações femininas como o *Sisters of Funk* e o *Sisterhood Festival*— um evento para aqueles cuja identidade inclui o feminino. Embora não seja especificamente para jazz, este evento apresenta grupos femininos, incluindo jazz. Oxford é um microcosmo no universo maior e é uma justa representação de como a mudança está a chegar ao mundo em geral.

Um efeito surpreendente destes eventos que apoiam artistas femininas e festivais de jazz feminino é que, talvez pela primeira vez, os homens são excluídos. É o caso de não poder participar num número cada vez maior de eventos, ou de incluir as mulheres em igualdade de condições em outros eventos. A maioria dos músicos, quando isto mexe nos seus bolsos, escolherá o último caso e, com sorte, também entenderá que as pessoas que se identificam como mulheres fazem parte da cena do jazz tanto quanto aquelas que se identificam como homens.

Isto representa as mulheres que têm passado muitos anos a defender a mudança, e finalmente está a acontecer graças aos seus esforços. As mulheres com quem falo, contam-me acerca de entrar cada vez mais mulheres no jazz. Grande parte disto é porque elas têm modelos, mentoras e outras mulheres com quem tocar. Isto abre portas para homens e mulheres actuarem como iguais.

Considerando onde estão hoje as mulheres no jazz – possivelmente no ponto em que a igualdade está a apenas a algumas decisões positivas de distância – e estando essa mudança a acontecer e estando o caminho livre para homens e mulheres, como vêem as mulheres a desenrolar-se isto para elas e para o jazz? Elas dizem-me que se sentem positivas, como se a jornada tivesse apenas começado. O ponto de partida no jazz veio mais tarde por causa das dificuldades que as mulheres enfrentaram no passado, mas certamente estão a recuperar o tempo perdido e a aproximar a distância rapidamente. Isto tem sido imensuravelmente ajudado por eventos que têm feito um concertado esforço para incluir mais mulheres. O *Monterey Jazz Festival 2018* (a 61.ª) foi exactamente esse tipo de evento, com o objectivo do festival daquele ano de incluir mais mulheres. Foi um sucesso incrível. Como festival mais antigo do mundo, em execução contínua, e que atrai público de todo o mundo, este foi uma grande chamada de atenção para a hierarquia do jazz, afirmando que as mulheres agora são pivotais no género. O festival apresentou uma enorme diversidade de mulheres líderes de bandas, artistas solo, compositoras e arranjadoras, cada uma com visões que vão muito além de simplesmente tocar ou produzir gravações. De acordo com a revista San Francisco *Classical Voice*:

> *Para cada trilho aberto no palco, uma direcção alternativa parecia abrir-se, oferecendo uma perspectiva diferente de como chegar a um destino semelhante.*

O festival contou com as saxofonistas Tia Fuller, Kristen Strom, Jane Ira Bloom e Melissa Aldana, as trompetistas Ingrid Jensen e Bria Skomberg, outras líderes femininas, incluindo a baixista Lisa Mezzacappa, a flautista Jamie Baum, a vocalista Cecile McLorin Salvant, a guitarrista Mary Halvorson e muitas mulheres músicas de todo o mundo, assim como muitos homens, é claro. O festival provou ser um sucesso inovador. Também provou que era fácil preencher agendas com executantes femininos de classe mundial. Em vez de um festival oferecer uma oportunidade às artistas femininas, isto era mais um caso de artistas femininas oferecerem ao festival a chance de mostrar a riqueza de talentos que ele poderia reunir—homens e mulheres.

Georgia Mancio ecoa esta positividade:

> *A boa notícia é que a cena nunca foi tão vibrante ou diversa; com tanto talento por aí, isto parece vivo e de boa saúde.*

Gail Tasker diz:

> *Estou absolutamente certa de que isto vai melhorar. Sem dúvida, o mundo está avançando no momento. Estamos vendo cada vez mais mulheres instrumentistas no palco e as pessoas estão questionando menos.*

Como prova da cena vibrante, novos projetos surgem regularmente incluindo os próprios eventos de Georgia Mancio, no Reino Unido, chamados *Hang*, que são uma série de colaborações personalizadas e de novas composições apresentando a nata do jazz do Reino Unido, cenas de música improvisada e de música latina num dos mais icónicos espaços da

Europa (*Pizza Express Jazz Club*). Existem numerosos festivais de jazz, pequenos e grandes, em todo o Reino Unido; e cada vez mais os festivais incluem palcos de jazz com um aumento notável no número de músicos do sexo feminino. O Reino Unido tem uma florescente lista de talentosas artistas que atraem grandes audiências, incluindo todas as mulheres neste livro, mas também artistas como a harpista Alina Bzhezhinska, a pianista Nikki Iles, a violoncelista Shirley Smart, a cantora Kitty La Roar, a violoncelista Hannah Marshall, as trompetistas Laura Jurd e Sheila Maurice-Grey, a guitarrista Shirley Tetteh e muitas mais.

Muito se fala em aumentar a diversidade na música. Muitas pessoas comentam que o próprio facto de termos mais mulheres, LGBT e outros géneros não definidos significa que a diversidade aumenta e consequentemente a própria criatividade também aumenta. O Jazz desenvolveu-se como um género a partir de uma verdadeira mistura de culturas, estilos e ritmos, pelo que deveria ser este o género que aprecia a mudança que as diferentes dinâmicas trazem. Saímos do período em que a maioria das mulheres tocava piano ou cantava. Hoje, a lista de estelares mulheres instrumentistas é incrível e cresce continuamente. Músicos como a baixista Carol Kaye, que tocou em tantos sucessos com o *Wrecking Crew*, ou Emily Remler, provam que as mulheres podem defender-se contra qualquer homem. *Cada* mulher neste livro é a prova disso.

A mudança está acontecendo mesmo que num ritmo lento. O produtor Jason Miles diz:

> *Não se trata de ser homem ou mulher, mas sim de dedicação ao seu ofício. Neste momento, nós precisamos de mais engenheiras de gravação e produtoras para romper o domínio masculino do ofício. Isto virá, mas tem demorado muito. A diversidade sempre tem trazido grande criatividade. As mulheres trazem uma diferente e bem-vinda perspectiva para a música. Tivemos grandes cantoras durante décadas. Esta próxima fase traz um círculo completo para líderes de bandas e executantes que podem ficar cara a cara com os homens. É assim que a música deve ser—sempre evoluindo.*

John Russell transmite a mudança na atmosfera quando diz:

> *Eu sinto que ainda há um longo caminho a percorrer, mas certamente a atmosfera nos concertos é muito menos severa e muito mais acolhedora do que antigamente, e eu sinto que isso se deve em grande parte ao aumento do interesse na música por parte das mulheres, tanto como executantes quanto como membros da audiência.*

Ele também menciona o facto dos perigos de haver mulheres no *line-up* do *Mopomoso*—um evento regular de free jazz—apenas por causa disso. Ele diz:

> *No Mopomoso, nós tentamos activamente diferenciar em prol das mulheres sem parecermos tokenísticos. Ainda há algum caminho a percorrer, mas em geral é possível garantir que haja algumas mulheres em cada programa e eu estou convencido de que isto influencia como a música é percebida pela audiência.*

Beverley Beirne comenta sobre o festival que dirige:

> *Ao dirigir o festival, tu podes ver o que atrai mais as pessoas e qual grupo demográfico comparece a certos tipos de actuações. Na verdade, isto pode ser realmente surpreendente. Temos um caldeirão de diversidade, mas, verificando as coisas, eu diria que a tendência geral é para os mais jovens. Vale a pena ressaltar aqui que temos, sem dúvida, mais mulheres na audiência do que costumava haver em shows de jazz.*

Kim Cypher acrescenta:

> *Eu não poderia sequer imaginar-me a fazer outra coisa e por isso estou realmente grata por estar a viver o meu sonho com o meu marido, bem e verdadeiramente ao meu lado (bem, efectivamente atrás de mim na bateria).*

Gail Tasker:

> *Eu acho que a cena da música ao vivo está descolando um pouco mais em Londres. Muito mais locais estão a apresentar jazz em toda a cidade, enquanto costumava ser apenas o Ronnie Scott's e alguns pubs.*

Parece haver um progresso constante mas lento em termos de mais mulheres actuando, assumindo papéis na mídia e na gestão, e assistindo a concertos, embora ainda haja algum caminho a percorrer. Há razões para este progresso, e razões para ser lento.

Georgia Mancio diz:

> *Eu estou ciente de que tenho certamente submetido o meu ego aos meus colegas do sexo masculino, mas isso tem sido devido à minha própria falta de confiança ou autoconfiança. A minha confiança tem mudado e isto tem sido um muito real e orgânico processo de enxerto, não apenas como artista mas em todos os aspectos do negócio. Se alguém tem problemas com o seu ego, provavelmente será ameaçado por uma mulher de sucesso, em especial porque ela pode achar mais fácil expressar a opinião dela. Existem muitos aliados que realmente desejam que mulheres e homens talentosos tenham sucesso e sejam tratados com igualdade. Então, novamente, os salários globais (para as mulheres) ainda são muitas vezes inferiores, as mulheres ainda são excessivamente sexualizadas e a retórica aterrorizante de Trump, e agora de Bolsonaro, corre o risco de normalizar a misoginia. Ainda há muito pelo que lutar.*

Numa entrevista ao *London Jazz News*, Georgia disse:

> *Acho que estamos a progredir, sim, e estou muito animada por ver tantas mulheres tocando música, trabalhando na produção e recebendo elogios mais do que nunca. Eu tenho conversado com muitos músicos, algumas pessoas da imprensa/indústria, ao longo do último ano, e aprecio as nuances do assunto. Ser consciente é o primeiro passo e eu acho que ainda há muitos sonâmbulos. Os programas de festivais e clubes ainda precisam de mais equilíbrio. Há muito poucas jornalistas (por que razão?) e, particularmente fora de Londres, menos mulheres do que homens a irem aos shows. A maior mudança provavelmente é a de que agora há mais mulheres músicas e mulheres a trabalharem nos bastidores, apesar de haver ainda um caminho a percorrer antes da paridade. Onde houver medo da mudança, é bom lembrar que se continuarmos a fazer as coisas da mesma maneira, obteremos os mesmos resultados. Precisamos de olhar além das nossas próprias experiências, de elevar a nossa consciência para imaginar o cenário de outra pessoa e então fazer melhorias activas. Parte disto acontecerá organicamente ao longo do tempo, mas esse tempo também*

é muito de momento.

Debbie Gifford comenta:

> *Ao longo dos anos tenho visto mais mulheres músicas na área do jazz sendo reconhecidas pelo seu talento, tanto como instrumentistas quanto como vocalistas. Acredito que este reconhecimento está ajudando a mudar atitudes e mais oportunidades estão sendo aproveitadas por mulheres músicas.*

Algo que é perceptível à medida que avançamos no jazz é que os jovens músicos denunciam o mau comportamento, especialmente quando se trata de comentários racistas, anti-idade, misóginos ou qualquer coisa que demonstre desrespeito. Estes incríveis jovens músicos parecem estar de repente 'aqui', embora eu ache que eles já estão por aí há algum tempo. Alguns são homens, alguns são mulheres, outros não são nem um nem outro—e isso também é importante. Alguns jovens músicos vêem o género como uma questão secundária, nada que ver com talento ou como você toca. Os jovens músicos são criativos, desenvolvendo novos projectos, eles tocam ao lado de importantes figuras mais velhas da comunidade do jazz como o saxofonista Evan Parker tocando com Binker e Moses, a violoncelista Hannah Marshall tocando ao lado do veterano Davey Payne da People Band e muitas outras colaborações entre os mais velhos, jovens, homens e mulheres. O jazz está definitivamente a ter um renascimento e os jovens estão a liderar o caminho. Agora há uma poderosa energia no jazz.

Kim Cypher diz:

> *Eu acho que agora é um momento emocionante para as mulheres no jazz. Estamos a viver numa época em que qualquer uma pode fazer qualquer coisa e as mulheres são empoderadas conforme continuamos a afastar-nos duma indústria que era tradicionalmente dominada pelos homens. É emocionante ver em cena tantas incríveis mulheres músicas de jazz, especialmente em termos de instrumentistas.*

Presente & Futuro

Mudando a demografia e a juventude no jazz

HÁ MUITO MAIS MULHERES entrando no jazz e, por coincidência ou não, mais jovens. Não muito tempo atrás, um ex-executivo da Sony disse-me numa conversa que ele sentia que os jovens negros tinham muito pouca associação com a música jazz. Agora, as coisas têm mudado e jovens de todas as origens estão a aparecer em *gigs* de jazz – às vezes em grande número. Recentemente falei com um grupo de jovens num *gig* e eles disseram-me que adoravam jazz e que isto abrangia música com a qual eles poderiam relacionar-se. Eles estavam no *gig* para ver um dos seus colegas a tocar e um deles disse que também era importante que mais jovens tocassem jazz porque eles podiam relacionar-se entre si e que a música tocada pela sua própria faixa etária parecia mais acessível. Curiosamente, quando eu dirigia a *London Jazz Platform,* havia um evento de hip-hop acontecendo na vizinhança e vários jovens vieram dar uma olhada nos jovens executantes do nosso evento—e vários permaneceram por algum tempo também. Em todo o mundo, muitos músicos dizem-me que as audiências são jovens e muito entusiastas, especialmente na América do Sul, aparentemente. Mats Gustafsson tocou recentemente na Colômbia e disse-me que os shows estavam lotados de gente jovem.

Debbie Gifford diz:

> *Depende do lugar onde tu estás a actuar. As nossas actuações na China esgotaram com jovens que conheciam cada palavra de cada padrão de jazz que eu cantei. As nossas actuações na Europa são para uma faixa*

etária mista e o mesmo vale para os Estados Unidos. Existem muitos clubes de jazz a fechar as suas portas, a nível mundial, mas novos clubes estão a abrir na Europa, embora eles pareçam ser bem pequenos. Isso não impede que os amantes do jazz os encham até às bordas.

Alguns anos atrás, eu fiz a cobertura de um show para a BBC no *Cafe OTO* de Londres, onde a maioria dos músicos tinha os seus 60/70 anos. Contudo, cerca de metade da audiência tinha menos de trinta anos e eu fiquei intrigada sobre o porquê. Entrevistei algumas das pessoas e elas disseram-me que, para elas, o jazz *é* a música alternativa. Elas estão a descobrir que o jazz e a música improvisada, em particular, são um completo afastamento da música popular com a qual são bombardeadas. Elas estão também, disseram-me, a perceber que há muito mais no jazz do que a música tocada como música de fundo em restaurantes. Uma pessoa de vinte e cinco anos informou-me:

> Eu costumava chamar o jazz de 'lift music', como em John Lewis, sempre haveria jazz nos elevadores—tu poderias ignorá-lo e pensar na tua próxima aquisição, ou este pode estar a ser reproduzido como música fundo, num café-restaurante, e as únicas partes que tu notarias era quando um solo de sax se revelava... Mas esta música que ouvi hoje à noite é tão diferente—louca, levemente zangada, atingiu-me um tanto no departamento de alma.

Um modo adorável de colocar isto, pensei eu. Algumas semanas depois fui ver o falecido Hugh Masekela no *Snape Proms* e mais uma vez a audiência era incontestavelmente jovem. Algumas semanas depois vi Wayne Shorter com a orquestra *Jazz At The Lincoln Center* liderada por Wynton Marsalis. A audiência era uma mistura de jovens e velhos com muitas mulheres. Em seguida veio Gilad Atzmon no *Ipswich Jazz Club*, um espaço pequeno mas popular. Muitas mulheres, homens mais velhos e muitos jovens. Depois, Peter Brotzmann no *Cafe OTO*, e novamente muitos jovens e algumas mulheres. Delfeayo Marsalis e a sua Big Band no *Snug Harbor* em New Orleans—muitos jovens e muitas mulheres. Eu interroguei-me então se o jazz não estava atraindo apenas mais jovens mas também mais mulheres. Os jovens dizem-me que o jazz é uma 'coisa' neste momento e estão a gostar particularmente do novo tipo de jazz que cruza referências ao hip-hop, à música de rua e a outro jazz, tocado por músicos como Kamazi Washington e Soweto Kinch.

Georgia Mancio diz:

> Nos últimos anos, promotores como Jazz Re:freshed têm feito entrar definitivamente audiências mais jovens, com artistas operando mais em transversalidade de género.

Em New Orleans os espaços de jazz estão lotados com jovens ao lado de pessoas de meia-idade e mais velhas. Então, está a acontecer a mudança? Estão os jovens a encontrar o jazz novamente? Locais como *Cafe OTO*, *Iklectic Art Lab*, *The Vortex*, *Club Karamel*, *606 Club* e vários clubes dos EUA e da Europa, como o *Sunset* em Paris, permitem que executantes mais jovens subam ao palco. Executantes como Dominic Lash, Sam Leak e Elliot Galvin, para citar apenas alguns, dividem palcos com músicos mais velhos. Tenho visto um saxofonista de setenta anos a improvisar ao lado de um violoncelista de vinte e poucos anos com enorme sucesso. Os jovens músicos trazem as pessoas jovens e estas parecem adorar o jazz que ouvem. Muitos dos músicos e membros da audiência são mulheres e eu conjecturei se as mulheres com quem eu estava a conversar também sentiam esta mudança demográfica. Parece que isto é variegado e pode depender de onde tu actues. Perguntei a Carmela Rappazzo acerca disto e ela disse:

> *Quando eu morava em Los Angeles havia um conhecido músico de jazz que lamentava o facto de que o público do jazz era "geriátrico". Eu tenho realmente visto essa mudança. Definitivamente há agora pessoas mais jovens na minha audiência e mais pessoas (isso pode ser uma coisa NOLA).*

Emily Saunders nota:

> *Eu acho que há uma nova onda de ouvintes de jazz abrindo as antigas limitações de pensamento sobre idade e género – isto é realmente emocionante, há muitos novos ouvintes e novas coisas a acontecer. Para*

> mim, o que é fundamental nisto é a abertura de meios contemporâneos que as pessoas possam acessar, comunicar e conectar-se, para descobrir o jazz e todas as músicas relacionadas. Esta foi a razão pela qual criei o Jazz Connects – uma independente plataforma digital online para que as pessoas pesquisem, conectem-se e colaborem com o jazz e a música relacionada. Sendo online, isto é totalmente aberto a todos, desde o nacional e internacional, ao local e regional, onde as pessoas do mundo do Jazz podem criar parcerias e erradicar fronteiras. Outrossim, novos públicos podem acessar tudo facilmente para descobrirem o que está a acontecer.

Ellie Thompson comenta:

> Penso que tenho visto uma audiência mais jovem começando a compreender que as artes, em geral, são algo que vale o seu tempo e dinheiro. Eu acho que há mais entendimento de que isto não é algo que tu podes esperar que seja sempre de graça sem prejudicar a qualidade.

Tina May está em óptima posição para comentar, dado que ela toca por toda a Europa e no Reino Unido. Ela diz:

> Eu vejo mais mulheres na plateia hoje em dia. Além disso, muitos jovens também estão a adquirir o bicho do jazz. Recentemente estava eu a cantar no Caveau de la Huchette em Paris e fiquei tão feliz em ver tantos jovens a dançar ao som da música! Aparentemente o sucesso do filme 'La La Land' tem dado um verdadeiro impulso à comparecência estudantil. Este show tem sido um lugar onde sempre deram concessões estudantis, também. Lembrei-me da minha primeira visita ao Caveau de la Huchette como estudante. Eu adorei na altura e ainda adoro. O jazz ao vivo é tão emocionante. Eu preocupo-me com os clubes de jazz que são muito caros para os jovens... isto obviamente vai impedi-los de ' se arriscarem' no jazz. Todavia, nós poderíamos ter mais algumas mulheres no gerenciamento. Estou sempre ciente da masculinidade dos agenciadores, programadores de festivais, etc. Isto afectaria uma mudança real e, ouso dizer, também no mundo jornalístico do jazz.
>
> O jazz, em geral, não é muito visível na TV/Rádio dominante e consequentemente as mulheres são ainda menos visíveis.... ainda temos um longo caminho a percorrer. Isto é especialmente verdadeiro, visto que

os produtores são mais jovens e provavelmente conhecem muito pouco da música 'antes dos Beatles'...

No Equador fui a vários *shows* de jazz na capital, Quito. O público era misto; mas o que me impressionou foi o envolvimento dos ouvintes com os executantes. Muitas vezes, as pessoas levantavam-se e dançavam nas coxias, inconscientes e demonstrando a sua satisfação com a música. O jazz também era subtilmente diferente—grandes nomes como Lizz Wright ou bandas mais locais como *The Garbage Men* que tinham um toque latino na sua música. O público apreciou-os igualmente e com paixão.

Mas na Europa, no Reino Unido e nos Estados Unidos ainda parece haver uma divisão entre a demografia das audiências mais velhas e a dos mais jovens. Parece que as audiências mais velhas são mais propensas a serem do sexo masculino, mas as mais jovens serão uma mistura de homens, mulheres e outros.

Jo Harrop concorda e informa-nos:

> *Eu acho que a maioria das audiências mais velhas tende a ser homens mais velhos como regra geral—a geração masculina mais velha tende a ficar bem em sair sozinha para ver shows de jazz, beber por conta própria, etc., em comparação com as mulheres dessa geração—mas há mulheres e casais que vêm para assistir ao jazz, especialmente jazz vocal. Nas gerações mais jovens, eu acho que há uma relação homem/mulher mais equilibrada—certamente vou a shows sozinha e sinto-me confortável.*
>
> *O 606 Club tem uma audiência bastante equilibrada, tanto quanto a minha experiência me dita. Assim como o Pizza Express, o Hideaway, etc. Porventura são agora os espaços mais adequados às necessidades das pessoas de todos os estilos de vida e de todas as faixas etárias?*

Georgia Mancio diz:

> *Nas cidades maiores (certamente Londres, onde eu moro) a faixa etária é mais variada e o gênero mais equilibrado. Nos clubes regionais a média de idade é maior e provavelmente ainda há mais homens do que*

mulheres assistindo aos shows.

Gail Tasker diz:

> Foi estranho mudar de Cardiff (para Londres), onde o grupo demográfico dominante era o de mais de 50 anos e homens brancos. Eu sinto que a cena do jazz no Reino Unido se dividiu em duas: há o grupo demográfico predominante que mencionei e há este mais jovem, público muito mais diversificado.

Barb Jungr comenta:

> Os festivais atraem público. Parece haver pessoas jovens e mais velhas em tudo o que é adequado. Eu diria que a demografia também reflecte o género. Se tu tens uma homenagem a Ella, a audiência será substancialmente mais velha do que se tu fosses a Annette Peacock no Cafe OTO ou The Bad Plus no Festival Hall. Os executantes mais jovens e os nomes de culto atraem um público muito mais heterogéneo.

Claire Martin acrescenta:

> Os clubes e festivais continuam a agendar actuações de jazz, se forem clubes de jazz e festivais orientados para o jazz, mas eu penso que isto poderia ser melhor porque nós precisamos de mais locais para tocar jazz e precisamos de festivais que assumam ser festivais de jazz parando com o agendamento de bandas pop. ... Em Londres, as audiências são mais jovens com certeza, além do factor turístico, mas no geral o público é branco, com mais de 70 anos, e os números estão a diminuir. Sempre foi assim desde que eu conheço isto. Fico deprimida por dificilmente ver um qualquer jovem na plateia. Eu tenho crescido a aceitar isto.

Eu acrescentaria uma observação pessoal aos comentários de Claire: recentemente vi Claire a actuar numa escola—ela era a atracção principal do festival de música anual da escola. A Ipswich School em Suffolk, no Reino Unido, quase sempre termina com uma atracção principal e geralmente é um artista do mundo do jazz. Claire cantou para uma audiência cuja idade variava dos mais velhos aos mais jovens, constituída pelos alunos mais velhos da escola – com idades de dezasseis a dezoito anos, e os seus pais de quarenta e poucos anos—e eles adoraram. Isto apenas mostra que, onde as escolas incentivam as pessoas a ouvir jazz ao vivo, este é uma escolha popular e perene para espectáculos.

Em Beirute, a audiência está a ficar mais jovem e Joelle Khoury diz:

> *Aqui em Beirute fico contente em começar a ver jovens interessados na música jazz.*

E é uma das grandes coisas da época em que estamos. Os jovens parecem ter encontrado o jazz subitamente. Durante alguns anos, é verdade, o jazz parecia ser o domínio dos obstinados de cabelos brancos e barbas—pessoas que praticamente fechavam a porta aos recém-chegados por causa do seu snobismo no jazz e da falta de vontade em abraçar a mudança. É claro que o jazz está a ter um pouco de importância no Reino Unido e em outros sítios, com pessoas jovens chegando à música em grande número. Não é jazz tradicional, mas jazz infundido com elementos de outros géneros, como hip-hop e música de rua. Músicos como Kamazi Washington, Soweto Kinch e Courtney Pine estão a atrair jovens, e cada vez mais a geração mais nova está a pegar em instrumentos e a tocar jazz. Núcleos como *Oto Space, Jazz Re:freshed* e muitos outros em Londres incentivam jovens músicos. Um músico disse-me recentemente: "Acredito que as pessoas jovens querem ver os jovens a tocar" e ele estava certo—eles querem e quanto mais jovens tocarem música ao vivo, mais virão para ver a *performance* deles.

Emma Acton comenta:

> *O proprietário do 606 Club, Steve Rubie, faz um óptimo trabalho ao contratar jovens músicos talentosos, bem como aqueles que estão estabelecidos, incluindo a saxofonista Helena Kay que foi vencedora do Peter Whittington Jazz Award em 2017, bem como Alexandra Ridout que ganhou o Young Jazz Musician do ano em 2016. Steve também permite que todos os estudantes de música sejam tratados como membros para que possam entrar no* **bar** *dos membros gratuitamente, tornando assim o jazz e outros géneros mais acessíveis para um grupo demográfico mais jovem.*

O bar dos membros mencionado acima é um espaço onde os membros podem frequentar e assistir à música de graça. Para jovens músicos, esta é uma oportunidade para ver uma variedade de músicos diferentes e não ter de pagar os preços de jantares. Emma mencionou alguns dos prémios que são dados a jovens músicos – incentivando-os e sustentando-os em curto período, enquanto eles se estabelecem no circuito do jazz como profissionais. Há também organizações mencionadas anteriormente, como *Tomorrow's Warriors*—um programa que usa produtores que trabalham internacionalmente e nacionalmente com alguns dos artistas de jazz mais emocionantes, mais novos, mais diversos, mais emergentes, e mais consagrados no Reino Unido, com um especial foco em mulheres e naqueles de etnicidade africana. *Tomorrow's Warriors* tem um *Young Artist Development Program*, liderado pelo premiado Director Artístico, Gary Crosby OBE. As sessões são totalmente gratuitas e acontecem todos os fins-de-semana durante o período escolar com diferentes actividades para diferentes faixas etárias. Há *workshops* para mulheres, organizados pelo *London Jazz Festival* e espectáculos voltados para mulheres.

Há um enorme banco de talentos de jovens músicos, incluindo muitos executantes femininos, a partir dos quais o mundo do jazz traçará o seu futuro – e eles são da mais alta qualidade, o que é importante. É uma fase excitante e realmente parece que estamos às portas de uma nova era da música jazz, se pelo menos o jazz puder aproveitar um pouco da mudança.

Jenny Green garante-nos:

> *É excitante, eu posso definitivamente ver mais interesse no jazz por parte dos jovens. Há uma boa música saindo da fusão. A cena do jazz tradicional ainda parece estar lá também, particularmente algumas grandes bandas do estilo Dixie New Orleans.*

Mercados em mudança

As mulheres neste livro são, na sua maioria, músicas profissionais, então ninguém está mais qualificado do que elas para comentar sobre o mercado em mudança relativamente à música jazz. Ainda existem, de facto, muitas editoras discográficas cujo âmbito inclui jazz, e o vinil tem feito um reaparecimento; não obstante, a maioria dos músicos aceita que as coisas têm mudado e eles continuam activos.

Terri Lyne Carrington lembra-nos:

> *As vendas de música gravada estão um tanto no passado. Streaming é o que o futuro reserva. Toda a gente tem de se ajustar a um novo modelo, o que torna isto interessante, dado que muitos músicos estão a actuar por aí fora porque muito dos rendimentos deles depende de apresentações ao vivo—isto torna-os cada vez mais fortes, pois é mais competitivo, então é uma nova fase.*

Não há dúvida de que as mulheres estão a ganhar atenção e foco pelo seu talento e força musical. A *Clash Magazine* publicou um artigo positivo[4] em 2017, que destaca os desafios às atitudes antigas e a ascensão de estelares mulheres executantes do jazz. Inclui mulheres que estão a contornar a hierarquia estabelecida, "criando novas estruturas para si mesmas com os seus próprios colectivos, espaços e plataformas" e inclui radialistas como Tina Edwards, uma defensora de longa data das mulheres na música jazz.

E para o futuro?

Alicia Renee, *aka* Blue Eyes, comenta:

> *Com o Montreux Jazz Festival, o North Sea Jazz Festival e tantos outros continuando ainda fortes, eu sinto que o futuro é definitivamente positivo.*

As jovens mulheres podem agora ver as suas colegas a tocarem. Elas têm

---

4 https://www.clashmusic.com/features/meet-the-women-pushing-uk-jazz-forward

modelos e representações estelares como Laura Jurd, Yolanda Brown, Kosi, Esperanza Spalding, Cécile McLorin Salvant, Melody Gardot, Mary Halvorson, Lauren Kinsella, Ellen Andrea Wang, Isabel SÖrling e Linda Oh, para mencionar apenas algumas. Elas também podem ver mulheres mais consagradas, incluindo Cath Roberts, Estelle Kokot, Kitty La Roar, Norma Winston—e nestas nem sequer estão incluídas as mais de trinta apresentadas neste livro.

Jo Harrop diz:

> Há montes de pessoas jovens indo a shows de jazz. Muitas delas são músicos e algumas realmente amam a música. É uma coisa muito positiva, que as pessoas ainda gostem de música ao vivo e apreciem especialmente o jazz.

Patti Boulaye acrescenta:

> Recentemente tem havido um renascimento (no jazz) com a ajuda dos eventos Pizza Express Jazz (e outros), mas vivemos na era do grande avanço da tecnologia que está a revolucionar o jazz e outras indústrias.

Parece que está a chegar o dia em que género no jazz não será mais ‹uma coisa›. O génio que é o jazz tem respondido ao chamamento, de muitos, para mudar—ele faz as coisas devagar e ainda existem algumas áreas em que o jazz precisa de acordar totalmente e perceber o efeito prejudicial que as atitudes misóginas têm na indústria como um todo; e que, em geral, qualquer tipo de sexismo—ou qualquer *ismo*—é uma noção moribunda e anacrónica. As pessoas que se recusam a adaptar-se às mudanças ficam para trás. A menos que abracem a igualdade em todos os aspectos, elas descobrirão que estão a viajar na poeira dos outros—e parte desta criada por pés mais delicados do que os seus próprios.

O diálogo sobre sexismo no jazz continua e continuará até que a questão seja resolvida. Haverá auto-avaliação e contestação dos infractores – alguns dos quais ficarão surpresos, eu não tenho dúvida – porque o seu comportamento está arraigado e desactualizado – mas isto acontecerá. Há um senso de consciência e também um desejo de resgatar o jazz antes que ele se torne vítima da sua própria criação tácita e perca o contacto com a realidade. O facto de as pessoas quererem resgatá-lo e mudarem activamente as coisas diz muito sobre como o jazz é amado e respeitado como género musical. As mulheres querem que este seja valorizado e que seja um lugar de igualdade. Esse amor, essa paixão é o que derradeiramente salvará o jazz; e a energia com que as pessoas estão a trabalhar para mudarem as coisas está a ganhar dinâmica. Este livro, ensaios, e outros livros que indubitavelmente surgirão, documentarão as mudanças que estão acontecendo. Contudo, nada documentará melhor a mudança do que o dia em que o sexismo no jazz será uma lição aprendida, e completamente e absolutamente no passado. As mulheres que estão hoje no topo deveriam ter desfrutado de mais modelos; elas deveriam ter tido mais incentivo e mentores; mas elas não tiveram isso. Elas têm tido que lutar e o seu sucesso tem um custo. Espera-se que as mulheres que entram na indústria do jazz actualmente não perpetuem as armadilhas sociais colocadas diante delas, mas que as arrombem, eduquem os outros e nunca, jamais, aceitem que não há nada que possam fazer para mudar as coisas.

Nós evoluímos, nós mudamos como sociedade e, graças a Deus, o jazz também. Pode ser difícil às vezes. Os homens precisam se fazer perguntas desconfortáveis como: 'Estou eu a contribuir para um comportamento misógino e posso eu mudar isto? Faço eu com que as mulheres se ponham à prova ainda mais? Faço eu com que elas se sintam desconfortáveis?' E as mulheres devem interrogar-se: 'O que posso fazer para mudar expectativas e mentalidades preconcebidas?' E cada um de nós precisa de se interrogar: 'Ajo eu de uma forma que fere, menospreza ou destrói a auto-estima de alguém? Estou eu a estimular a criatividade, o talento e a evolução, independentemente da raça, origem ou identificação de género da pessoa?' Devemos colocar a nós próprios estas perguntas, por mais incómodas que sejam, e depois lidar com as respostas. Temos de perdoar, começar de novo e voltar ao jazz com a mesa posta para todos, sem privilégios, sem porções extras, apenas igualdade total. Não devemos culpar uma pessoa pela sua atitude maleducada, mas ver como ela pode ser educada, compreender e aprender que ela está tão-somente a diminuir a riqueza de talento que ela tem disponível.

Se buscarmos aquele momento em que possamos responder honestamente às perguntas e sentir que estamos a tratar cada pessoa com total equidade, nós teremos chegado ao lugar onde a real e imparável criatividade ocorrerá. O jazz não saberá o que o tem abalado e o talento em exibição será excepcional – este terá sido incluído e terá sido seleccionado dentre todos. Devemos esperar o melhor de todos. Todos nós precisamos de fazer parte da evolução.

Ver mulheres a tocar música jazz está a tornar-se normal. As mulheres não são mais símbolos, novidades ou meros enfeites. Elas são cada vez mais vistas como par do percurso, iguais aos homens, tanto quanto parte da cena do jazz. Neste momento, pelo menos em algumas áreas, o jazz está a aproveitar a oportunidade que lhe é oferecida para se tornar o género para o qual outros apontam como um exemplo de indústria inclusiva e não problemática, onde raça, origem ou género são irrelevantes e o único detalhe em questão é o quão bem você toca as suas notas. Ainda pode ser incomum ver um produtor, gerente ou líder, do sexo feminino, mas estão a aumentar em número, lentamente mas seguramente; e a visão futura é aquela que inclui homens e mulheres em pé de igualdade em mais áreas.

As Mulheres do Livro

Conheça as mulheres que falam sobre as suas jornadas e sem as quais este livro jamais teria existido.

Emma Acton é gerente de marketing do mundialmente famoso *606 Club* em Chelsea, Londres. Ela também é fotógrafa, especializada em eventos e fotografia musical.

Arema Arega é uma artista cubana que vive em Espanha. Ela é uma intérprete, multi-instrumentista e vocalista. A sua música tem sido usada para curtas-metragens e ela tem aparecido em programas de rádio como uma estrela em ascensão.

Gretchen Bennett é Directora de Recursos Humanos numa empresa de tecnologia na cidade de New York. Ela também é esposa de Daniel Bennett—do *Daniel Bennett Group* (DBG). A turné DBG, pela América, teve vários lançamentos de álbuns amplamente aclamados.

Beverley Beirne é uma vocalista que tem cantado em bandas de rock e em musicais. O seu álbum aclamado pela crítica, *Jazz Just Wants to Have Fun*, produzido por Jason Miles, recebeu óptimas críticas. Beverley também dirige um regular festival de jazz—o *Ilkley Jazz Festival*—com o seu marido Mark.

Grace Black é apresentadora de rádio na estação de rádio comunitária K107fm e também cantora de jazz. Nos seus programas de rádio, artistas promissores são bem apresentados e ela tem um bom ouvido para a excelente música jazz.

Amanda Bloom é promotora da *Crossover Media*. Ela formou-se no Peabody Institute of Music na John Hopkins University com um diploma em *performance* vocal de jazz e ela mesma tem trabalhado como música.

Jane Ira Bloom é uma renomada saxofonista com mais de 40 anos de experiência, tocando e gravando para um público mundial. Ela é pioneira no uso de electrónica e movimento ao vivo no jazz. Desde a década de 1970, ela tem liderado os seus próprios grupos e tem tocado em festivais, incluindo o *Kansas*

City's Women's Jazz Festival. Ela ganhou o *Grammy Award de 2018* de *Best Surround Sound Album* pelo seu álbum em trio "Early Americans". Ela ganhou dez vezes o *Jazz Journalists Award* de sax soprano do ano, bem como o *Downbeat International Critics Poll* de saxofone soprano, o *Mary Lou Williams Women in Jazz Award* pelo perene serviço ao jazz, o *Charlie Parker Fellowship* para Jazz Innovation e o *International Women in Jazz, Jazz Masters Award*. Ela é o primeiro músico comissionado pelo *NASA Art Program* e teve a honra de ser homenageada com o  seu nome na designação de um asteróide, (asteroid 6083janeirabloom), pela *International Astronomical Union*. Ela ganhou numerosos prémios pela sua criatividade, incluindo uma *Guggenheim Fellowship* em composição musical e uma residência no *Baryshnikov Arts Center*. O *Bloom Festival*—um novo festival de jazz em Brooklyn, NY, apresentando artistas femininas de vanguarda, foi denominado em sua homenagem. Ela tem tocado com muitos grandes nomes do jazz e tem feito turnés com muitos combos e grupos.

Patti Boulaye OBE é uma cantora, actriz e artista anglo-nigeriana. Ela ganhou a série de TV New Faces em 1978 e tem a sua própria série de TV na Nigéria e tem aparecido muitas vezes na televisão do Reino Unido. Os seus papéis musicais incluem Yum Yum, Carmen Jones, e ela escreveu e produziu seu próprio *show* West End, *Sun Dance*. Ela apoia numerosas instituições de caridade que fazem uma diferença real em África, tem feito turnés e tem lançado vários singles.

Sarah Gail Brand é uma trombonista, colaborando com muitos artistas de jazz do Reino Unido, de vez em quando com os principais músicos da cena da improvisação. Ela foi descrita pela revista *The Wire* como a trombonista mais empolgante dos últimos anos. Os seus colaboradores incluem Mark Sanders, John Edwards, Martin Hathaway, Billy Jenkins, Elton Dean, Evan Parker, Phil Minton, Lol Coxhill, Alexander Hawkins, Maggie Nicols, Rachel Musson, Wadada Leo Smith, Jason Yarde, Steve Beresford e muitos outros. Sarah toca regularmente com vários combos diferentes e também faz *performances*  a solo. Ela tem composto partituras e tem apresentado programas de rádio. Também é educadora e professora de improvisação na *Guildhall School of Music and Drama*, em Londres, e musicoterapeuta qualificada.

Jane Bunnett é vencedora do *Juno Award*, por cinco vezes, e tem transformado as suas bandas e gravações em expositores para os melhores talentos musicais do Canadá, Estados Unidos e Cuba. Ela foi indicada para três *Grammy Awards*, recebeu *A Ordem do Canadá*, *The Queen's Diamond Jubilee Medal* e, mais recentemente, *The Premier's Award for Excellence*. O seu principal trabalho actualmente é com as mulheres músicas cubanas, com um projecto para incentivá-las  e orientá-las. A banda do projecto *Maqueque* tem-se tornado um dos principais grupos da cena jazz norte-americana e tem tocado em grandes festivais de jazz como *Newport* e *Monterey*. O grupo foi apresentado no programa *Jazz Night in America* da NPR, foi indicado para um *Grammy Award* pelo seu mais novo lançamento, *Oddara*, e mais recentemente foi votado como um dos dez melhores grupos de jazz pela crítica da prestigiosa magazine *Downbeat*. Bunnett é aclamada internacionalmente e conhecida pela sua criativa integridade, improvisadora ousadia, e corajosa artisticidade. Ela tem percorrido o mundo trazendo o seu próprio som especial para numerosos festivais de jazz, exibindo a sua versatilidade como flautista, saxofonista e pianista. Dois documentários foram feitos sobre o trabalho de Bunnett: *Spirits of Havana*, do National Film Board, foi apresentado em vários festivais de cinema internacionalmente, na televisão (*CBC* , *PBS*) e na Europa. Como educadora, porta-voz e activista social, Jane Bunnett continua sem medo de explorar territórios desconhecidos na sua busca pela excelência.

Terri Lyne Carrington é uma baterista, compositora e produtora de vários géneros, vencedora de três *Grammy Awards*. Ela actualmente ocupa o cargo de *Zildjian Chair in Performance* no Berklee`s Global Jazz Institute, Berklee College of Music, e é fundadora do *Institute of Jazz and Gender Justice*.

Trish Clowes é uma saxofonista, descrita no *The Guardian* como "uma das mais ágeis e originais malabaristas de improvisada e aventurosa composição que tem aparecido no Reino Unido nos últimos tempos". Ela é uma vencedora *British Composer Award*, *BASCA*, e formadora *BBC 3 Radio 3 New Generation Artist*. Os seus álbuns têm recebido aclamação da crítica.

Kim Cypher é saxofonista, líder de banda e vocalista. Ela tem tocado com músicos de prestígio e em grandes eventos, incluindo um evento privado apresentando-se para o primeiro-ministro do Reino Unido. Ela faz turnés regularmente e é uma das instrumentistas mais populares do Reino Unido.

Mimi Fox é uma guitarrista, compositora e artista musical de renome internacional e foi nomeada vencedora em seis vezes consecutivas pela crítica da *Downbeat*. As suas gravações receberam louvor universal e ela é reconhecida como uma das principais guitarristas do mundo.

Debbie Gifford é uma cantora cujos vocais misturam ópera e jazz. Ela tem sido nomeada para *Músico de Jazz Musician of The Year*, e *Vocalist of The Year* no *Annual Free Times Music Awards* e é a única mulher a ter actuado com a *Birdland Big Band*. Os comunicados de imprensa são muitos e

incluem: 'A voz de Gifford é suave e envolvente, acondicionando cada nota e hipnotizando o ouvinte com charme subtil (TGIF).

Jenny Green é apresentadora de rádio na Meridian Radio, apresentando regularmente o popular *Jen and Sooz Jazz Mix Up Show*, que destaca estrelas em ascensão no jazz. Ela é também uma cantora requisitada, seja como artista solo ou com os seus excelentes músicos.

Florence Halfon é uma *freelancer* do catálogo A&R de jazz que trabalha para a *Warner Jazz*, pesquisando catálogos e reunindo reedições. Projectos recentes incluem a caixa de colecção de vinil mono *John Coltrane Atlantic Years*, a caixa de colecção de vinil *Ornette Coleman Atlantic*, as reedições de *Split Kick* 10' de Stan Getz, e de *Roulette Sides* 10' de Lee Morgan. Ela também é uma cantora e compositora de jazz usando o nome de Florence Joelle. Ela tem três álbuns lançados e actua regularmente em Londres.

Jo Harrop é uma vocalista popular, tocando regularmente em grandes locais. Ela actuou no Royal Albert Hall e no London Jazz Festival. As análises da imprensa ao desempenho dela incluem, da *Blues and Soul Magazine*: "Sem problemas aqui, esta jovem nasceu para cantar

Jazz, Jo tem todo o calor emocional e sensibilidade para derreter o mais frio dos corações"; e de *Bebop Spoken Here*: "Uma sensação de canto. A sua voz é incrível, pensem em uísque Islay, *dark porter* ou vinho tinto rico em taninos—profunda, a dúctil dama é um acto de classe.

Barb Jungr é uma das vocalistas mais populares do Reino Unido e da Europa. Sempre efervescente, elegante e uma artista nata, ela tem colaborado com muitos outros artistas, além de fazer projectos a solo. Provavelmente melhor resumido na recente imprensa por Glam Adelaide, que disse: "É como se Edith Piaf e Nick Cave tivessem um filho amoroso que foi adoptado por Carmen McCrae"; e o *Wall Street Journal*, que disse que Barb "... traz a mesma criatividade para a reinterpretação e reexame que Ella Fitzgerald trouxe para Cole Porter." Ela revisitou cancioneiros de Dylan, Simone, Cohen e muitos outros e ganhou o *Broadway World Award* pelo seu álbum 'hard Rain'; *Time Out New York Cabaret Nightlife Award* para *Outstanding Vocalist* e o *Backstage Award* para *Best International Artist*. Barb continua a surpreender e a encantar audiências em todo o mundo.

Joelle Khoury é uma pianista e compositora, libano-americana, de jazz e de música clássica contemporânea. Tem participado em residências *Extra Muros* na França, República Checa, Suíça e Estados Unidos (2013) como bolsista da MacDowell Colony, onde trabalhou na sua *performance* multimédia *Palais de Femmes*. Em 1995 fundou o *In-Version*, um quinteto de jazz que executa composições originais que combinam um estilo bebop contemporâneo com complexas linhas de contraponto, suportando as melodias mais simples.

Wendy Kirkland é pianista e líder de banda. Os seus projectos actuais incluem *Piano Divas*, uma homenagem às pianistas cantoras de jazz; e *Organik Force*, grupo de jazz com órgão Hammond. As resenhas da imprensa incluem, da *JazzMann*: "Uma das grandes heroínas desconhecidas do jazz britânico. A lúcida calidez do seu canto é acompanhada pela sua execução de piano altamente talentosa..." e da *The Observer*: "Piano de jazz adequado, excelente banda. Uma estreia com muita classe."

Georgia Mancio é uma premiada vocalista anglo-italiana especializada em jazz e música latina. Ela tem trabalhado com muitos dos luminares do jazz e da pop e tem lançado álbuns por meio da sua própria gravadora, *Roomspin Records*. A consequente carreira de Georgia na música jazz tem sido excepcional com sete álbuns lançados até agora. Ela trabalha para a BBC e também tem instigado eventos que apoiam mulheres artistas e música, como o *Live at ReVoice* baseado na comunidade.

Claire Martin está classificada entre as melhores vocalistas de jazz do mundo. Ela foi premiada como *Best Vocalist, British Jazz Awards* e melhor *New Recording, British Jazz Awards* e recebeu um OBE. Ela tem trabalhado com a *Halle Orchestra*, a *BBC Big Band*, a *BBC Concert Orchestra* e com muitas outras grandes orquestras e bandas. Ela tem percorrido o mundo e lançado muitos CDs.

Indira May é uma vocalista que tem colaborado com muitos artistas e é uma estrela em ascensão na cena musical do Reino Unido. Ela tem tocado em festivais e em locais de prestígio no Reino Unido, e a sua combinação de soul, jazz e funk está a conquistar celeremente um crescente número de seguidores.

Tina May é uma das principais vocalistas de jazz da Europa. Ela tem trabalhado, entre outras, com a *BBC Big Band*, a *Stan Tracy Big Band* e com muitos músicos estelares. Ela tem ganho muitos prémios e tem tocado em importantes concertos em todo o Reino Unido e na Europa.

Faye Patton é guitarrista, vocalista, pianista e compositora e tem tocado em todo o Reino Unido, principalmente em Londres, bem como em festivais como o *Isle of Wight Festival*. Ela também produz e trabalha como músico de sessão. As resenhas da imprensa incluem uma do *Isle of Wight Festival* : A sua voz é realmente algo mais... incomparável'; e da *Jazzwise*: 'Uma cantora e compositora com um estilizado vocal que faz lembrar Tori Amos, com uma inclinação R&B mais influenciada por Ray Charles.'

Carmela Rappazzo é uma vocalista, compositora e líder de banda de New Orleans. Ela mudou-se para New Orleans, partindo de new York onde desfrutou de muito sucesso e onde lançou álbuns nos quais as suas ímpares capacidades vocais são realçadas. Ela tocou no evento *London Jazz Platform*, em 2017.

Anthea Redmond é co-fundadora/proprietária e apresentadora da *Jazz Bites Radio* e administradora da *Jazz Repository* — uma enorme colecção deixada para a estação por um particular. A estação incentiva novos artistas de jazz e opera 3 canais para uma audiência mundial. Séries como *Women in Jazz* e *The Freer Side of Jazz* tiveram muito sucesso e a estação regularmente apresenta e apoia novos artistas de jazz.

Alicia Renee, *aka* **Blue Eyes**, é uma cantora internacional que traz uma moderna mistura de jazz/funk e blues para o seu canto. Ela tem actuado em New Orleans e também em Londres, e tem-se apresentado no *Montreux Jazz Festival* (Suíça), *The Jazz Café*, *London La Scene* (Paris) e tem gravado vocais para *Bud Light*, *Sprite* e *KFC Commercials*, além de trabalhar com artistas como Dwele, The

Last Poets, Jessica Care Moore, Buddha Monk (WuTang Clan), Killah Priest (Wu Tang Clan), Delfeayo Marsalis, Ellis Marsalis e outros.

Emily Saunders é uma vocalista de jazz, compositora, produtora e radialista cujos álbuns vendem em todo o mundo. Emily tem avançado de êxito em êxito e um grande sucesso é o JannConnects.com, onde as pessoas podem mostrar música, fazer conexões, conectar-se com gravadoras, espaços de eventos, espectáculos e encontrar muitas informações num só lugar.

Gail Tasker é uma relações-públicas da Gearbox Records, uma *label* especializada em vinil e jazz. Ela administra campanhas para muitos artistas de prestígio.

Ellie Thompson é assessora de imprensa da *Prescription PR* e tem trabalhado lá há 2 anos. Ela lida com Relações Públicas para grandes artistas e organiza projectos de imprensa para eles.

Camille Thurman é saxofonista, vocalista, educadora e compositora. Ela tem sido aclamada pela *Downbeat Magazine* como uma "estrela em ascensão" e pela *All About Jazz* como um "saxofonista de primeira categoria que explode o proverbial telhado do lugar". Ela tem trabalhado com Wynton Marsalis & *The Jazz at Lincoln Center Orchestra* , Jack DeJohnette, Harry Connick Jr, Diana Krall, Pattie LaBelle, Gladys Knight, Chaka Khan, Louis Hayes, Alicia Keys e muitos outros. Ela tem actuado em muitos espaços e festivais, incluindo o *Kennedy Center, Dizzy's Club Coca-Cola*, o *Charlie Parker Jazz Festival*, o *Library of Congress, Sydney International Women in Jazz Festival, Tomsk International Jazz Festival*, o *International Fano Jazz Festival* e tem actuado na China, África, América do Sul, Europa e América Central. Ela recebeu o *Martin E. Segal— Lincoln Center Award* para *Outstanding Young Artist* e foi vice-campeã na *Sarah Vaughan International Vocal Competition*, em 2013. Ela foi destaque num artigo inovador do *New York Times* reconhecendo mulheres músicas de jazz. Ela foi duas vezes premiada com o *Herb Alpert Young Jazz Composers Award* da ASCAP e vencedora do *Fulbright Scholars Cultural Ambassador Grant* para Nicarágua e Paraguai, entre muitos outros prémios.

Ruby Turner é uma das cantoras favoritas do Reino Unido—conhecida pela sua regular apresentação com Jools Holland e ela tem trabalhado para a BBC, tem aparecido em muitos eventos de prestígio, incluindo no exterior do Palácio de Buckingham para o *Queen's Diamond Jubilee*. Ela é uma MBE e tem trabalhado com artistas como UB40, Bryan Ferry, Mick Jagger, Steve Winwood, para citar apenas alguns.

Créditos da fotografia

Emma Acton por *Lily Dior*
Arema Arega por *Daniel Francis-Berenson*
Gretchen Bennett por *Desconhecido*
Beverley Beirne por *Goat Noise Photography*
Grace Black por *John Black*
Amanda Bloom por *Britt Olsen Ecker*
Jane Ira Bloom por *Ken Hunt*
Patti Boulaye por *The Flyer Guys*
Sarah Brand por *Agata Urbaniak*
Jane Bunnett por *Tom Erlich*
Terri Lyne Carrington por *Tracy Love*
Trish Clowes por *Danni Price*
Kim Cypher por *Ron Milsom*
Mimi Fox por *Elizabeth Martin*
Debbie Gifford por *Alexa Art*
Jenny Green por *Alicia Light*
Florence Halfon por *George Talbot*
Jo Harrop por *Francesca Brecciaroli*
Barb Jungr por *Steve Ullathorne*
Joelle Khoury por *Lowla Khoury*
Wendy Kirkland por *Roman Robroek*
Georgia Mancio por *Lara Leigh*
Claire Martin por *David Sinclair*
Indira May por *Penny Nakin*
Tina May por *James Cole-Riva*
Faye Patton por *Benjamin John*
Carmela Rappazzo por *Ryan Dean Bedingfield*
Anthea Redmond por *Jacques Redmond*
Alicia Renee *aka* Olhos Azuis por *Michael McAndrew*
Emily Saunders por *Amanda Searle*
Gail Tasker por *Caspar Sutton-Jones*
Ellie Thompson por *Olivia Reynolds*
Camille Thurman por *Gulnara Khamatova*
Ruby Turner por *Caroline Harriott*

Reconhecimentos

Há tantas pessoas a quem gostaria de agradecer, sem as quais este livro nunca teria passado de uma ideia. Para aqueles músicos que me encorajaram quando eu lancei a ideia pela primeira vez, para aqueles que disseram que não era impossível, para aqueles que disseram que era importante que as mulheres tivessem voz e importante que eu escrevesse isto. Também a alguns em particular, a saber, Paul Jolly, que leu os primeiros rascunhos—e foram muitos—e deu *feedback* com base na sua considerável experiência no ramo do jazz, David Sinclair e o seu filho Malcolm, que presentearam com algumas das preciosas fotografias dos seus pais, e Gerard Rouy que também deu algumas fotos realmente especiais. Às mulheres que opinaram, responderam às minhas perguntas e até as que falaram 'já era hora'! E à 8th House Publishing por ter a confiança em publicar este livro. E para muitas pessoas na indústria do jazz que oferecem apoio inabalável—muitos para mencionar, mas vocês definitivamente sabem quem são. Obrigada.

www.ingramcontent.com/pod-product-compliance
Lightning Source LLC
Chambersburg PA
CBHW021836220426
43663CB00005B/277